Ingemar Nyman/Loic Lecareux

IM WALD

Das Bushcraft- und Outdoor-Handbuch

Land & WERKEN

HEEL

HEEL Verlag GmbH
Gut Pottscheidt
53639 Königswinter
Tel.: 02223 9230-0
Fax: 02223 9230-13
E-Mail: info@heel-verlag.de
www.heel-verlag.de

2. Auflage 2023

Autor: Ingemar Nyman
Zeichnungen: Loic Lecareux
Originaltitel: Slöjda och bygg för friluftsliv
Original ISBN: 978-9-15342432-1

Deutsche Ausgabe:
Übersetzung aus dem Schwedischen: Heike Scherer, Stuttgart
Satz und Gestaltung: gb-s Mediendesign, Königswinter
Coverdesign: Axel Mertens, Königswinter
Lektorat: Helge Wittkopp
Fotos: © Stock.Adobe.com: sercansamanci (U1 o), Piotr Pomaranski (U1 u)

Warnhinweis:
Das Werken mit Messern, Äxten, Sägen und anderen Werkzeugen birgt gewisse Risiken. Etliche Ratschläge und Anleitungen können bei fehlerhafter Ausführung unter bestimmten Umständen zu erheblichen Folgeschäden führen. Autor und Verlag lehnen daher ausdrücklich jede Haftung für die veröffentlichten Arbeitsanweisungen und daraus gefolgerte Schlüsse ab. Beachten Sie bei Aktivitäten in der freien Natur auch immer die jeweiligen Bestimmungen des Natur-, Pflanzen- und Tierschutzes sowie die geltende Waffengesetzgebung. Bei allen anhand dieses Buches ausgeführten Arbeiten trägt der Durchführende das alleinige und uneingeschränkte Risiko. Ebenso ist die Haftung des Autors und Verlags für Druckfehler, Schreibfehler und sachliche Fehler jeder Art ausdrücklich ausgeschlossen.

Printed in Czech Republic

ISBN 978-3-96664-017-6

INHALT

EINFÜHRUNG

Dieses Buch handelt vom kreativen Werken und Bauen mit sehr einfachem Werkzeug in der freien Natur. In den letzten Jahren hat sich dafür auch außerhalb des angelsächsischen Sprachraums der Begriff „Bushcraft" etabliert. Mit „Bush" ist die Wildnis, die Natur oder einfach der Wald gemeint. Mit „Craft" wird die Kunst bzw. das Handwerk beschrieben. Also ist Bushcraft die Kunst oder das Handwerk in der Wildnis zu leben. Messer, Säge und Beil sind dabei die wichtigsten Arbeitsgeräte und die traditionellen Techniken, die uns überliefert sind, verwenden vorwiegend Naturmaterialen.

Ich möchte Ihnen mit diesem Buch ein besonderes Naturerlebnis präsentieren, das auf der Lebensweise unserer Vorfahren beruht. Vor noch nicht allzu langer Zeit wurde das Material zur Herstellung von Haushaltsgegenständen im Wald gesammelt. Unsere Urgroßeltern wussten, wo und was man suchen musste und zu welcher Jahreszeit welches Material zu sammeln war – man lebte im Einklang mit der Natur. Auch heute leben wir von natürlichen Ressourcen und sind von ihnen abhängig. Doch kommt es nur noch selten vor, dass wir unsere Nahrungsmittel direkt der Natur entnehmen und so gut wie nie sammeln wir dort das Material zur Herstellung von Haushaltsgegenständen. Wir kaufen sie, statt sie selbst herzustellen. Die naturnahen Fertigungsprozesse in kleinen Stückzahlen sind zum großen Teil verloren gegangen. Im Wald an einem Feuer zu sitzen und zu schnitzen, ist bereichernd und entspannend. Wenn man die Natur als Quelle nutzt, führt es möglicherweise auch zu einem besseren Verständnis dafür, dass wir sie pflegen und behutsam mit ihr umgehen müssen.

Ich hoffe, dass die Objekte, deren Bau ich in diesem Buch beschreibe, nicht allzu schwer herzustellen sind. Zumindest habe ich versucht, den Schwerpunkt auf einfache Gegenstände zu legen. Es geht nicht um Handwerkskunst für Fachleute, sondern um die Freude an der Arbeit mit den eigenen Händen. So haben sowohl Naturfreunde und handwerklich interessierte Leser etwas von diesem Buch, als auch Freizeitpädagogen, die hier viele Anregungen finden können. Traditionell werden Handwerkstechniken weitergegeben, indem man von anderen lernt und sich inspirieren lässt. So war es auch, als ich dieses Buch zusammenstellte. Daher möchte ich dem Verein Friluftsfrämjandet in Helsingborg, den Instruktoren der Schwedischen Survival-Gesellschaft, den Naturguides des Vereins Naturaktiviteter in Schonen, den Schülern und Mitarbeitern der Snyggatorp-Schule in Klippan sowie der Västra-Berga-Schule, der Centrum-Schule und der Umweltwerkstadt in Helsingborg danken. Und nicht zuletzt auch Inga und Anders.

Ingemar Nyman

„JEDERMANNSRECHT“

Das Jedermannsrecht ist ein in der Schweiz und in den meisten nordischen Ländern verbreitetes Gewohnheitsrecht, das viele Möglichkeiten bietet, sich draußen in Wald und Flur aufzuhalten, zu Zelten und Feuer zu machen. Es berechtigt jedoch nicht, ohne Erlaubnis des Grundeigentümers Material von Bäumen und Büschen zu entnehmen. Fragen Sie daher immer den Grundeigentümer um Erlaubnis, wenn Sie Werkstoffe sammeln. Dies gilt auch für Windbrüche und beim Fund von größeren Mengen Ästen und Ähnlichem auf dem Boden. Auch wenn man mit einer größeren Gruppe unterwegs ist, sollte man dies zuerst mit dem Grundeigentümer absprechen, selbst wenn man der Meinung ist, dass niemand gestört wird. Dies gilt insbesondere dann, wenn die Gruppe draußen übernachten und ein Feuer machen möchte. Beachten Sie immer die Waldbrandstufe und bitten Sie bei Bedarf die Brandschutzbehörden um Erlaubnis – lassen Sie beim Feuermachen Ihren gesunden Menschenverstand walten.

In der dicht besiedelten Kulturlandschaft Deutschland gibt es kein Jedermannsrecht, sondern lediglich ein Betretungsrecht. Auch ist zu beachten, dass in Deutschland jeder Wald jemanden gehört: „Von den 11,4 Mio. Hektar Wald in Deutschland sind 48 % Privatwald. 29 % des Waldes sind im Eigentum der Länder, 19 % im Eigentum von Körperschaften und 4 % im Eigentum des Bundes“ (Quelle: www.forstwirtschaft-in-deutschland.de). Grundsätzlich ist in Deutschland im Wald offenes Feuer und/oder Zelten verboten. Es gibt aber in den meisten Wäldern ausgewiesene Grill- und Lagerfeuerplätze, die je nach Waldbrandstufe problemlos für ein schönes Lagerfeuer genutzt werden können. Auch entstehen in letzter Zeit immer mehr Trekkingplätze, auf denen man im Zelt übernachten und ein Lagerfeuer entzünden darf. Am einfachsten ist es jedoch, wenn Sie im Vorfeld beim Waldbesitzer bzw. Förster nachfragen und erklären, was Sie vorhaben.

Sie sollten niemals größere Mengen an „Baumaterial“ aus dem Wald entfernen. Manchmal lässt auch die Stadtverwaltung, die für Parks und Grünflächen auf der städtischen Gemarkung zuständig sind, innerhalb der Stadtgebiete Bäume fällen oder Büsche entfernen, die später gehäckselt werden. Diese Orte sind eine Fundgrube für den Material suchenden Heimwerker – aber wenden Sie sich auch hier zuerst an die zuständige Stelle der Stadtverwaltung. Oft ist es hilfreich zu erklären, wozu das Material gebraucht und wofür es verwendet werden soll. Damit macht man die meisten Menschen neugierig und man erhält meist eine positive Reaktion.

Grundsätzlich sollten Sie, ganz nach dem Bushcraft-Codex „Leave No Trace“, möglichst keine Spuren hinterlassen, ihr Lager restlos abbauen, den Müll mitnehmen und auch das verwendete Totholz wieder an seinen Platz bringen. Der nächste Besucher hat ein schöneres Naturerlebnis, wenn er keine Spuren von Vorgängern vorfindet.

DAS OUTDOOR-HANDBUCH

Werkzeug

Ein erfolgreiches Arbeiten setzt eine gründliche Kenntnis des eingesetzten Werkzeugs voraus. Daher werden zunächst die verschiedenen Arbeitsgeräte und ihre Pflege beschrieben.
In diesem Buch werden nur ein paar einfache Werkzeuge verwendet.

Sie können sie ohne Aufwand auf Ihren Waldspaziergang mitnehmen und gleich mit dem Werken beginnen – achten Sie aber unbedingt auf die geltende Waffengesetzgebung in Ihrer Region.
Wichtig ist, dass das Werkzeug, mit dem Sie arbeiten möchten, gut funktioniert. Messer und Beil müssen scharf sein, ebenso Säge und Bohrer.

Vergessen Sie nicht die Erste-Hilfe-Ausrüstung, wenn Sie mit scharfem Werkzeug in den Wald gehen!

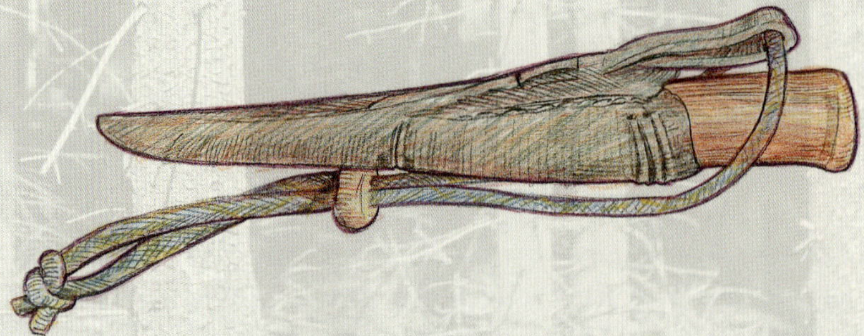

MESSER

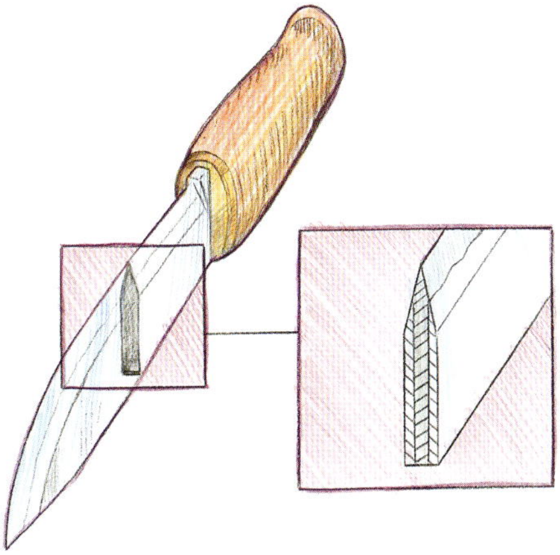

Laminierte Klinge aus drei Schichten. Der Übergang zwischen den verschiedenen Stahlschichten ist an einer feinen Linie an der Schleiffase erkennbar.

Das Messer ist ein vielseitiges Werkzeug. Wir verwenden es zur Zubereitung von Mahlzeiten, zum Bauen von Lagern, zum Sammeln von Material, zum Abschaben von Rinde, zum Feuermachen, zum Spalten von Holz (Batoning) etc. Außerdem ist es beispielsweise beim Paddeln oder Segeln ein wichtiges Sicherheitselement.

Ein gutes Messer hat eine stabile Schneide und Klinge und Griff sind gut miteinander verbunden. Außerdem lässt es sich in einer haltbaren und praktischen Scheide aufbewahren und tragen.

Das Messer ist ein Schneidwerkzeug und besitzt daher eine scharfe Schneide. Damit diese lange hält, besteht die Klinge aus gehärtetem Stahl.

Da die Schneide sehr dünn ist, ist sie entsprechend zu behandeln. Sie sollte beispielsweise nicht als Brecheisen missbraucht werden. Auch zum Öffnen von Konservendosen oder zum Graben ist sie nicht hergestellt worden.

Messer, deren gesamte Klinge aus demselben Stahl gefertigt ist, heißen *Monostahlmesser*. Da die Klinge gehärtet und durch alle Schichten hindurch gleichmäßig hart ist, kann sie auch relativ spröde sein, besonders im Winter, wenn es kalt ist.

Um eine möglichst haltbare Schneide zu bekommen und die Gefahr des Abbrechens der Klinge zu minimieren, werden statt Monostahlklingen auch Klingen aus *laminiertem Stahl* verwendet. Bei solchen Klingen befindet sich zu beiden Seiten der mittleren Schneidschicht je eine Schicht aus weicherem Stahl. Auch eine laminierte Klinge kann sehr dünn sein. Das Schneidenprofil ist jedoch immer dasselbe und weist immer eine deutliche Schleiffase auf. Messer mit laminierter Klinge sind auch in rostfreier Qualität erhältlich. Auch ein Messer, das als *rostfrei* gilt, ist lediglich rostträge und kann unter entsprechenden Bedingungen rosten.

Handwerksmesser und seine Bestandteile

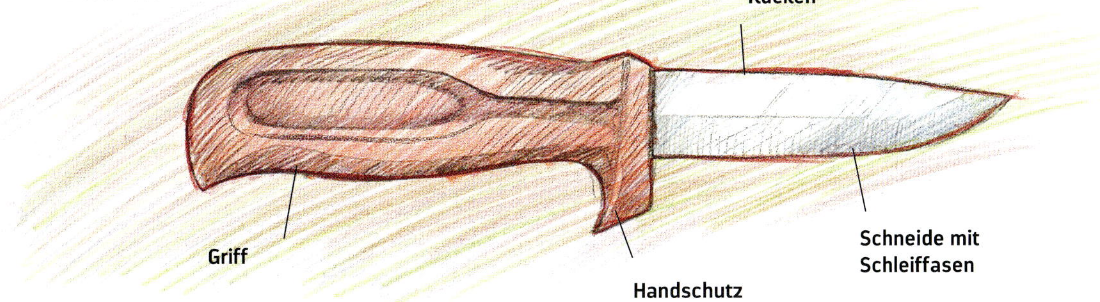

Eine deutliche Schleiffase ist beim Schnitzen nützlich. Denn durch die Schleiffase lässt sich der Weg des Messers durch das Holz besser steuern.

Auch durch die *Legierung des Stahls*, also das Mischen mehrerer unterschiedlicher Metalle, lässt sich die Bruchfestigkeit eines Messers erhöhen, da hier Zähigkeit mit einer dauerhaften Schneide kombiniert werden können. Unterzieht man dieses Material dann noch einem speziellen Härtungsprozess, lassen sich äußerst haltbare Messer erzielen. Da diese Messer über die gesamte Schneide aus demselben Material bestehen, kann man der Schneide ein keilförmiges Profil geben. Die Schleiffase kann sehr klein gehalten werden.

Besteht der Griff aus mehreren Teilen, ist es günstig, wenn das Messer eine durchgehende *Angel* (Erl) aufweist. Das Messer hält dann insgesamt besser zusammen und die Klinge bricht nicht so schnell ab.

Viele Klingen werden im Griff verleimt und haben dann eine kürzere Angel. Auch solche Griffe können sehr stark sein. Sollte draußen in der Natur der Griff kaputt gehen, kann die Klinge mit einem neuen Griff aus frischem Holz versehen werden, der auf die kurze Angel aufgeschlagen wird.

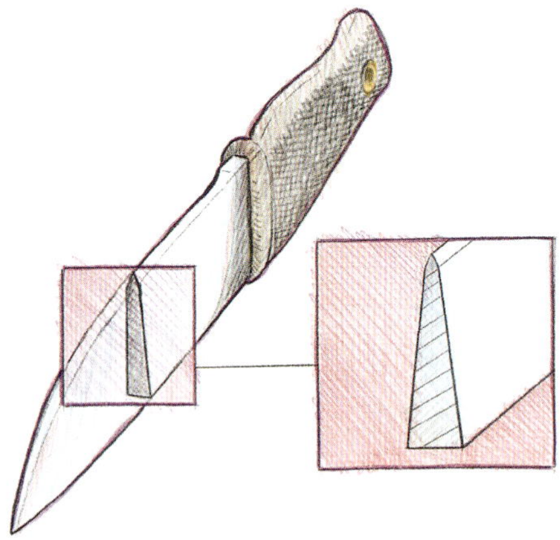

Messer mit keilförmiger Klinge haben einen breiten Rücken, der über die gesamte Strecke zur Schneide hin schmaler wird. Da die Klinge dort dünn ist, wird die Schleiffase klein. Der breite Rücken stärkt das Messer.

Eine der stärksten Verbindungen von Klinge und Griff erhält man mit einer so genannten *Flachangel*. Sollte der Griff dennoch abfallen, kann man das Messer direkt an der Angel festhalten.

Nützlich ist bei Messern, die draußen eingesetzt werden, ein *Handschutz*. Soll das Messer von Kindern benutzt werden, sollte es sogar unbedingt einen Handschutz aufweisen.

Die Scheide eines Messers mit Handschutz muss speziell geformt sein. Die preiswerten und beliebten Handwerksmesser haben meist eine Kunststoffscheide, die den Vorteil hat, dass sich das Messer mit einer Hand ziehen lässt.

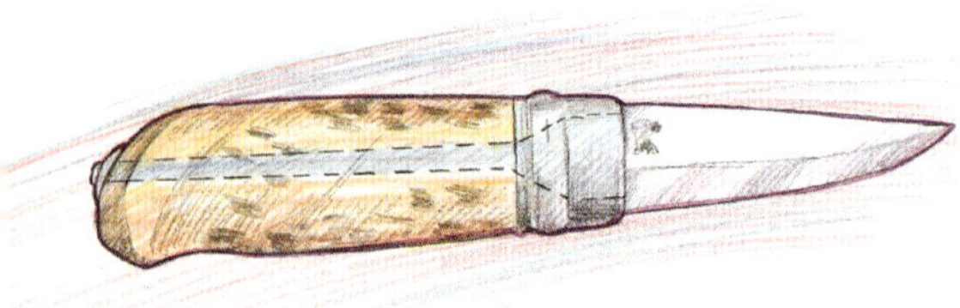

Die lange Angel wird am hinteren Ende vernietet

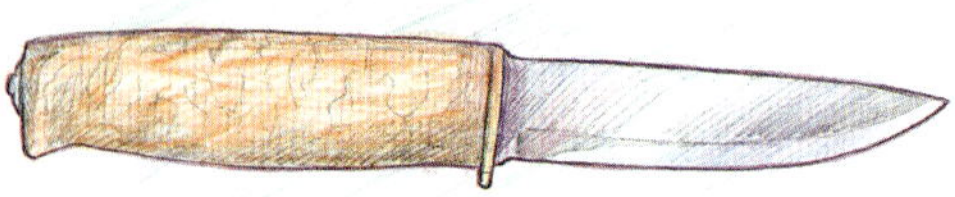

Gutes Messer für Outdoor-Zwecke. Der Griff hat am Ende einen Wulst und lässt sich darum gut ziehen und bei leichten Hackarbeiten mit dem Ringfinger fixieren. Die Rückseite des Wulstes ist weich gerundet, da sie manchmal in der Hand ruht. Der Griff ist oval geformt und darf nicht zu dick sein, sonst ist er plump, aber auch nicht zu dünn, da sonst am Handrücken eine Sehnenstreckung auftreten kann.

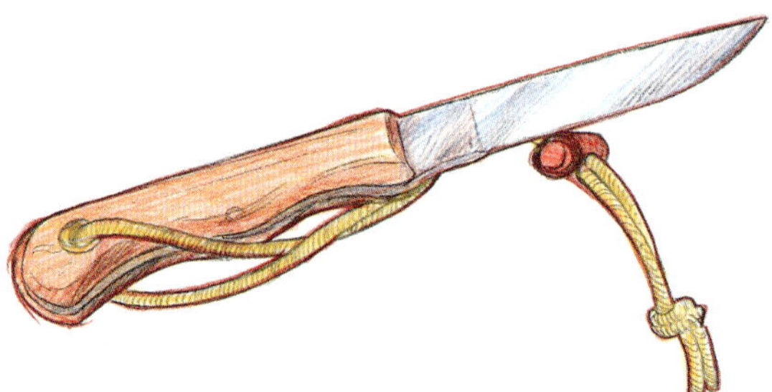

Messer mit Vollangel: Die beiden Griffschalen aus Holz werden mit dem Metall vernietet. Das Metall zwischen den Holzgriffschalen ist rundum sichtbar.

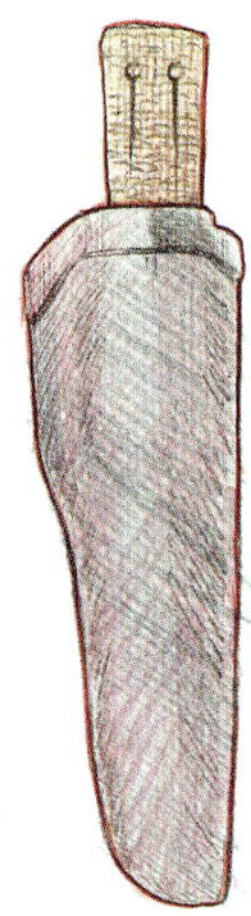

Kunststoffscheide eines Handwerkermessers

Für Messer mit Handschutz eignet sich auch eine *gefaltete Scheide*. Das Messer kann dabei mit einem Sicherungsring oder einem Riegel mit Knopf in der Scheide gesichert werden. Sitzt das Messer dort etwas locker, lässt es sich auch mit einer Hand gut ziehen. Rechtshänder können ein derartiges Messer dann auf der rechten Seite am Gürtel tragen, Linkshänder auf der anderen Seite.

Messer ohne Handschutz haben häufig Scheiden eines anderen Typs. Damit das Messer nicht zu fest in der Scheide sitzt, ist diese manchmal nicht bis ganz oben zugenäht. Sitzt das Messer zu fest, muss man zum Ziehen des Messers beide Hände einsetzen. Als Rechtshänder sollte man das Messer dann links tragen, als Linkshänder rechts.

Messerscheiden haben an der Rückseite häufig eine Art Gürtelschlaufe. Diese ist manchmal auch etwas länger, damit das Messer unterhalb des Hüftgurtes des Rucksacks sitzt.

Die Scheide kann auch an einer Schnur an den Gürtel gehängt werden, wobei sich dann mit Hilfe eines Kordelstoppers die Höhe verstellen lässt. Oder man trägt das Messer mit einer Schnur um den Hals – das ist beispielsweise im Winter praktisch.

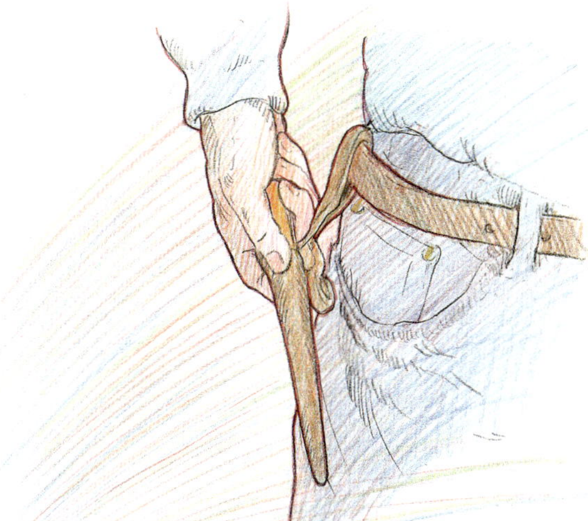

Ziehen des Messers mit einer Hand

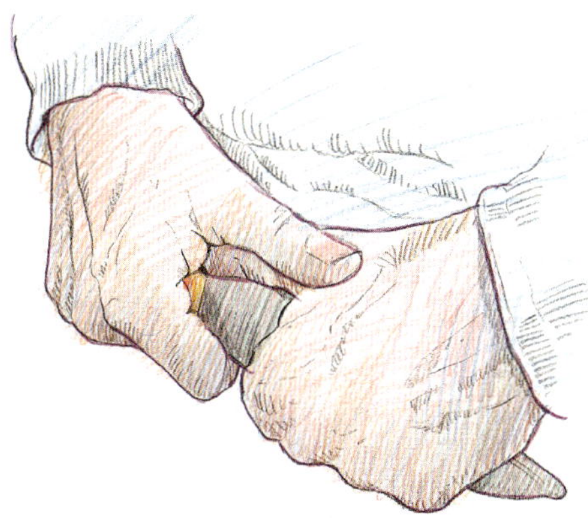

So zieht man ein Messer mit einer traditionellen Scheide. Die Daumen zum Abstützen benutzen.

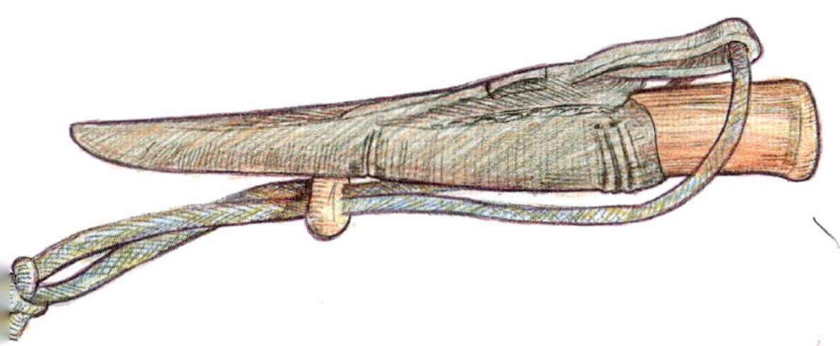

Die Scheide ist nicht bis ganz oben zugenäht, sodass das Messer nicht ganz so fest sitzt und sich mit einer Hand ziehen lässt. Durch den Kordelstopper kann man einstellen, wie hoch es am Gürtel hängen soll.

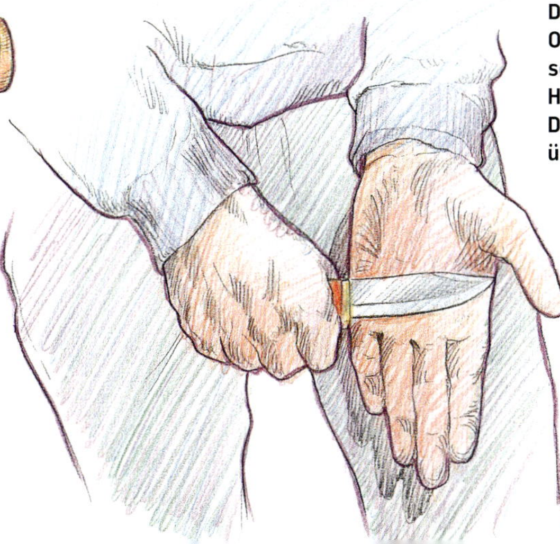

Die Klinge eines Outdoor-Messers sollte ungefähr eine Handbreit und in Deutschland nicht über 12 cm lang sein

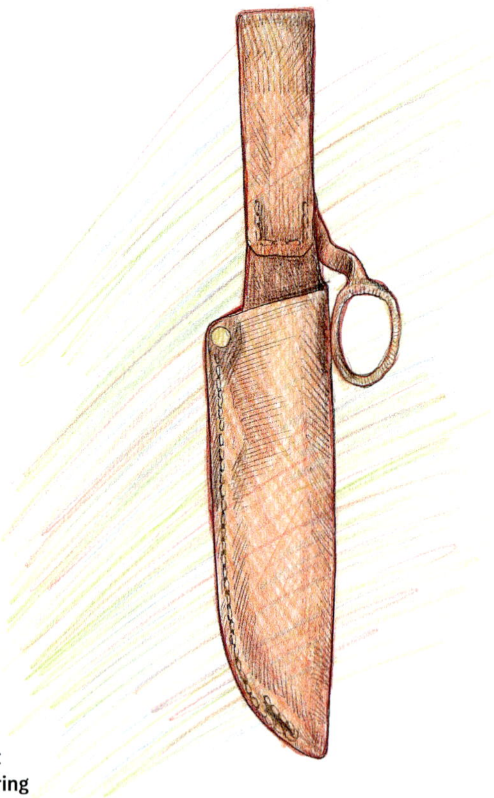

Scheide mit Sicherungsring

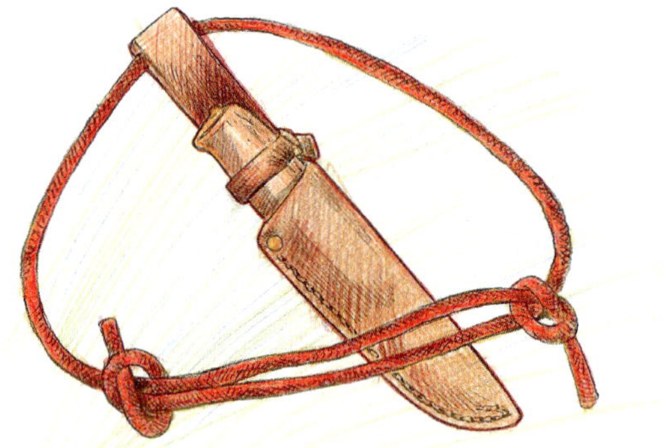

Scheide mit Knotenschnur

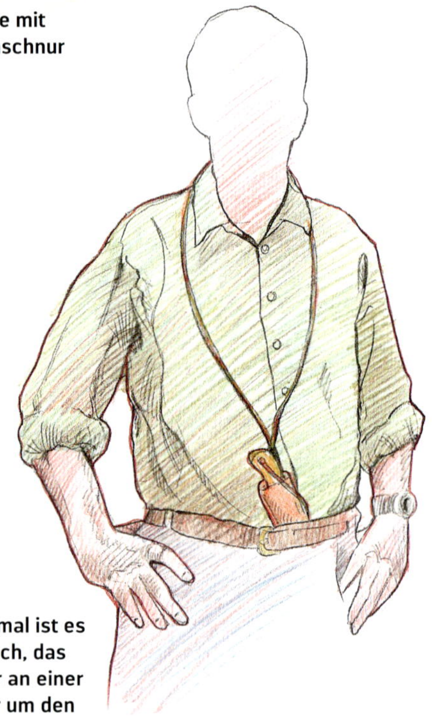

Manchmal ist es praktisch, das Messer an einer Schnur um den Hals zu tragen

Kinder können ihr Messer zusammen mit einer Knotenschnur im Rucksack transportieren. Wenn das Messer dann eingesetzt werden soll, kann die Knotenschnur mit dem Messer um die Taille gebunden werden.

SCHNITZMESSER

Ein gutes Schnitzmesser kann eine sehr einfache Form haben. Eine kurze Klinge reicht für die meisten Arbeiten aus. Benötigt man beim Schnitzen viel Kraft, wird meistens der Teil der Klinge benutzt, der dem Griff am nächsten ist. Für den vorderen Teil der Klinge gibt es weniger Einsatzmöglichkeiten. Daher kommt man mit einer kurzen Klinge recht weit.

Ein kleines, funktionstüchtiges Schnitzmesser kann man sich selbst herstellen: Die Klinge muss nicht lang sein, 3–4 cm reichen aus. Auch die Angel muss nicht lang sein, es genügt, wenn sie dieselbe Länge wie die Klinge hat. Schmirgeln Sie Unebenheiten in der Angel weg, damit sie beim Festleimen in den Griff besser sitzt.

Für die Klingen eignet sich insbesondere Kohlenstoffstahl. Der Griff kann oval geformt sein.

Beim Schnitzen ist es wichtig, dass man das Messer direkt neben der Klinge greifen kann. Ein Handschutz ist bei einem Schnitzmesser also überflüssig, da er hier eher behindert.

Für den Griff eignet sich beispielsweise Birkenholz. Am einen Ende wird das Loch für die Angel gebohrt. Die Angel muss sich gut in das Loch einführen lassen, aber ohne dass sie viel Spiel hat. Zeichnen Sie die Mittellinie auf das Holzstück, wenn die Klinge an Ort und Stelle sitzt, aber noch nicht festgeleimt ist. Zeichnen Sie dann den Umriss des Griffs an. Formen Sie den Griff mit Messer, Grobfeile, Feinfeile und Sandpapier.

Die Angel wird im Griff festgeleimt. Hierfür eignen sich unterschiedliche Arten von Leim. Die Angel lässt sich auch mit dem natürlichsten denkbaren Klebstoff, nämlich Harz, festkleben. Dabei drückt man getrocknetes Fichtenharz in das Loch hinein. Das Harz verhält sich ungefähr wie Schmelzklebstoff: Es wird beim Erhitzen flüssig und beim Abkühlen fest. Hier lässt sich dann auch die Klinge einfach austauschen. Man muss lediglich die Klinge erhitzen und aus dem Griff herausziehen.

Zum Fixieren der Klinge wird die Angel erhitzt. Dazu kann man sie über Glut oder Feuer halten. Auch eine Warmluftpistole kann verwendet werden. Achten Sie darauf, dass die Klinge selbst nicht zu stark erhitzt wird, denn das kann die Härtung des Stahls rückgängig machen. Drücken Sie nun die Angel in das Loch und bestreichen Sie zum Schluss den Griff mit Bienenwachs. Den Griff erwärmen und das überschüssige Wachs schnell abwischen.

EINFACHES GEBRAUCHSMESSER

Eine Klinge mit kurzer Angel lässt sich naturgemäß relativ einfach mit einem Griff versehen.

Der Griff muss aus frischem Holz bestehen, um sich direkt auf die Angel schlagen zu lassen. Er wird praktisch festgenagelt. Am besten ein trockenes Holzstück als Unterlage verwenden. Damit die Klinge nicht zu tief in die Unterlage eindringt, wird ihre Spitze quer zur Faserrichtung der Unterlage gehalten. Um das Holzstück auf die Angel zu bekommen, muss man recht fest zuschlagen.

Sowohl *Sal-Weide* als auch *Faulbaum* haben sich bewährt, wenn ich Messer auf diese Weise mit einem Griff versehen wollte. Es eignen sich aber nicht alle Bäume und man muss hier sicher einiges ausprobieren. Sitzt die Klinge fest, erhält der Griff seine grobe Form: Die Klinge zunächst mit Klebeband umwickeln, damit keine Verletzungsgefahr besteht. Dann den Griff trocknen lassen. Dabei sollte der Griff an einem dunklen Ort liegen und vor direkter Sonneneinstrahlung

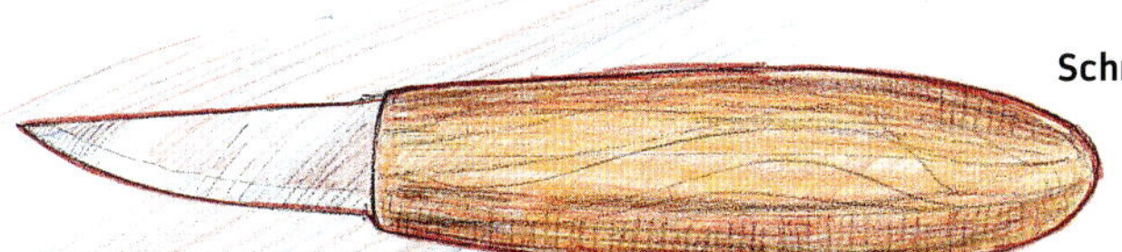

Schnitzmesser

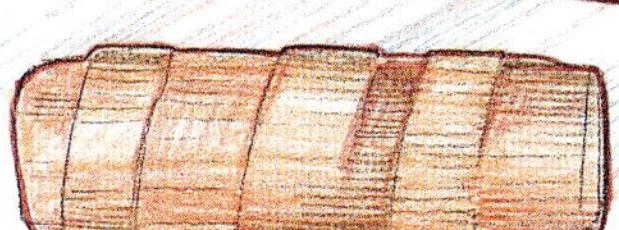

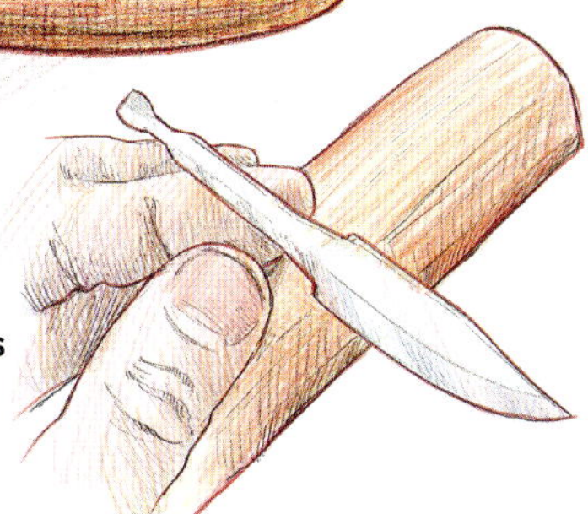

Das Ende der Angel muss nicht spitz zulaufen

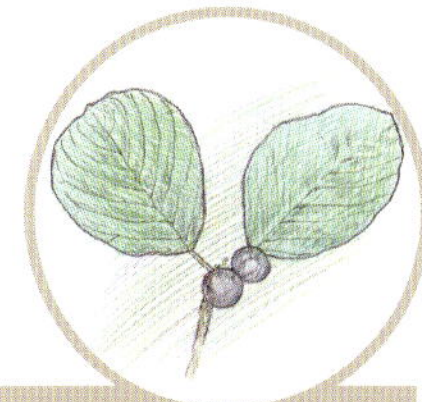

FAULBAUM *Frangula alnus*

Busch von bis zu mehreren Metern Höhe. Die Rinde ist dunkel mit helleren Korkwarzen. Das Kernholz ist hellrot, das Splintholz hellgelb, mit attraktiven Übergangseffekten. Der Faulbaum bevorzugt feuchte Böden und schattige Standorte.

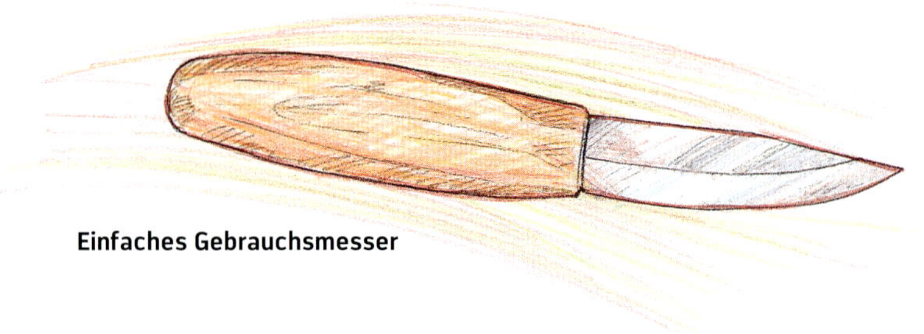

Einfaches Gebrauchsmesser

geschützt sein. Nach dem Trocknen muss er nur noch endgültig in Form gebracht und zum Abschluss gewachst oder geölt werden.

Eine Anleitung für einen einfachen Schneidenschutz findet sich auf Seite 83.

PFLEGE DER SCHNEIDE

Die Schneide wird auch bei guter Behandlung und trotz sorgsamem Umgang nach einiger Zeit stumpf. Für die tägliche Pflege reicht ein Abziehstein und man muss lange Zeit nicht nachschleifen. Nach einiger Zeit ist die Schneide jedoch zu stark abgerundet oder sie weist Scharten auf. Dann muss das Messer geschliffen werden.

Beim Schleifen wird eine komplett neue Schneide hergestellt. Dazu dient entweder eine Schleifscheibe oder ein wassergekühlter Sandstein. Die Schleifscheibe ist schnell, aber beim Schleifen entwickelt der Stahl eine starke Hitze. Daher sorgfältig immer wieder mit Wasser kühlen.

Das Messer muss beim Schleifen ruhig gehalten werden. Stellen Sie sich breitbeinig an den Schleifstein und drücken Sie die Ellbogen an die Seiten. Ziel ist eine gerade Schleiffase. Ist die Schleiffase etwas abgerundet, ist das Messer zwar verwendbar, aber die Schneide hat nicht dieselbe Qualität.

Beim Schleifen zunächst die hintere Kante der Schleiffase an die Schleifscheibe halten. Dann die Schneide nach vorn kippen, bis die ganze Schleiffase aufliegt. Dies erkennt man daran, dass bei einer Sandsteinscheibe das Wasser oder bei einer Schmirgelscheibe die Funken über die Schneide laufen. Auf diese Art folgt man dem alten Winkel. Man schleift, bis ein Grat entstanden ist, dann wechselt man die Seite.

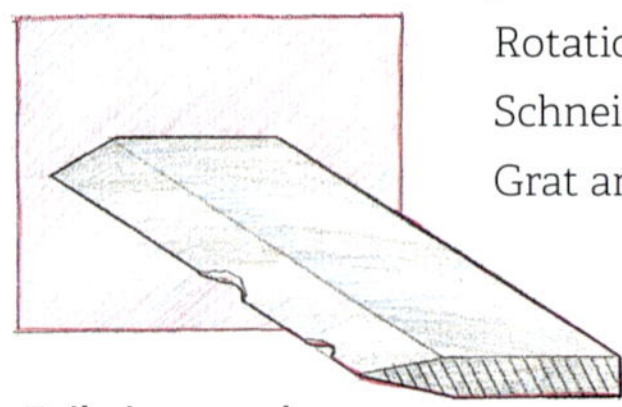

Teil einer rund und schartig gewordenen Schneide. Die abgerundete Kante der Schneide reflektiert Licht.

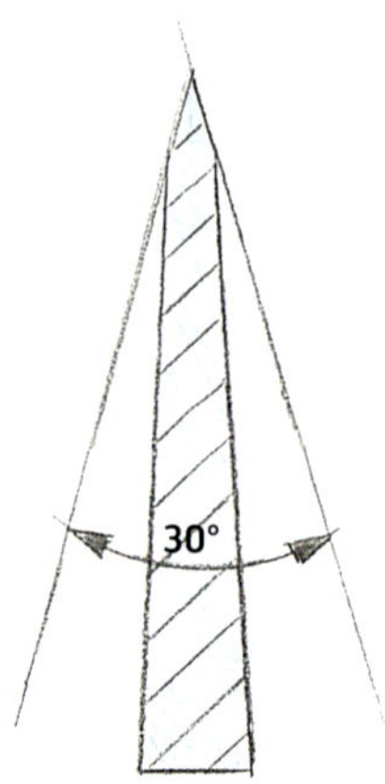

Ein etwas stumpferer Schneidenwinkel ergibt eine stärkere Schneide

Beim Schleifen entsteht am Rand der Schleiffase ein Grat. Dieser kann größer oder kleiner sein, je nachdem, wie das Messer im Verhältnis zur Rotationsrichtung gehalten wird. Hält man die Schneide gegen die Rotationsrichtung, wird der Grat am kleinsten.

Ist man mit dem bisherigen Schneidenwinkel zufrieden, besteht kein Grund, diesen zu ändern. Neigt die Schneide bei der Anwendung zur Schartenbildung, muss dies nicht an einer schlechten Messerqualität liegen, sondern der Grund kann ein falscher Schneidenwinkel sein.

Bei zu spitzem Schneidenwinkel ist das Messer zwar äußerst scharf, aber die Schneide ist brüchig. Ein stumpferer Schneidenwinkel ergibt eine stärkere Klinge, aber es ist schwieriger, damit zu schneiden. Bei traditionellen Messern beträgt der Schneidenwinkel ca. 25 Grad.

Die fertig geschliffene Schneide muss noch nachbearbeitet, also abgezogen werden. Dabei wird der beim Schleifen entstandene Grat entfernt.

Abziehsteine gibt es in vielen unterschiedlichen Qualitäten und Arten. Moderne Diamantabziehsteine tragen gut ab und häufig reicht ein derartiger Abziehstein für die Pflege des Outdoor-Messers. Wenn sich der Diamantabziehstein mit feinem Schleifstaub zugesetzt hat, reinigt man ihn mit Spülmittel und Wasser, ansonsten wird er trocken verwendet.

Eine noch feinere Schneidenoberfläche erzielt man beispielsweise mit japanischen Abziehsteinen. Diese bestehen aus Naturstein und sind

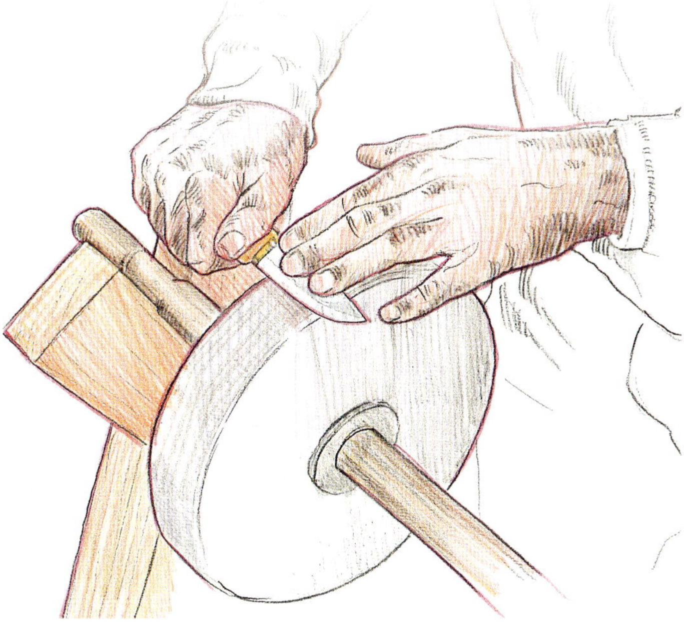

Schleifen: So schleift man das Messer an einer Sandsteinscheibe

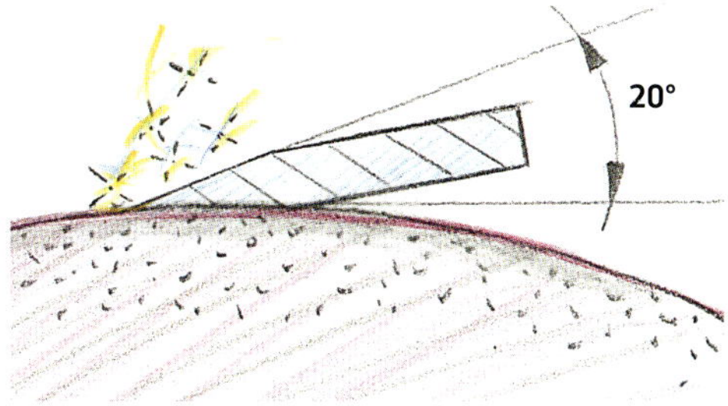

Bei spitzem Schneidenwinkel und kleinem Schleifsteindurchmesser wird die Schneide des Messers sehr empfindlich

in unterschiedlicher Körnung erhältlich. Die feinsten ergeben in Kombination mit Wasser eine schön polierte Oberfläche. Es gibt jedoch auch künstlich hergestellte Abziehsteine. Für diese wird dünnflüssiges Öl empfohlen. Arkanssassteine bestehen aus Naturstein und werden ebenfalls mit dünnflüssigem Öl verwendet. Sie verleihen der Schneide eine sehr schöne Oberfläche. Ein Stück Nassschleifpapier auf einem harten Holzklotz kann ebenfalls zum Abziehen verwendet werden.

Will man beim Abziehen besonders gründlich vorgehen, beginnt man mit einem etwas gröberen Abziehstein, nimmt danach einen feineren und zieht die Klinge am Ende noch über ein Stück Leder ab. Dabei werden abwechselnd beide Klingenseiten bearbeitet.

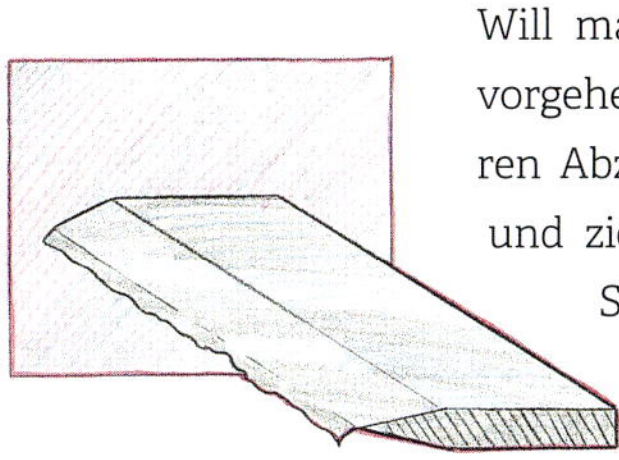

Teil einer geschliffenen Schneide mit deutlichem Grat

Beim Abziehen kann man auf unterschiedliche Weise vorgehen: Ist der Abziehstein groß, führt man das Messer über den liegenden Abziehstein. Hat man einen kleinen Abziehstein, hält man das Messer in der Hand und führt den Abziehstein über die Klinge.

Ein Schnitzmesser ist so zu schleifen und abzuziehen, dass die Schleiffase ganz gerade ist. An Schnitzmessern, die für Grünholz vorgesehen sind, kann der Schneidenwinkel spitzer sein als bei Messern für hartes trockenes Holz. Ein Outdoor-Messer für unterschiedliche Einsatzzwecke kann einen stumpferen Schneidenwinkel haben und außerdem mit stumpferem Winkel als dem Schneidenwinkel abgezogen werden. Dazu orientiert man sich nicht an der Form der Schleiffase, sondern man kippt das Messer leicht nach oben.

Bei Handwerkermessern beträgt der Schneidenwinkel nur 20 Grad. Schleift man ein solches Messer auf einem Schleifstein mit kleinem Durchmesser, wird die Schleiffase nicht gerade, sondern konkav und die Schneide wird dünner. Daher sollte man hier möglichst einen Schleifstein mit größerem Durchmesser verwenden. Man kann außerdem den Schneidenwinkel etwas vergrößern.

Es gibt Messer mit einer keilförmigen Klinge und einer schmalen Schleiffase. Diese Klingen sind zum Schnitzen nicht besonders gut geeignet, da die Schleiffase beim Schnitzen sehr nützlich ist. Aber solche Klingen haben eine sehr haltbare Schneide für allgemeine Einsatzzwecke und die schmale Schleiffase lässt sich leichter abziehen. Man setzt die Klinge auf einem Diamantabziehstein an, als ob man aus dessen Oberfläche ein Stück abschneiden wollte. Dies ist natürlich unmöglich, aber die Ansatzweise ergibt einen guten Winkel zum Abziehen der Schneide.

Die beiden Klingenseiten werden abwechselnd abgezogen, bis die Schneide scharf ist. Zum Abschluss kann man noch einen feineren Abziehstein verwenden.

Das Schleifen ist eine Kunst und nicht ganz einfach zu erlernen. Abziehen ist wesentlich einfacher.

Die Schneide kann vorsichtig an einem Stück Papier getestet werden. Sie ist scharf, wenn sich leicht Stücke abschneiden lassen.

ABZIEHEN DES MESSERS

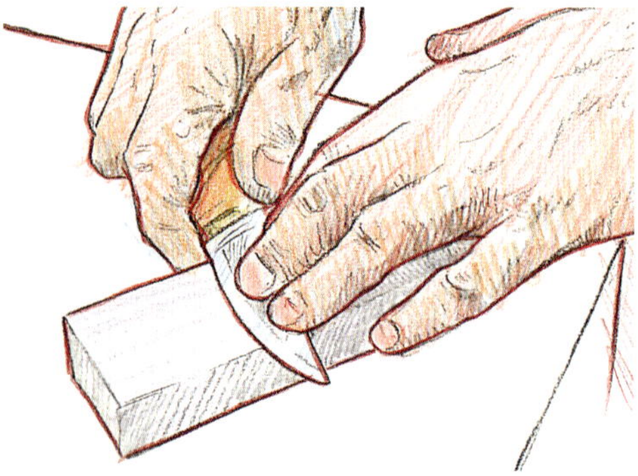

Beim Abziehen von Schnitzmessern die Schleiffase unbedingt an der Oberfläche des Abziehsteins anlegen

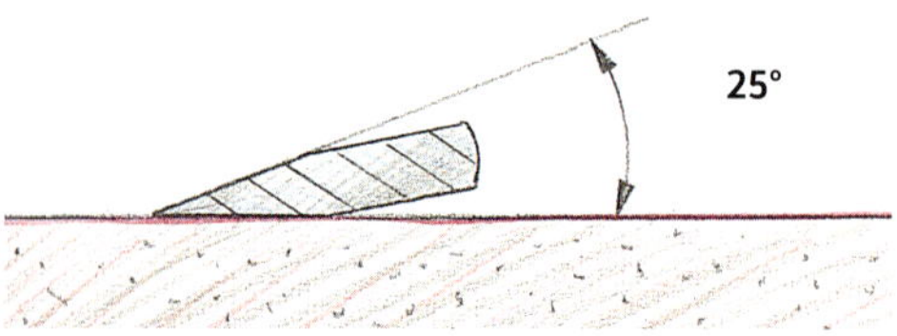

Die Schleiffase des Schnitzmessers soll gerade sein und wird daher am Abziehstein angelegt

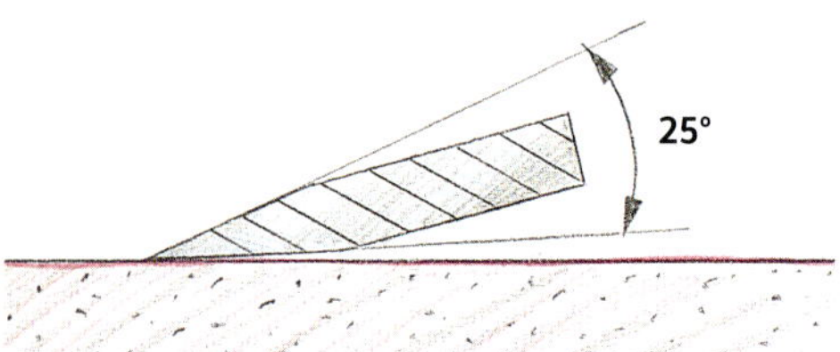

Um bei einem Outdoor-Messer eine stärkere Schneide zu erhalten, kann die Klinge beim Abziehen etwas nach oben gekippt werden

UMGANG MIT MESSERN

Ein Messer ist vielseitig einsetzbar, als Schneidwerkzeug jedoch immer vorsichtig zu behandeln. Der empfindlichste Teil ist die Schneide. Wird diese zu starken Kräften ausgesetzt, kann sie abbrechen. Schneidet man in falschem Material, wird die Schneide schnell abgenutzt.

- Nie das Messer werfen!
- Nie das Messer in die Erde stecken!
- Nur selten das Messer zum Spalten oder Aufbrechen verwenden!
- Mit einem geliehenen Messer immer besonders sorgfältig umgehen! Eine schlechte Schneide wieder herzustellen, ist nicht immer einfach, zumindest braucht es Zeit.

Kinder sollten beim Arbeiten mit dem Messer außerdem Folgendes beachten:

- Beim Arbeiten mit dem Messer immer sitzen. Beim Gehen das Messer stets zuerst in die Scheide stecken.
- Das Messer immer richtig übergeben und entgegennehmen. Die Schneide darf nicht in der Handfläche ruhen und der Griff muss zum Empfänger zeigen.
- Beim Schnitzen vom Körper weg arbeiten. Später, mit mehr Übung, kann man auch zum Körper hin arbeiten (siehe „Schnitztechniken für das Messer“ auf Seite 23). Grundsätzlich schnitzt man aber vom Körper weg.
- Solange man das Messer nicht verwendet, sollte es im Rucksack verwahrt werden. Wenn man es dann braucht, kann man die Scheide mit einer Schnur um die Taille binden.
- Mit Kindern kann man die ersten Schnitzversuche mit einem Messer mit stumpfer Spitze und Mohrrüben durchführen

So übergibt man ein Messer richtig

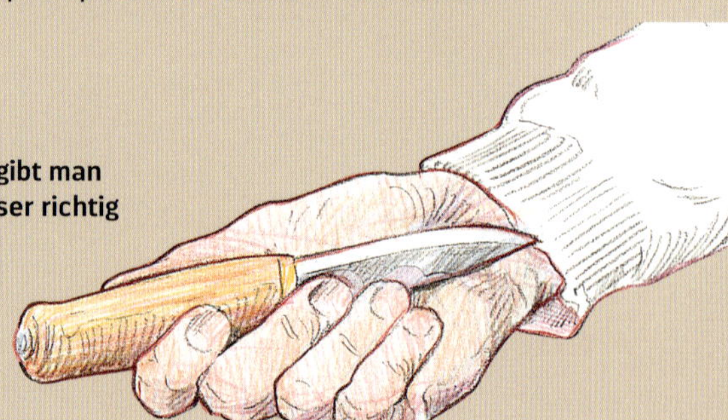

SÄGE

Am schnellsten sägt man Holz mit einer Bügelsäge, denn das Sägeblatt ist dünn und die Zähne haben alle das gleiche Profil. Die Zähne sind abwechselnd nach beiden Seiten nach außen gebogen oder geschränkt. Dies verhindert, dass die Säge in der Sägenut festklemmt, denn durch die Schränkung wird die Nut breiter als das Sägeblatt dick ist.

Früher wurden die Sägezähne gefeilt, wenn sie nicht mehr scharf waren. Heute ist jeder Zahn gehärtet und daher länger scharf. Wird das Sägeblatt stumpf, wird es heutzutage einfach komplett ausgetauscht.

Vorsicht, das Sägeblatt ist sehr scharf. Wird die Säge nicht verwendet, muss daher das Sägeblatt mit einem Schutz versehen werden.

Kleinere Bügelsägen finden in einem großem Rucksack Platz. Dabei sollte der mit der Säge mitgelieferte Klingenschutz gegen einen Schutz ausgetauscht werden, der dem restlichen Rucksackinhalt keinen Schaden zufügt.

Herstellung eines eigenen Sägeblattschutzes: die Länge der Säge abmessen und für jede Seite je 1,5 cm hinzurechnen. Das Maß auf ein 2 mm dickes Lederstück übertragen und dieses 4 cm breit zuschneiden. Das gesamte Lederstück in Wasser einweichen und um die Säge und das Sägeblatt legen, um es zu formen. Die Säge mit dem Leder in eine Presse legen. Wenn das Leder trocken ist, die Enden zusammennieten. Zwei Riemen etwas vom Rand nach innen versetzt festnähen oder -nieten. Jetzt kann der Schutz an die Säge angeknotet werden.

Achten Sie auf das richtige Ablegen der Säge: Die Säge nie mit den Sägezähnen nach oben ablegen. Die Säge kann mit den Zähnen nach unten an einen Baum gelehnt oder deutlich sichtbar an einen Ast gehängt werden.

Auch beim Tragen die Sägezähne nach unten richten. Wird die Säge beim Tragen über die Schulter gehängt, müssen die Zähne nach hinten gerichtet sein.

Schränkung der Sägezähne

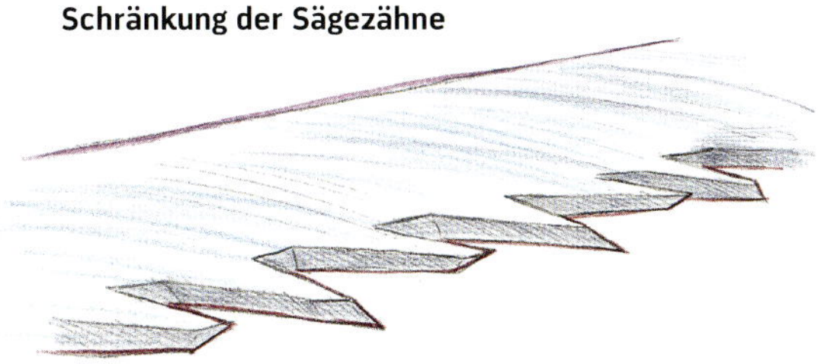

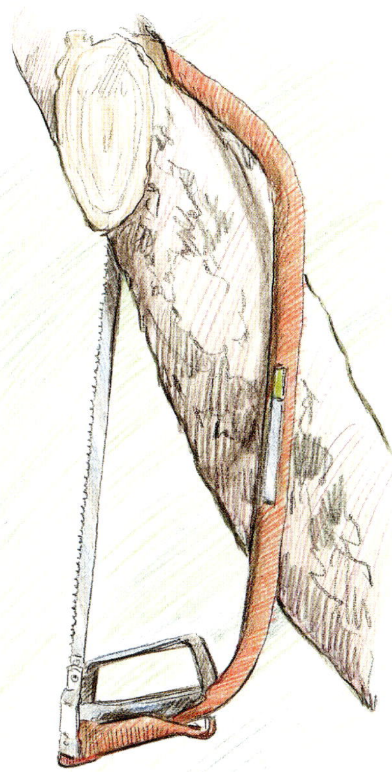

Das Sägeblatt einer Bügelsäge lässt sich einfach austauschen

GEBRAUCH DER BÜGELSÄGE

Mit einer Bügelsäge lassen sich recht einfach Bäume fällen (siehe Kasten rechts). Dabei ist jedoch Vorsicht geboten, insbesondere, wenn es sich um einen etwas größeren Baum handelt.

Obwohl Sägen offensichtlich gefährlich sind, können auch jüngere Kinder unter Aufsicht damit arbeiten. Es empfiehlt sich dann, dass Kinder die Säge immer zu zweit benutzen.

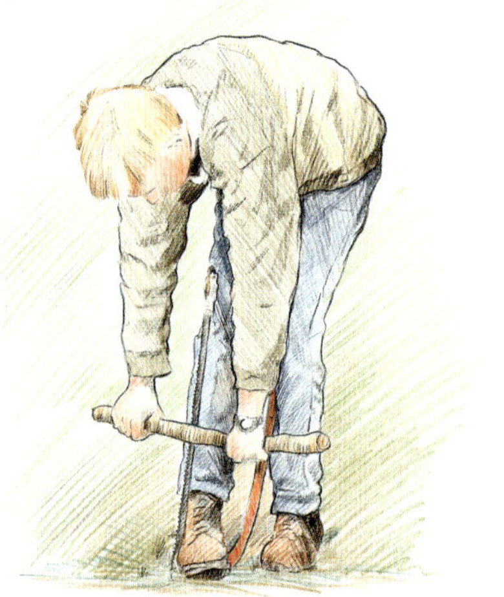

So sollte man die Säge halten, wenn dünnere Äste durchzusägen sind: Den Fuß auf den Bügel stellen und ihn zwischen den Knien festklemmen.

FÄLLEN EINES BAUMES

Zunächst den Fällkerb anbringen. Dieser muss niedrig und im rechten Winkel zur Fallrichtung des Baumes angesetzt sein. Bei einem aufrecht stehenden Stamm muss der Richtschnitt eine Tiefe von ca. ⅕ des Stammdurchmessers aufweisen.

Der Fällschnitt wird etwas höher als der Fällkerb angesetzt. Wichtig ist, dass zwischen Fällkerb und Fällschnitt ein Bruchbereich stehen bleibt. Zur besseren Steuerung kann man einen Holzkeil in den Fällschnitt treiben.

Der Bruchbereich dient als Scharnier und ermöglicht es, das Fallen des Baums zu steuern.

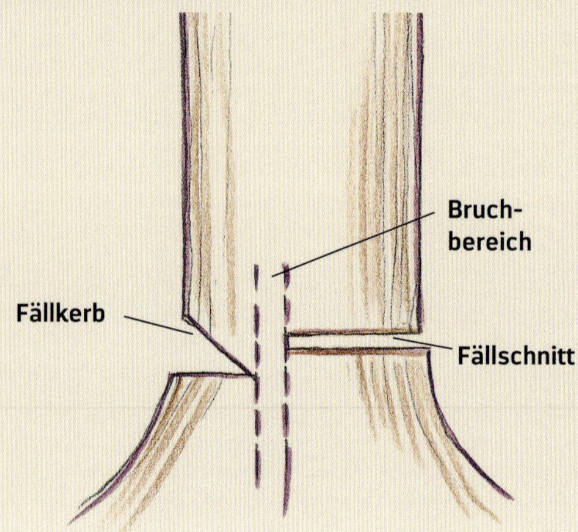

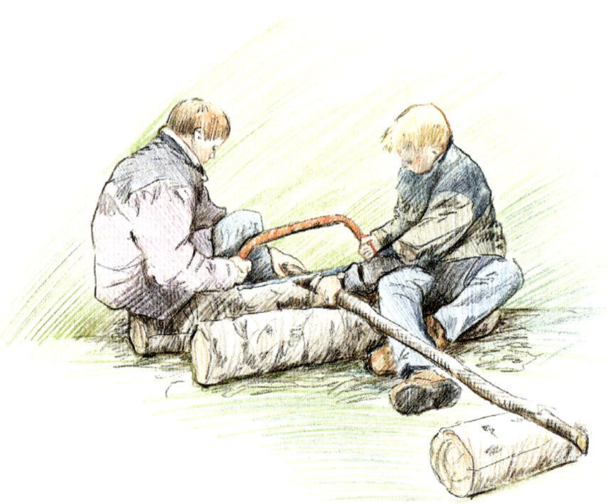

Für Kinder eine sichere Art zu sägen: Jeder sitzt auf einem Stamm und das Werkstück wird zwischen den Stämmen gesägt.

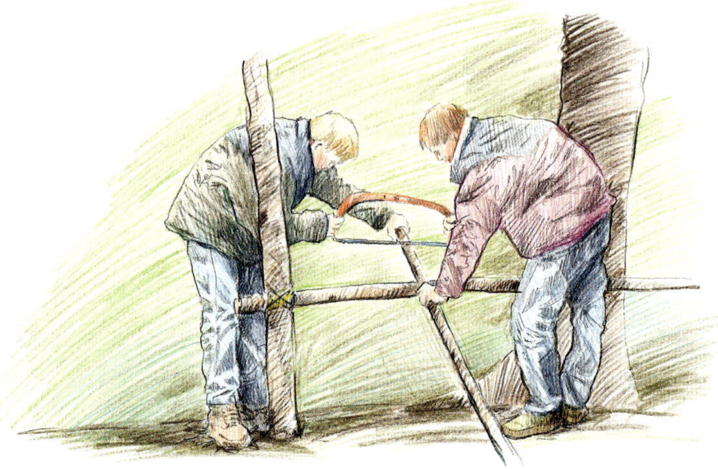

Noch eine Art zu sägen: Das Werkstück wird gegen eine festgezurrte Stange gelehnt. Eine dritte Person kann beim Festhalten des Werkstücks helfen.

ÄXTE UND BEILE

Man kann grob zwischen spaltenden Äxten und schneidenden Beilen unterscheiden. Eine Axt wird mit zwei Händen geführt und spaltet das Holz (wie beim Holzhacken). Ein Beil wird mit einer Hand geführt und ist eher ein Schneidwerkzeug. Die meisten Äxte und Beile sind für beides geeignet, aber der Unterschied sollte bekannt sein. Umgekehrt sollte man auch wissen, wie man eine Axt oder ein Beil je nach Arbeitsaufgabe auswählt. Wie eine Säge oder ein Messer werden auch Axt und Beil bei unsachgemäßer Benutzung schnell stumpf und gefährlich, wenn sie falsch eingesetzt werden.

Eine gut gepflegte Axt bzw. Beil hat eine scharfe Schneide. Diese ist genauso sorgfältig zu behandeln wie die Schneide eines Messers. Wird das Werkzeug nicht verwendet, sollte es immer mit einem Schneidenschutz versehen werden.

Beim Gehen sollte die Axt vorsichtshalber immer am Blatt festgehalten werden und die Schneide muss stets nach hinten gerichtet sein.

Zum Herstellen von dünnem Anzündholz für ein Feuer oder für kleinere Schnitzarbeiten wählt man ein kleines Beil mit 35 cm Grifflänge und einem Gewicht von ca. 700 g. Ein solches Beil kann auch im Rucksack mitgenommen werden.

Für schwerere Aufgaben, beispielsweise zum Holzhacken oder zum Entasten größerer Bäume, benötigt man eine schwerere Axt mit ca. 50 cm Grifflänge und mindestens 1 kg Gewicht.

Zum Spalten größerer Mengen Holz bietet sich die Verwendung einer Spaltaxt an.

Ein Schnitzbeil, das ausschließlich für Schnitzarbeiten gedacht ist, hat eine lange, gebogene Schneide. Der Kopf ist so geformt, dass man das Beil sehr dicht an der Schneide halten kann. Die Schneide eines solchen Schnitzbeils ist verhältnismäßig empfindlich und entsprechend zu behandeln. Beispielsweise sollte ein Schnitzbeil nicht in einen Hackklotz gehauen werden, da die Schneide dabei leicht abbricht. Besser, man legt das Beil einfach ab.

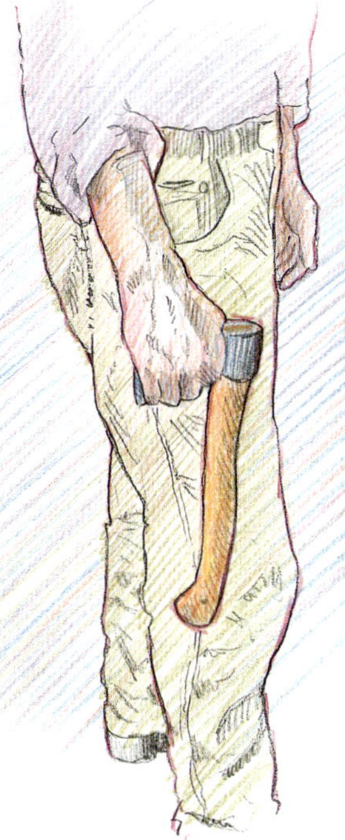

So geht man richtig mit der Axt

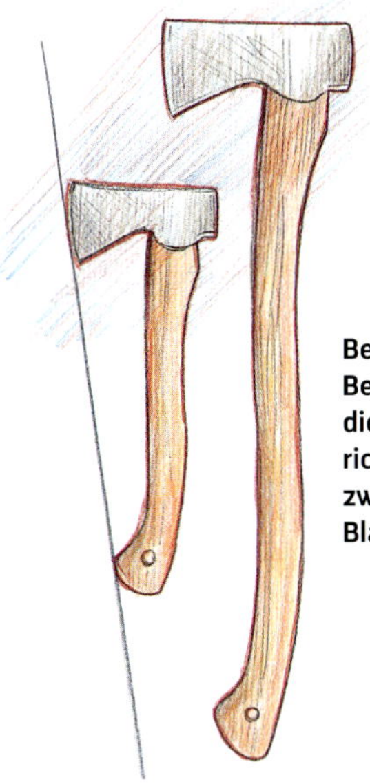

Beil und Axt. Beachten Sie die Linie, die den richtigen Winkel zwischen Griff und Blatt verdeutlicht.

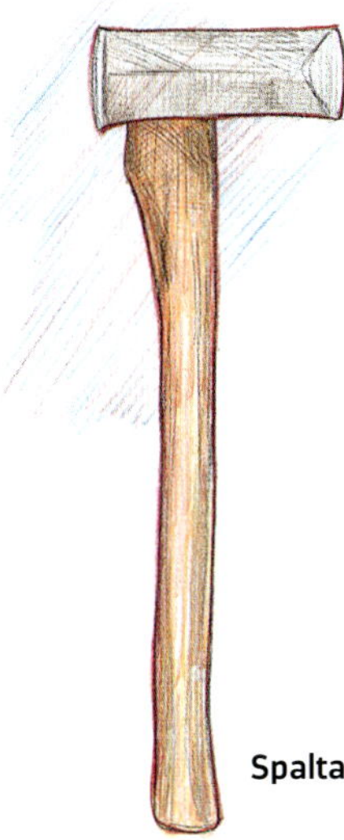

Spaltaxt

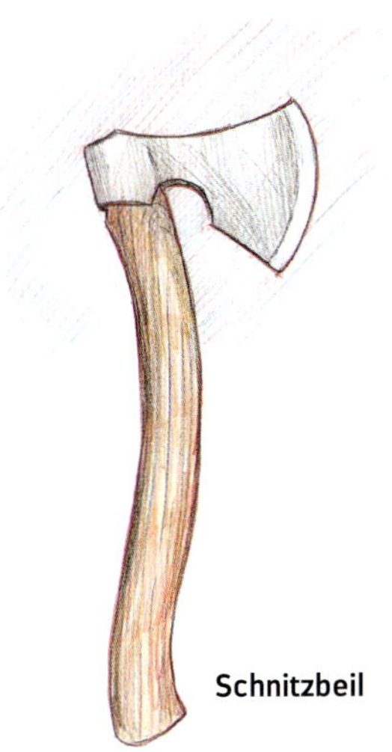

Schnitzbeil

Das Schnitzbeil ist speziell für Schnitzarbeiten geformt. Ein einfaches kleines Beil, das scharf geschliffen wurde, eignet sich ebenfalls gut zum Schnitzen. Das Schleifen eines Schnitzbeils erfolgt ganz ähnlich wie bei Messerklingen. Die Schleiffasen müssen gerade und dürfen nicht konkav sein, da die Schneide sonst nicht ausreichend scharf wird. Der Schneidenwinkel beträgt 25–30 Grad.

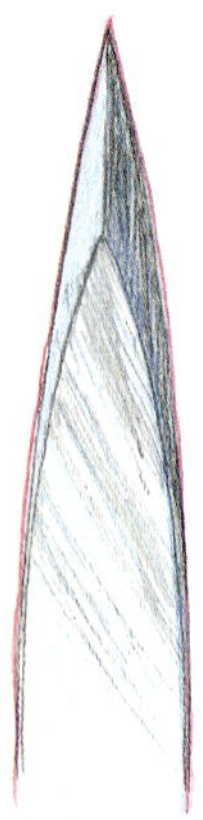

Axt mit konvexer Schleiffase

Beim Schleifen des Beils immer einen sicheren Stand einnehmen. Soll der alte Schneidenwinkel beibehalten werden, legt man zuerst die Hinterkante der Schleiffase an den Schleifstein an und kippt die Schneide dann nach vorn, bis das Wasser über die Schneide läuft. Nun das Beil auf dem Schleifstein vor- und zurückführen.

Manche Beile lassen sich auch mit einer flachen Feile schleifen. Zuerst vorsichtig probieren, ob die Feile tatsächlich die Schneide schleift und Material entfernt. Gleitet die Feile ab, als ob der Stahl aus Glas wäre, muss die Schneide auf herkömmliche Art geschliffen werden.

Die Schleiffase eines Beils für den allgemeinen Gebrauch ist eher konvex gehalten, damit die Schneide länger hält. Solche Beile können ebenfalls zum Schnitzen verwendet werden.

Wie bei der Instandhaltung des Messers darf das Abziehen nicht vergessen werden. Sowohl beim Feilen als auch beim Schleifen des Beils entsteht an der Kante des Beils ein Grat, der entfernt werden muss.

Weder der Schneidenschutz noch das Beil dürfen feucht sein, wenn der Schneidenschutz angebracht wird, da der Stahl sonst schnell rostet. Sowohl der Kopf als auch der Griff des Beils können mit einer dünnen Schicht rohen Leinöls eingeölt werden. Dem Schneidenschutz tut auch eine gelegentliche Behandlung mit Lederfett gut.

Denken Sie immer daran: Äxte und Beile sind zum Schnitzen oder zum Spalten von Holz gemacht. Also schlagen Sie beispielsweise nicht zwei Äxte mit dem Nacken zusammen und wenn Sie Metallkeile verwenden, schlagen Sie diese mit einem Schlägel oder einem Schlagholz ein.

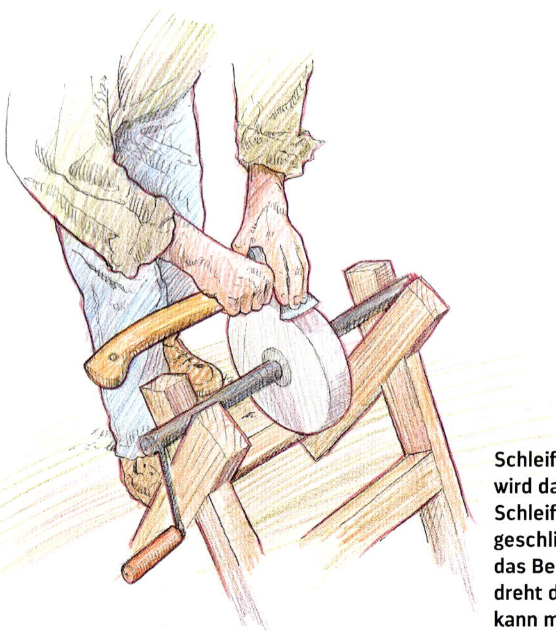

Schleifen eines Beils: Hier wird das Beil auf einem Schleifstein mit Kurbel geschliffen. Eine Person hält das Beil, eine zweite Person dreht den Stein. Zum Wässern kann man eine Plastikdose mit einem kleinen Loch über dem Schleifstein aufhängen.

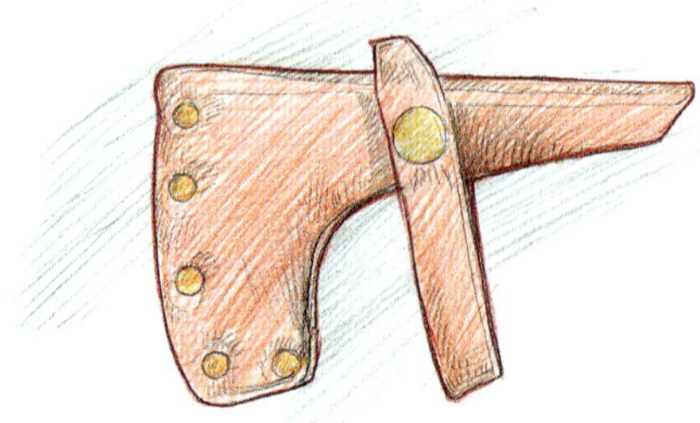

Diese Art Schneidenschutz ist geeignet, wenn man das Beil im Rucksack transportieren möchte

GEBRAUCH VON AXT UND BEIL

Sehr wichtig bei der Benutzung von Axt und Beil ist die Unterlage. Ein stabiler Hackklotz ist am besten. Steht man vor dem Hackklotz und stützt die Axt mit der Schneide auf den Hackklotz, sollte die Axt zum Körper einen rechten Winkel bilden.

Auch aus am Boden liegenden Stämmen lässt sich eine Unterlage herstellen. Eine Stammhälfte oder ein Stamm bilden die Hackfläche, dahinter liegt zur Sicherung ein größerer Stamm.

Bei Schnitzarbeiten mit dem Beil kann man im Sitzen arbeiten, wobei sich der Hackklotz bzw. der Stamm vor einem befindet.

Jüngere Kinder sollten Holz immer zu zweit spalten. Das eine Kind hält das Beil fest, das andere Kind schlägt mit einem Schlagholz auf den Nacken des Beils. Auf diese Art muss das Beil nicht geschwungen werden.

Etwas größere Kinder können selbst mit Beil oder Axt arbeiten. Sie müssen unbedingt breitbeinig stehen und sollten nur leicht spaltbares Holz bearbeiten. Eine gute Unterlage ist zum Spalten unbedingt erforderlich. Ist diese nicht verfügbar, sollte zum Feuermachen keine Scheite, sondern längeres Stangenholz verwendet werden.

Wählen Sie je nach Einsatzzweck das richtige Werkzeug. Ein kleines Beil eignet sich nur für kleinere Arbeitsaufgaben.

Wird die Axt oder das Beil trocken gelagert, kann der Griff im Kopf schrumpfen, sodass sich dieser lockert und eventuell sogar vom Stiel löst. Überprüfen Sie vor der Arbeit daher immer den festen Sitz des Kopfs auf dem Schaft.

Beim Entasten eines Stamms arbeitet man sich immer von unten, vom Stockende, nach oben vor. Dabei sollte der Stamm zwischen den Füßen und der Axt liegen, denn so landet ein Fehlschlag sicher im Holz und nicht in den eigenen Füßen. Bei stärkeren Ästen wird man sinnvollerweise mit Schrägschlag und Gegenschlag arbeiten, damit das Holz nicht zu stark einreißt.

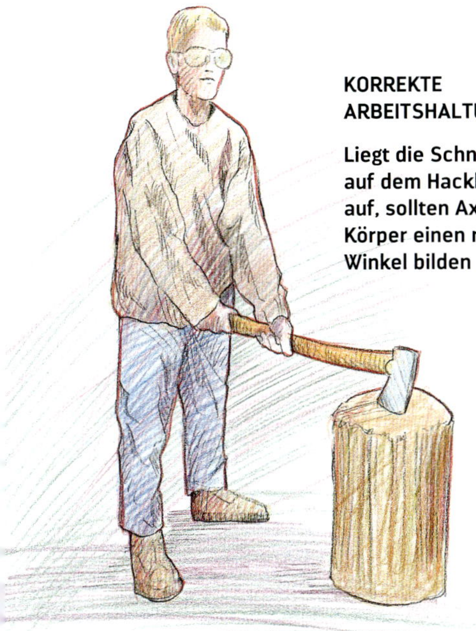

KORREKTE ARBEITSHALTUNG

Liegt die Schneide auf dem Hackklotz auf, sollten Axt und Körper einen rechten Winkel bilden

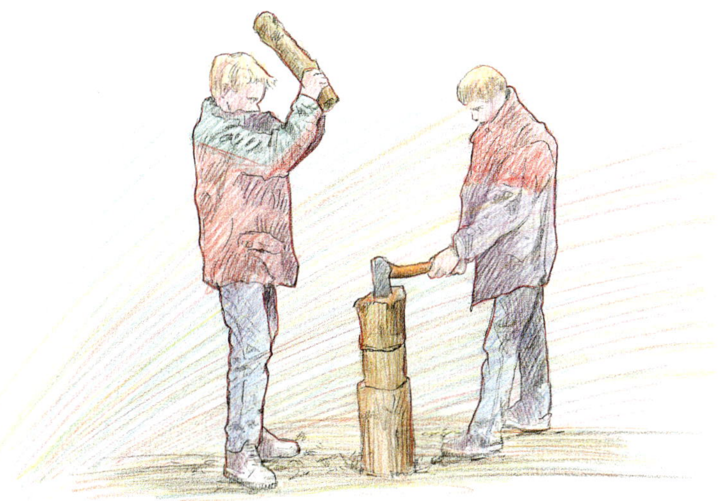

Die sicherste Arbeitsweise: Eine Person hält die Axt, eine zweite Person schlägt auf den Axtnacken.

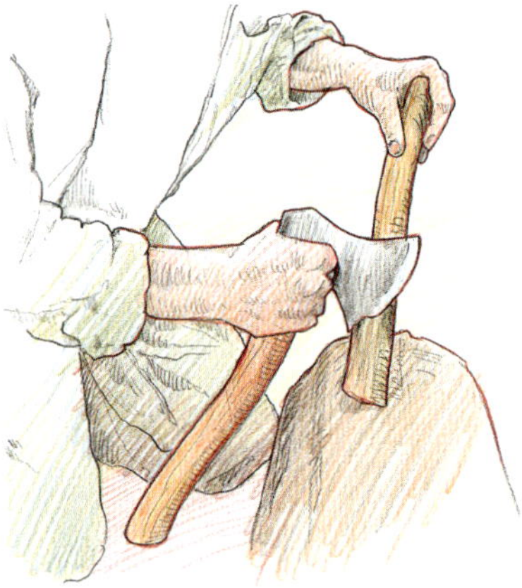

Beim Schnitzen wird das Beil meist direkt unter dem Blatt gehalten

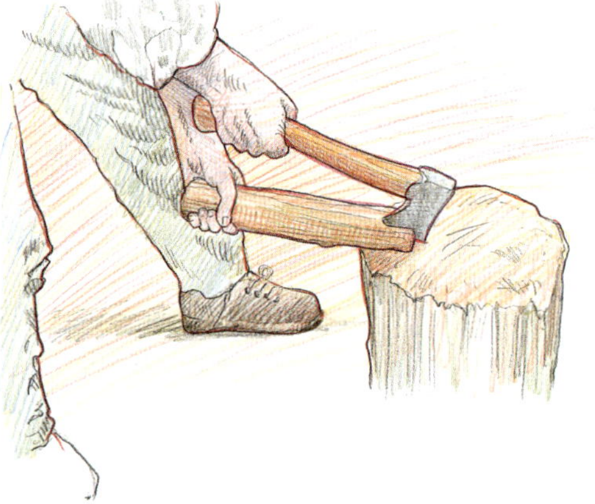

Mögliche Haltung beim Herstellen von dünnem Anzündholz

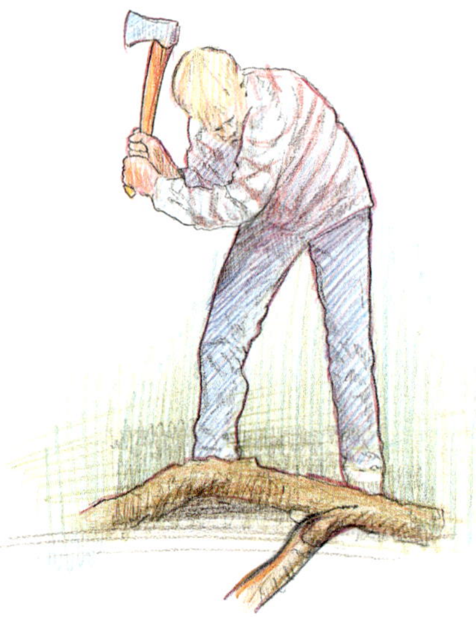

Beim Entasten liegt der Stamm zwischen den Beinen und dem Auftreffpunkt der Axt

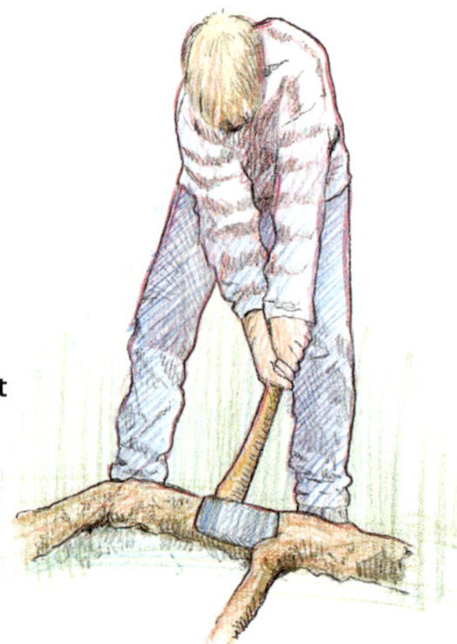

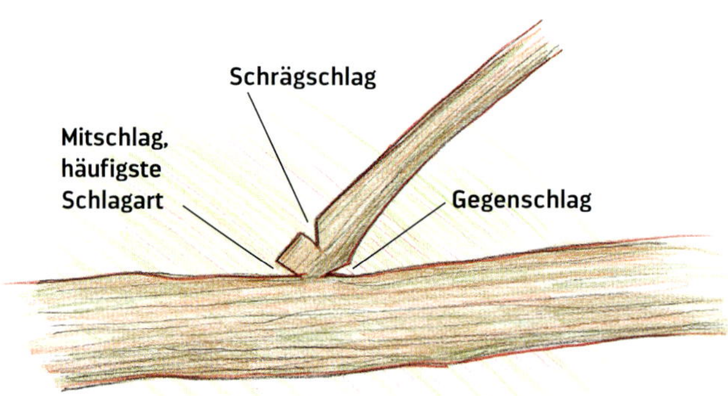

SONSTIGES WERKZEUG

Außer Messer, Beil und Bügelsäge ist manchmal auch noch anderes Werkzeug nützlich. Schälmesser und Löffelhohleisen werden im Kapitel über die Löffelherstellung beschrieben. Bohrwinde und T-Griff-Bohrer finden Sie beim Schemel auf Seite 90, Schweifhobel und Raspel bei Pfeil und Bogen. Beim Flechten ist eventuell eine Gartenschere nützlich. Hier sollen außerdem einige weitere Werkzeuge genannt werden.

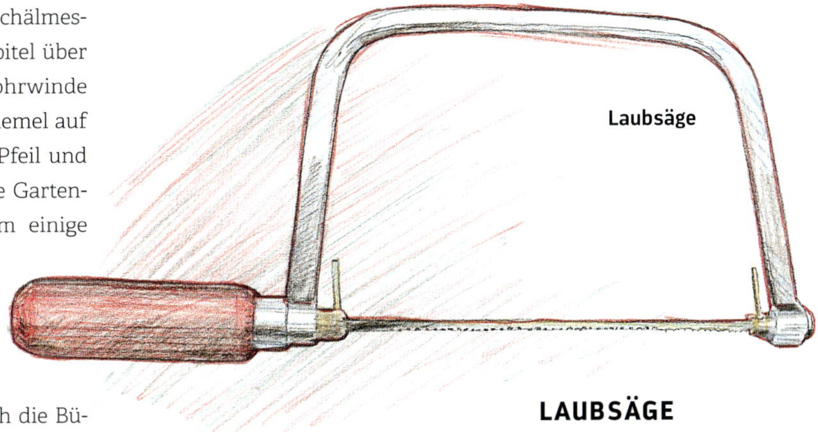
Laubsäge

ASTSÄGE

Zum Sägen von dickem Holz eignet sich die Bügelsäge am besten, für Zweige und Äste ist eine Astsäge jedoch handlicher. Sie haben häufig eine japanische Zahnung, die bewirkt, dass die Säge auf Zug schneidet, also wenn man sie zu sich heranzieht. Dies ermöglicht die Verwendung sehr dünner Sägeblätter.

LAUBSÄGE

Laubsägen haben äußerst dünne Sägeblätter und eignen sich vor allem, wenn schärfere Umrisse ausgesägt werden sollen. Dadurch lässt sich gelegentlich etwas Arbeit sparen. Jedoch sollte man immer einige Ersatzsägeblätter dabei haben, da die Sägeblätter leicht reißen.

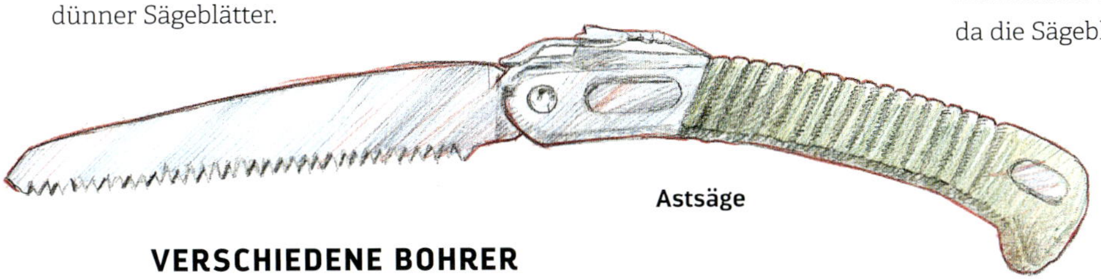
Astsäge

VERSCHIEDENE BOHRER

Kleinere Löcher lassen sich hervorragend mit einem einfachen Bohrer herstellen, der in einen beliebigen Griff eingesetzt wird. Spiral- oder Spitzbohrer lassen sich einfach in ein härteres Stück Holz oder Horn einsetzen. Man muss den Schaft vierkantig schleifen, bevor man den Bohrer in den Griff einsetzt. Ist der Griff trocken, kann man sicherheitshalber vor dem Einschlagen des Bohrers etwas Leim einführen.

Die so genannten Modellbohrer sehen wie kleine Schraubenzieher aus, nur haben sie eine scharfe Schneide. Eine Ahle hat eine scharfe Spitze und ist beispielsweise beim Flechten hilfreich.

Handbohrer
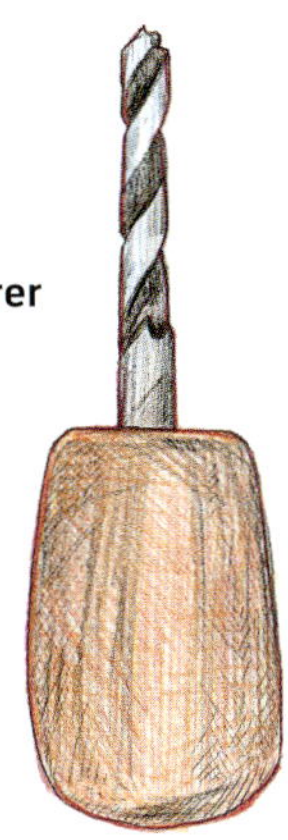

Modellbohrer
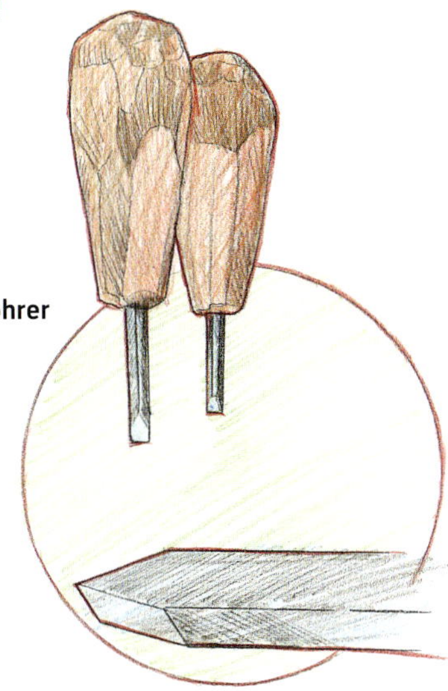

DAS OUTDOOR-HANDBUCH

Schnitzen

Wenn wir vom Schnitzen sprechen, denken wir meist an das Messer, aber auch mit dem Beil kann man arbeiten. Häufig lohnt es sich, das Werkstück mit dem Beil grob vorzuformen und dann mit dem Messer die Details herauszuarbeiten.

Schnitzen ist wie Meditation – eine Möglichkeit, in sich selbst zu versinken und man kann völlig in der Arbeit aufgehen. Das Ergebnis selbst hängt von der Übung ab. Aber zusätzlich zum eigenen Geschick sind für ein gutes Ergebnis auch ein scharfes Werkzeug und geeignetes Schnitzmaterial unabdingbar.

In diesem Buch wird meistens das Schnitzen mit frischem und feuchtem Holz, das leicht zu bearbeiten ist, beschrieben. Daher können alle Holzarten verwendet werden. Erst bei trockenem Holz spielt die Holzart eine Rolle. Soll das Werkstück mit Lebensmitteln in Berührung kommen, ist auch hier die Holzart wichtig: *Fichte* und *Rotbuche* beispielsweise geben keine eigenen Geschmacksstoffe ab.

Zum Üben kann man zunächst an Mohrrüben schnitzen, besonders für Kinder sind diese ein hervorragendes Übungsmaterial. Weiche Holzarten sind beispielsweise *Zitterpappel* (Espe) und *Linde*. Andere Laubbäume haben eher hartes Holz.

Die Äste von *Fichten* haben ein dichtes Holz, das sich gut verarbeiten lässt.

Das Kernholz von *Faulbaum* und *Goldregen* kontrastiert hübsch zum äußeren Splintholz.

Suchen Sie auf dem Waldboden nach besonders schönen Holzmaserungen unter der Rinde. Insbesondere *Rotbuche* und *Birke* können eine interessante Maserung aufweisen, wenn sie anfangen, in Fäulnis überzugehen.

Auf den folgenden Seiten werden einige Gegenstände beschrieben, die sich gut schnitzen lassen. Zunächst werden jedoch einige Kniffe für den Umgang mit dem Messer vorgestellt.

SCHNITZTECHNIKEN MIT DEM MESSER

Schnitzen vom Körper weg: Zu Beginn der Schnitzarbeit will man natürlich viel Material auf einmal vom Werkstück abnehmen. Dazu ist Kraft erforderlich, aber gleichzeitig will man das Messer gut kontrollieren können. Schnitzt man gerade von sich weg, wird in kurzer Zeit viel Material abgetragen.

Viel Kraft in Verbindung mit guter Kontrolle erhalten Sie, wenn Sie die Hände die ganze Zeit an der Brust abstützen (siehe Abbildung unten links). Diese Haltung ergibt durch die runde Bewegung einen gewissen verstärkenden Hebeleffekt mit einer guten Klingenkontrolle.

Schnitzen zum Körper hin: Klingt für viele falsch, aber früher oder später wird man feststellen, dass diese Technik manchmal ihre Berechtigung hat. Wichtig ist, dass man seine Bewegungen gut kontrollieren kann. Entweder stoppt der Unterarm die Bewegung zur Brust hin, bevor das Messer dort angekommen ist, und verhindert so, dass die Klinge ein Körperteil erreicht, oder man benutzt den Daumen als Stütze. Die Bewegung des Messers wird unterbrochen, wenn die das Messer haltenden Finger die Handfläche erreichen.

SCHNITZEN VOM KÖRPER WEG

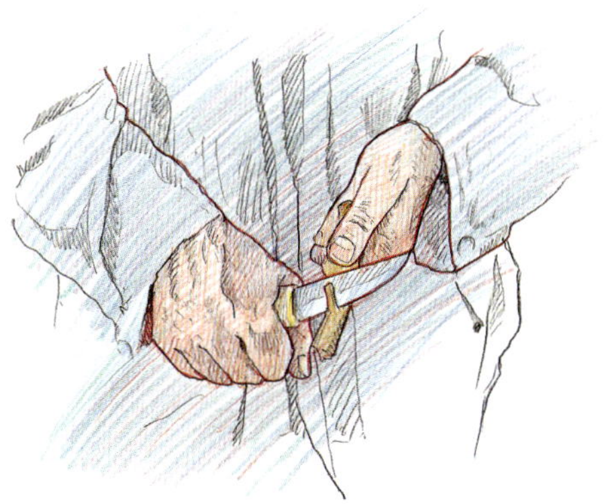

Schnitzen vom Körper weg mit dem Messer vor dem Körper

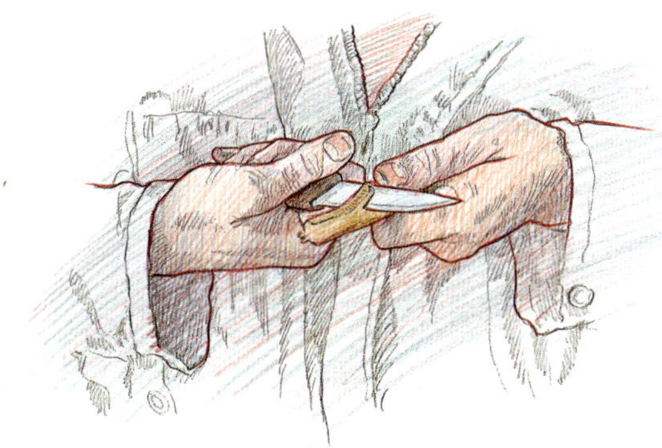

Schnitztechnik, die Kraft und Kontrolle gleichzeitig ermöglicht

SCHNITZEN ZUM KÖRPER HIN

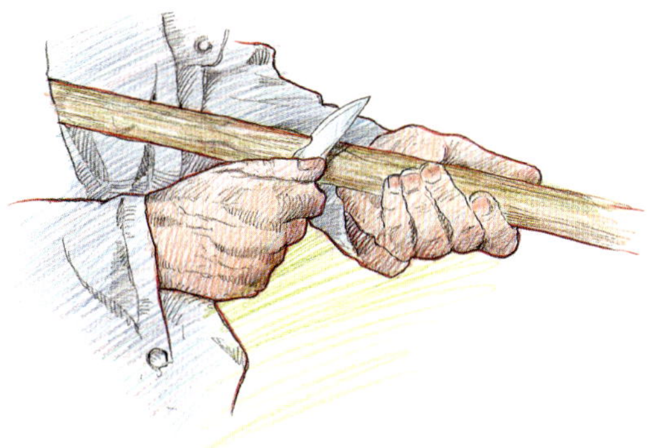

Hier wird das Werkstück gegen die Brust gestützt

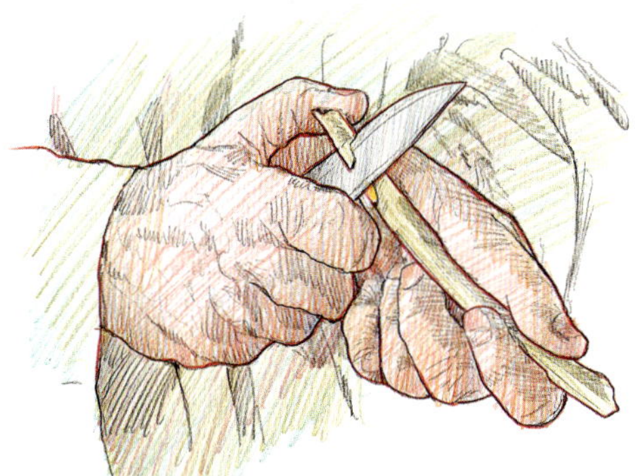

Schnitztechnik mit dem Daumen als Stütze

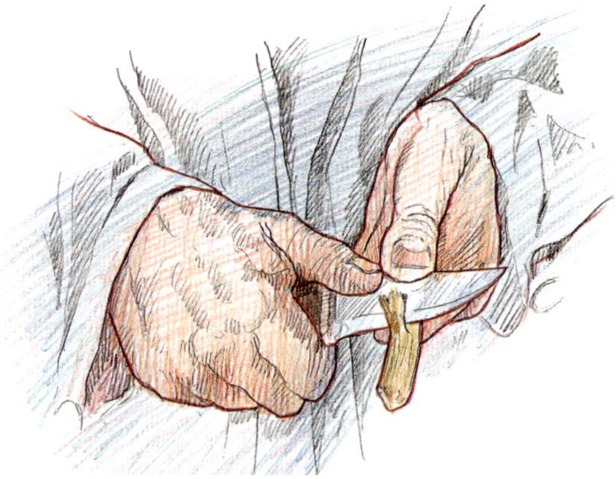

Durch Vorschieben des Messers, wie in der Abbildung dargestellt, ergibt sich ein besseres Steuerungsvermögen für feine Elemente

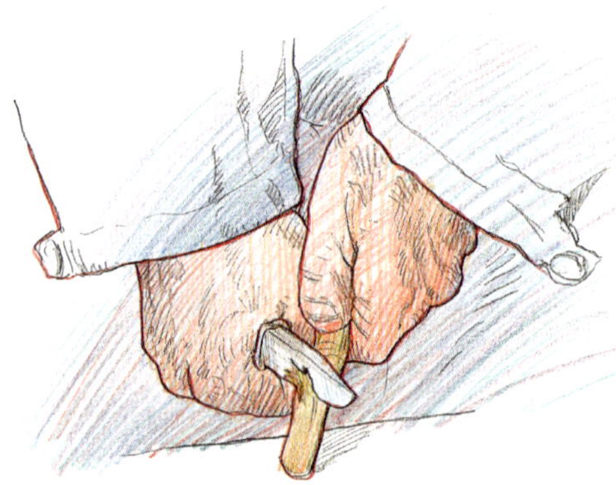

Schnitzen gegen eine Unterlage ermöglicht große Kraft und Kontrolle

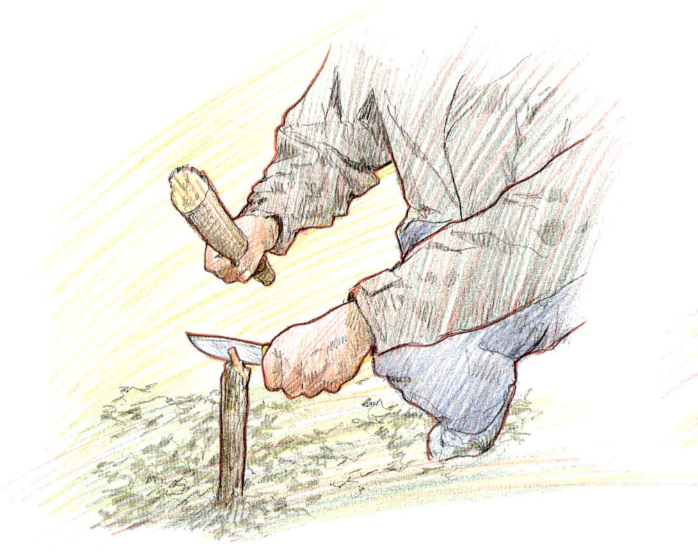

Zum Spalten schlagen Sie mit einem Schlagholz auf den Messerrücken (Batoning)

Feinschnitzen: Zum Schnitzen feiner Elemente kann man das Messer mit beiden Daumen voranschieben. Auf diese Art erhält man eine ausgezeichnete Kontrolle über die Klinge.

Schnitzen gegen eine Unterlage: Beim Schnitzen gegen eine Unterlage kann man mit Kraft arbeiten und behält dennoch die Kontrolle. Natürlich dürfen nie die Oberschenkel als Unterlage dienen und passen Sie auch auf Ihre Finger auf. Manchmal setzt man zu viel des Körpergewichts ein, was zu massiven Verletzungen führen kann, wenn man nicht vorsichtig ist.

Muster schnitzen: Beim Schnitzen eines Musters arbeitet man mit der Messerspitze. Der Daumen dient als Hebelpunkt, die Messerspitze wird durch Ziehen am Griff vorwärts gehebelt. Die Spitze lässt sich in manchen Fällen auch als Bohrer einsetzen. Man sollte dabei aber immer vorsichtig sein, da sie leicht abbricht.

Spalten mit dem Messer (Batoning): Das Messer lässt sich auch zum Spalten dünnerer Äste einsetzen, beispielsweise beim Feuermachen. Dazu schlägt man mit einem Schlagholz auf den Messerrücken. Diese Technik nennt man in Bushcrafter-Kreisen auch Batoning (Baton ist das englische Wort für Schlagstock).

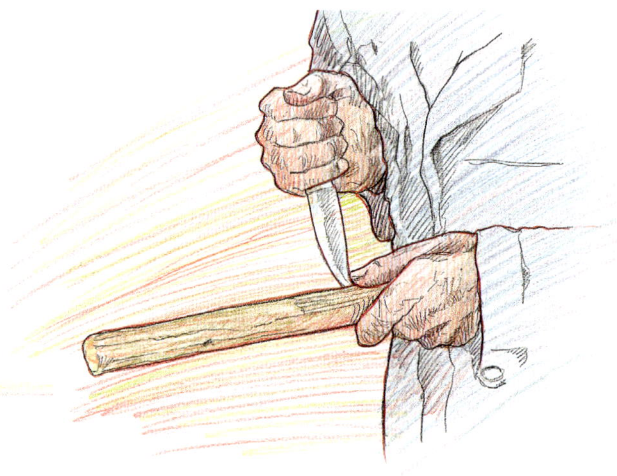

Muster, z. B. für Verzierungen, lassen sich mit der Messerspitze herstellen

Entasten mit dem Messer: Kleine Zweige lassen sich durch Hacken entfernen. In der Abbildung sehen Sie, wie der Ringfinger den Wulst am Ende des Messergriffs umschließt. Ein eventueller Riemen am Griff kann ebenfalls dazu beitragen, dass man das Messer sicherer im Griff hat.

Durchtrennen mit dem Messer: Zum Kappen eines dünneren Asts oder Stamms kann man wie im Bild dargestellt vorgehen. Man nimmt den Ast unter den Arm und biegt ihn nach hinten um. Auf diese Weise lässt sich der Ast sehr leicht durchschneiden. Vorsicht: Der Ast schnellt hoch.

Fällen eines dünnen Bäumchens: Biegt man einen dünneren Ast oder sogar einen kleinen Baum um, kann dieser mit dem Messer gefällt werden. Das Bäumchen muss dabei so festgehalten werden, dass die Holzfasern unter Spannung stehen.

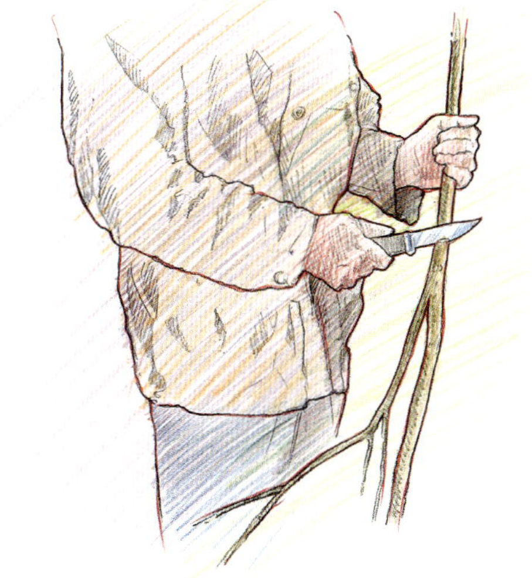

Entasten mit dem Messer

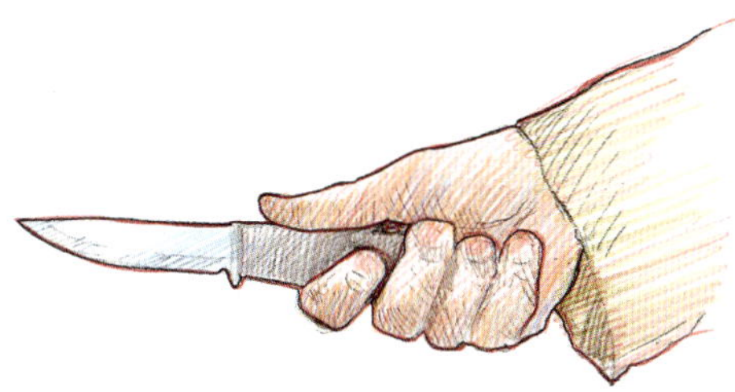

Mit dem Daumen als Stütze auf der Oberseite des Griffs ist das Hacken mit dem Messer einfacher

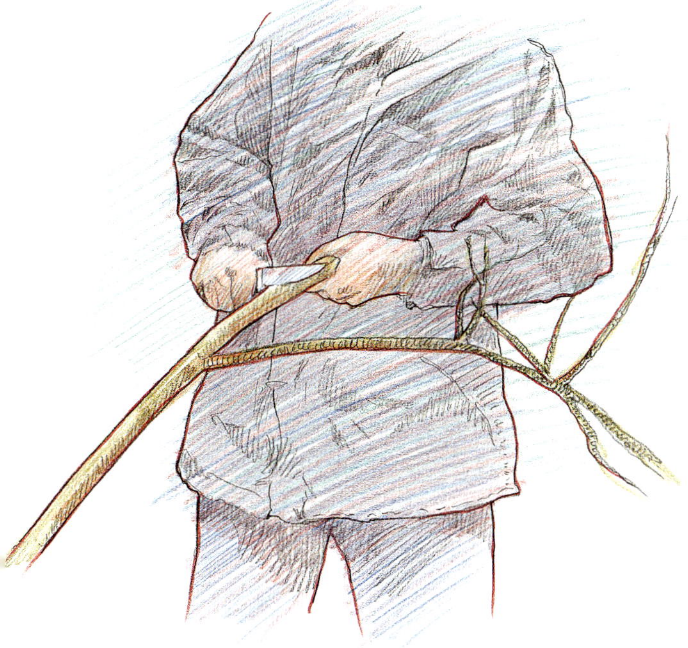

Durchtrennen: Auf diese Art können Sie beispielsweise einen dünnen Baum oder Ast durchschneiden

Durchschneiden von Zweigen: Zweige lassen sich mit Hilfe von Messer und Schlagholz durchschneiden. Die Kraft, die man auf diese Weise erreicht, ist recht hoch.

Auch für Aussparungen oder Einschnitte kann ein Schlagholz eingesetzt werden, es ist jedoch eine starke Klinge mit einem breitem Klingenrücken erforderlich, das der Beanspruchung standhält.

Der Messerrücken kann als Schaber eingesetzt werden. Bei einem Messer mit einer durchgehend stabilen Klinge (Vollangel) kann man auch den Rücken scharfkantig schleifen. Damit lassen sich beispielsweise Wurzeln sauber schaben. Ein richtig scharf geschliffener Messerrücken kann gut mit dem Feuerstein zusammen verwendet werden (siehe Seite 70/71 unter „Schlagfeuer").

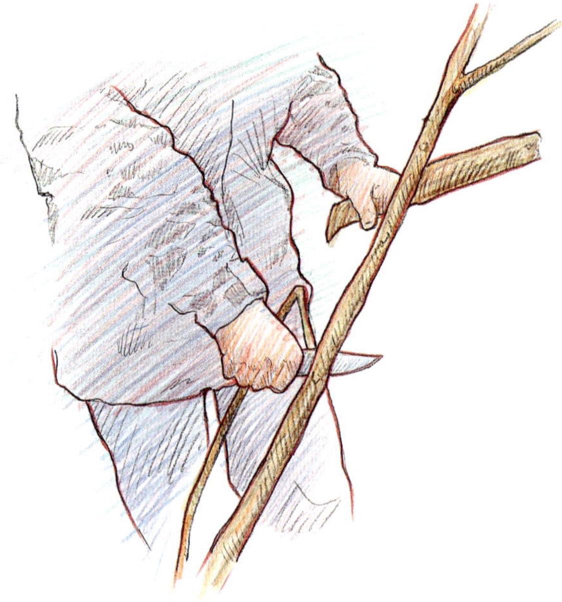

Wenn beim Entasten das Hacken nicht ausreicht, ist ein Schlagholz sehr nützlich

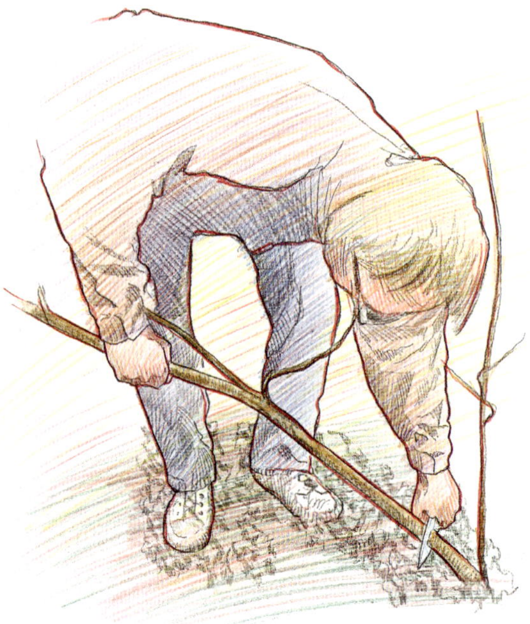

Fällen dünner Bäume: Umgebogen lässt sich ein dünner Stamm relativ leicht durchschneiden

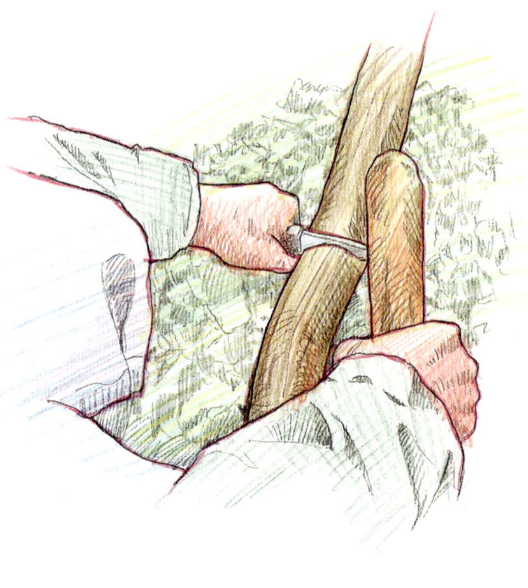

Aussparungen und Einschnitte. Auch hier hilft es, durch Schläge auf den Messerrücken die Druckkraft zu steigern.

SCHNITZÜBUNGEN

Beim Schnitzen ist unbedingt der Verlauf der Fasern im Holz zu beachten. Ist man bezüglich der Faserrichtung unsicher, schneidet man einfach vorsichtig ins Holz. Splittert das Holz auf, sodass die Oberfläche ungleichmäßig wird, dreht man das Holzstück einfach um, und schnitzt in die andere Richtung.

Bei den ersten Schnitzversuchen sollte man zunächst nur gerade Schnitte versuchen. Später kann eine bessere Führung des Messers erlernt werden, beispielsweise durch Vorwärtsschieben der Klinge mit beiden Daumen. Manchmal muss man sogar zum Körper hin schneiden, was ebenfalls völlig gefahrlos möglich ist. Für ein ziehendes Schneiden zum Körper hin, hat es sich bewährt, dass das Werkstück mit dem Daumen gestützt wird – Ähnlich wie beim Schälen einer Apfelsinne. Der Daumen muss dabei unter dem Rand des Werkstücks liegen, damit bei einem versehentlichen Abrutschen die Klinge durch die Luft und nicht in den Finger schneidet.

Mit der Übung kommt das Geschick, und je mehr man schnitzt, desto schwierigere Schnitzaufgaben schafft man. Gute Übungen für den Anfang sind das Schnitzen von Holzspießen und das Einschneiden einfacher Muster in Äste oder Rundhölzer. Selbst das Schnitzen ohne bestimmtes Ziel ist gut für die Entspannung.

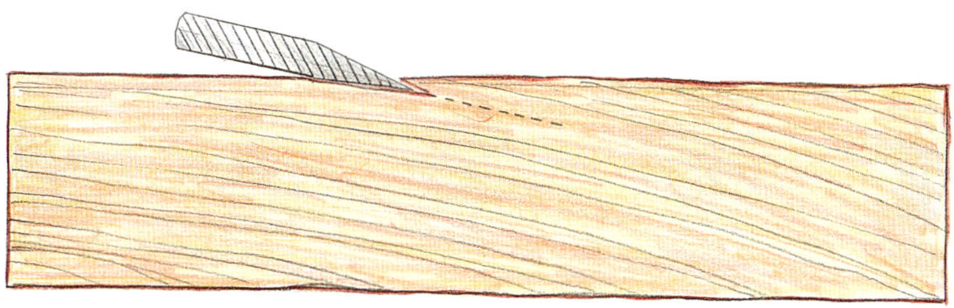

Immer auf den Verlauf der Fasern im Holz achten. Hier würde sich das Holz aufspalten und splittern.

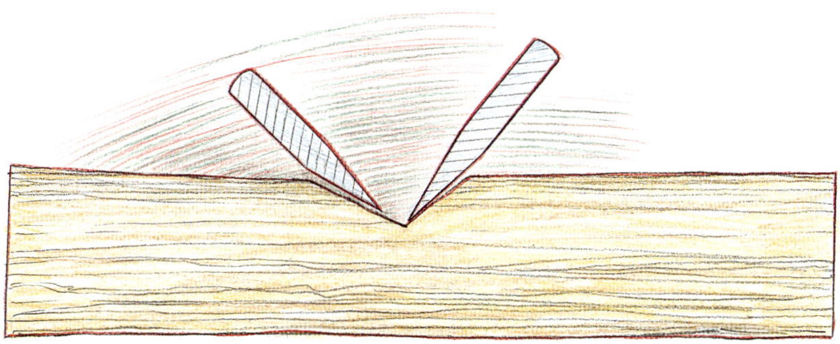

Kontrolliertes Schneiden: Eine gute Schnitzübung ist das Einschneiden einer V-förmigen Kerbe. Dabei von zwei Seiten aus schneiden und jedes Mal die Richtung wechseln.

Versuchen Sie es zunächst mit natürlichen Formen, wie Blätter oder Eicheln

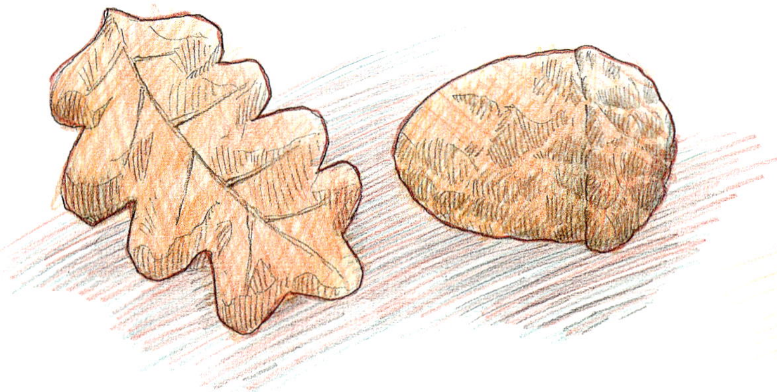

Steigern Sie dann den Schwierigkeitsgrad und schnitzen Sie komplexere Formen

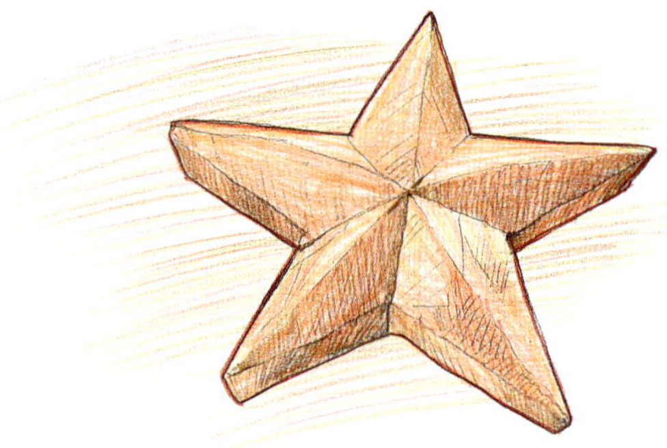

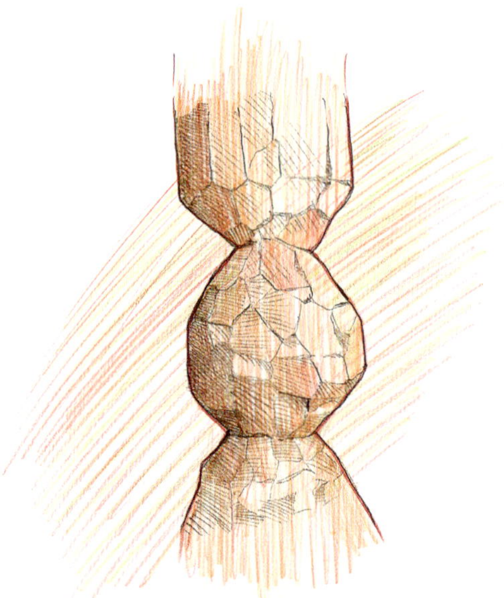

Das Schnitzen einer Kugel ist eine gute Übung: Am einfachsten ist es, wenn Sie die Kerben unten und oben sehr weit einschneiden. Beim Abrunden der Haltestellen kann sonst die Oberfläche weniger schön werden.

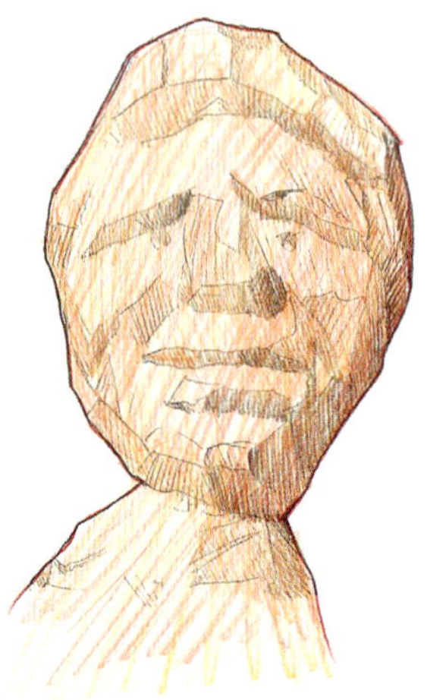

Kleine Figuren sind ebenfalls gute Übungsobjekte

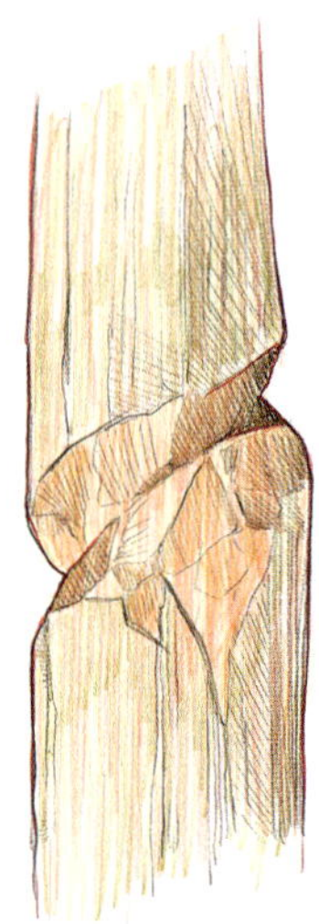

Eine V-förmige Kerbe kann auch in Spiralform ausgeführt werden. Das ist eine gute Übung und zugleich ein schönes Dekorationselement.

UMGANG MIT HOLZ

Zahlreiche der in diesem Buch beschriebenen Gegenstände sind aus frischem, grünem Holz hergestellt. Statt zu warten, bis das Holz trocken ist, beginnt man schon, solange es noch feucht und leicht zu schneiden ist.

Im Laufe der Arbeit wird der bearbeitete Gegenstand meist dünner, sodass sich die Spannungen zwischen dem feuchten Inneren und der relativ trockenen Oberfläche verringern. Ist der Gegenstand dünn genug, besteht kaum Gefahr einer Rissbildung.

Geschnitzte Gegenstände sollten nicht mehr den Markkanal des Stamms enthalten, da sich Risse häufig zuerst im Mark bilden. Das Werkstück muss also aus einem gespaltenen Ast oder Stamm geschnitten werden. Kontrollieren Sie nach dem Spalten, ob das Mark noch enthalten ist und entfernen Sie es gegebenenfalls mit dem Beil.

Ein Werkstück kann auf unterschiedliche Art gelagert werden. Für eine kurzzeitige Unterbrechung reicht es, das Werkstück in die Arbeitsschürze einzuschlagen oder in eine Papiertüte zu stecken. Auch Plastiktüten eignen sich, aber es besteht die Gefahr, dass das Werkstück im Kunststoff schimmelt. Hier hilft es, das Holz gelegentlich zu lüften. Der Lagerungsort darf weder zu hell noch zu trocken sein. Sägespäne eignen sich gut. Handelt es sich um eine längere Arbeitsunterbrechung, kann man die Holzstücke einfrieren.

Glätten: Da sich die Holzoberfläche beim Trocknen verändert, wartet man mit der Nachbearbeitung. Lassen Sie das Werkstück an einem kühlen, schattigen Ort trocknen. Auch die Mikrowelle eignet sich, wenn man das Gerät auf die kleinste Stufe und auf kurze Zeitintervalle stellt und dazwischen Abkühlpausen einlegt. Ist das Werkstück vollständig trocken, beginnt die Nachbearbeitung.

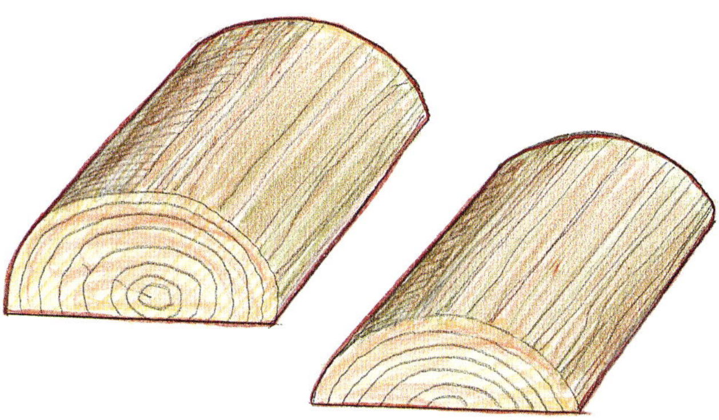

Das Mark entfernen, da sich sonst leicht Risse bilden. Das rechte Stück ist also besser.

GLÄTTEN

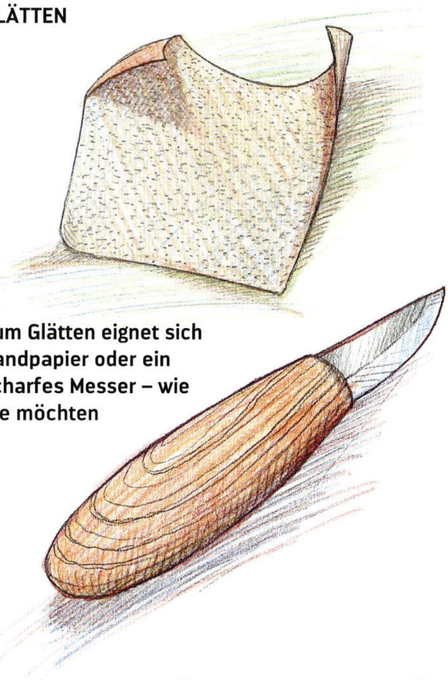

Zum Glätten eignet sich Sandpapier oder ein scharfes Messer – wie Sie möchten

Ob zum Glätten Sandpapier oder ein sehr scharfes Messer verwendet wird, ist Geschmackssache. Beim Glätten mit dem Messer wird die Oberfläche nicht völlig eben, sondern wird immer kleine Erhebungen aufweisen. Ist das Messer richtig scharf, wird die Oberfläche aber dennoch gut aussehen. Zum Glätten kann auch ein sehr feines Sandpapier (Körnung ca. 600) verwendet werden.

Natürliche Mittel zum Schmirgeln sind *Ulmenblätter, Schachtelhalm* und Meersand. Gut geeignet ist auch glatter, geschliffener Sandstein.

Oberflächenbehandlung: Zum Abschluss den fertigen Gegenstand mit rohem Leinöl einreiben. Denken Sie jedoch an die Brandgefahr: In Leinöl getränkte Lappen können sich entzünden. Vor dem Wegwerfen den Lappen daher wässern und in eine Plastiktüte legen.

Wenn man das Öl vorsichtig erhitzt, wird es dünnflüssiger und dringt besser in das Holz ein. Anschließend das Holz mehrere Tage lang trocknen lassen und dann die Behandlung wiederholen.

Eine andere Möglichkeit ist, den Gegenstand mit einem Stück Bienenwachs zu bearbeiten. Danach das Holz in einigem Abstand ans Feuer halten, sodass das Wachs weich wird, danach mit den Fingern ausstreichen. Abschließend die Oberfläche mit einer Kleiderbürste oder einer Schuhbürste bearbeiten, bis sie matt glänzt.

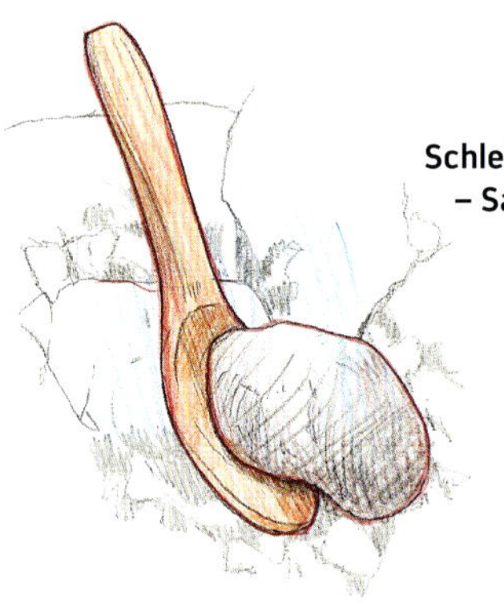

Schleifmittel der Natur – Sandstein oder ein Ulmenblatt

ANDERE SCHLEIFMITTEL ZUM GLÄTTEN

BERGULME *Ulmus glabra*

Das Holz der Ulme ist hart und zäh. Die Blätter sind an der Oberseite rau wie feines Sandpapier und eignen sich zum Glätten.

Aus Ästen der Ulme lassen sich starke, gute Bogen herstellen und die jungen Früchte sind eine wohlschmeckende Beilage zum Salat.

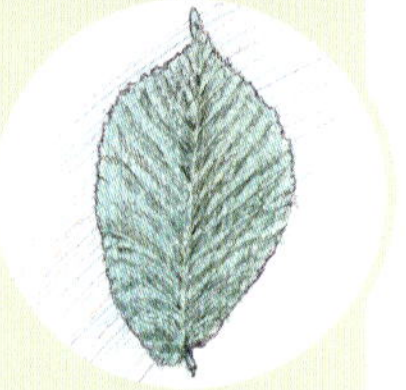

SCHACHTELHALM *Equisetum Hyemale*

Eher seltene, immergrüne Pflanze, die auf feuchten Sand-, Lehm- oder Torfböden wächst. Bildet gelegentlich große Bestände, 25–90 cm hoch. Eignet sich zum Glätten.

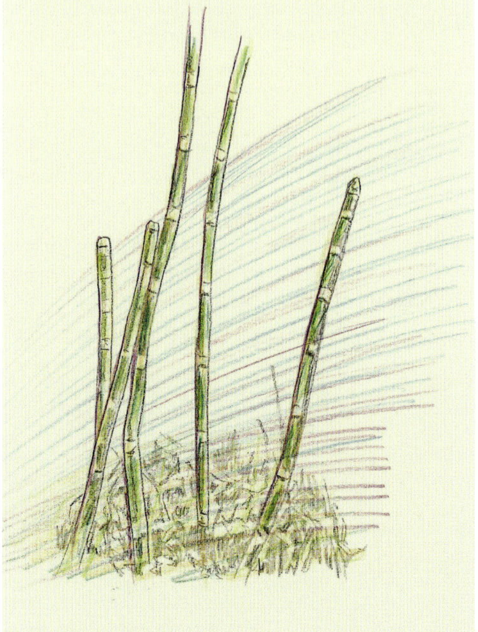

SCHNITZEN AUS DEM AST

Gutes Schnitzmaterial findet man oft auch bei Ästen, denn manchmal ist dieses Holz kompakter und härter als das des Stammes – beispielsweise bei Fichten. Statt des weichen Stammholzes der *Fichte* kann man also auch die Äste verwenden, die deutlich härter sind.

Hier beschreiben wir die Herstellung einiger Gegenstände aus Ästen.

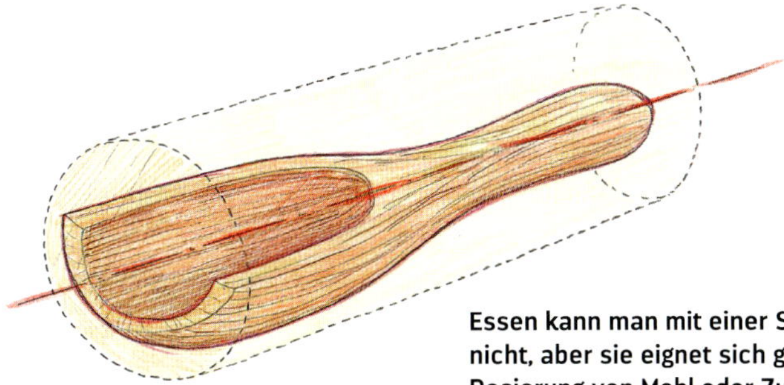

Essen kann man mit einer Schaufel nicht, aber sie eignet sich gut für die Dosierung von Mehl oder Zucker

HOLZHAMMER

Aus einem Stück Stamm, an dem noch ein Ast sitzt, lässt sich ein Holzhammer herstellen. Hier hat man ein Beispiel für die extrem stabilen Holzverbindungen, die die Natur selbst erzeugt. Allein kann man eine derart stabile Verbindung aus zwei Holzstücken kaum herstellen. Für einen solchen Hammer eignen sich besonders die härteren Laubbäume: *Buche, Hainbuche, Eiche, Ahorn* etc.

SCHAUFEL

Aus einem halbierten Ast lässt sich eine kleine Schaufel für Salz, Mehl oder Zucker herstellen. Dazu kann man entweder ein Stück Holz aushöhlen und dann spalten, oder man spaltet das Holz zuerst und höhlt es danach mit dem Messer aus. Der Griff wird als letztes geformt. Eine Schaufel lässt sich einfacher herstellen als ein Löffel, da sie vorn offen ist.

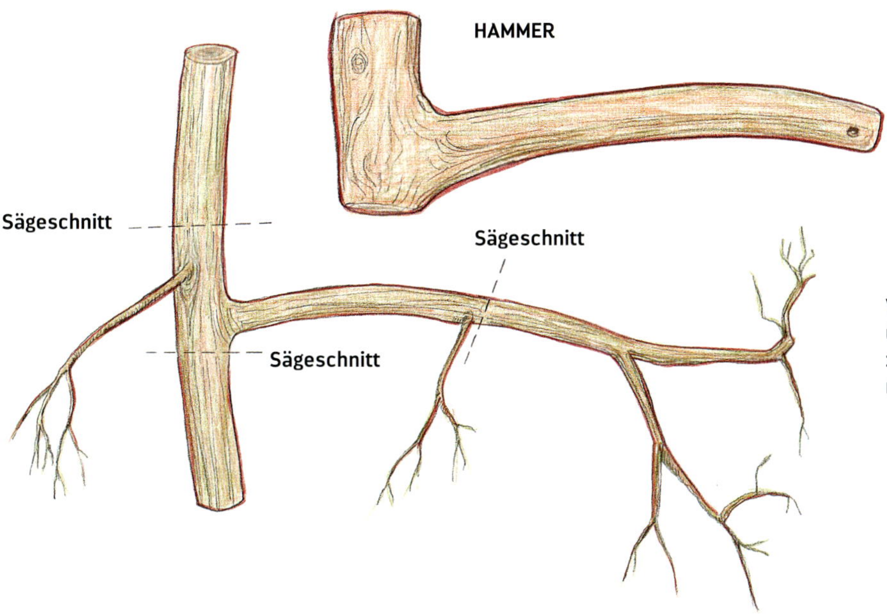

Vor dem Zurichten des Holzes überprüfen, dass der Winkel zwischen Ast und Stamm möglichst 90 Grad beträgt

FICHTE ***Picea albies***

Die Wurzeln der Fichte eignen sich zum Binden und Flechten. Die Äste können als Gerüst für Körbe verwendet werden. Astholz ist dichter als das des Stammes und eignet sich für diverse Schnitzarbeiten sowie für Bogen. Auch der Brennwert der Äste ist höher als derjenige des Stamms.

Fichtenharz wirkt antiseptisch. Es kann als Kaugummi gekaut und als Dichtungsmittel oder Klebstoff verwendet werden.

Als unterdrückte Fichten werden solche Fichten bezeichnet, die im Schatten anderer Bäume stehen. Sie wachsen langsamer und haben ein noch dichteres Holz.

Zwischen Rinde und Holz befindet sich eine Bastschicht, die abgelöst und als Schnur verwendet werden kann.

Die Äste eignen sich hervorragend zum Decken von Hütten. Auch für Rauchsignale können sie verwendet werden. Die dürren Zweige ganz unten am Stamm brennen ausgezeichnet.

Aus den Nadeln der Fichte lässt sich ein vitaminreicher Tee kochen, und die frischen Triebe sind roh essbar.

EICHE ***Quercus robur***

Die Eiche ist ein häufig vorkommender Baum, der nährstoffreiche Böden bevorzugt. Die Blätter weisen 3–6 Paar ungleich große Ausbuchtungen auf. Der Blattstiel ist höchstens 0,5 cm groß. Das Holz ist hart.

HAINBUCHE ***Carpinus betulus***

Die Hainbuche findet sich auf steinigem Humus- oder Lehmboden. Sie ist nicht mit der Rotbuche verwandt, sondern mit der Hasel. Das Holz ist sehr hart, zäh und schwer zu spalten.

Haken: Aus ein und demselben Stamm lassen sich zahlreiche unterschiedliche Haken schnitzen.

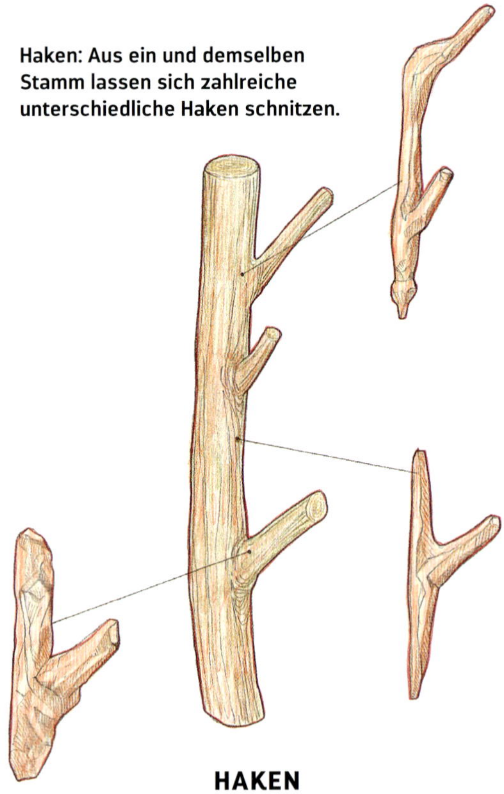

HAKEN

Aus einem Stamm, der noch einen oder mehrere Äste besitzt, lässt sich leicht ein Haken zum Aufhängen von Kleidern, Taschen o. Ä. herstellen. Den Stamm so spalten, dass die Rückseite des Hakens flach wird. Die Rinde abschälen, die Zweige und den Stamm nach Wunsch in Form schnitzen. Wie immer den Haken erst trocknen lassen, dann die Arbeit beenden.

ZANGE

Um Glut aus dem Feuer zu holen, kann man eine Zange aus einem gespaltenen Ast improvisieren. Damit die Zange geöffnet bleibt, setzt man dort, wo die beiden Teile der Zange zusammengewachsen sind, ein Stück Holz ein.

Eine Zange ist leicht herzustellen und kann am Lagerfeuer gute Dienste leisten

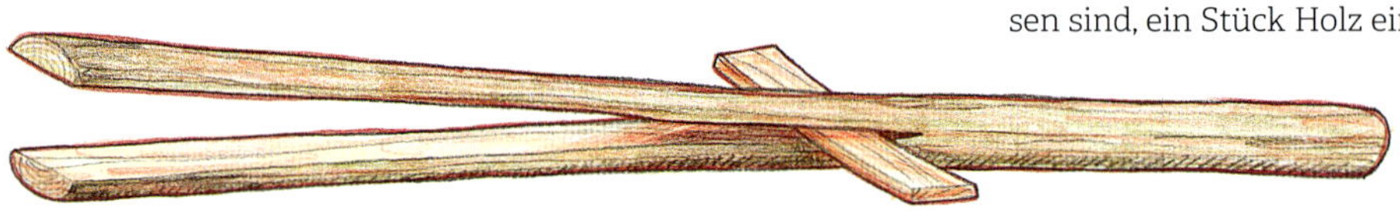

SCHRUMPFDOSEN

Für sogenannte Schrumpfdosen wird feuchtes und trockenes Holz kombiniert.

Derartige Dosen kann man aus einem Stück eines Asts oder eines dünneren Stamms herstellen. Der Durchmesser des Stamms oder Asts wird danach gewählt, wie groß die Dose werden soll.

Zunächst ein Loch in das Ende des Werkstücks bohren. Dabei kann das Werkstück erst einmal recht lang sein, sodass man es gut in der Hand halten oder festspannen kann.

Nach dem Bohren des Lochs die Dose auf die richtige Höhe zuschneiden. Daran denken, dass die Dose nicht zu hoch sein darf. Maßgebend ist die Länge der Werkzeuge, mit denen man die Dose innen aushöhlen will.

Zum Aushöhlen der Dose eignet sich das Schnitzmesser. Sehr gut ist ein Messer mit sehr schmaler Klinge geeignet. Aushöhlen, bis die Wände fast fertig sind und auch die Rinde muss entfernt werden, bevor die Innenseite fertig ist.

Der Boden wird aus trockenem Holz geschnitten. Er muss nicht mehr als 5 mm dick sein. Die Dose auf das für den Boden vorgesehene Stück Holz stellen und nach der Innenseite der Dose anzeichnen. Der Boden muss in die Dose passen, aber er muss nicht festsitzen, solange die Dose noch feucht ist. Den Boden am Rand etwas abflachen.

Der Boden wird in eine Nut am unteren Rand der Dose eingepasst: Die Nut einige Millimeter vom Rand entfernt anzeichnen und mit dem Messer einschneiden. Hierzu die Messerspitze an der Linie entlangführen und das Messer möglichst flach halten.

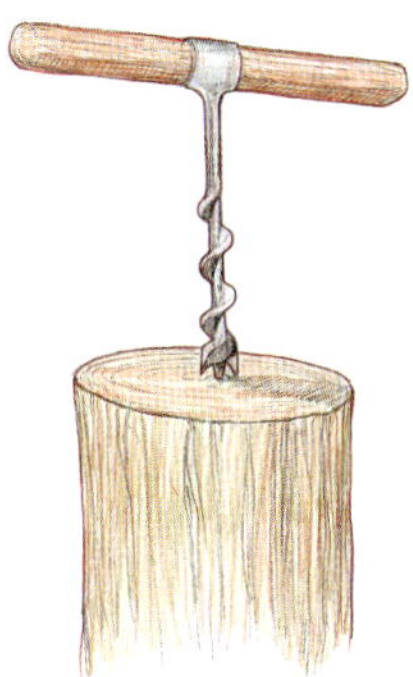

1. In den Ast ein Loch bohren, beispielsweise mit dem T-Griff-Bohrer

2. Den Becher mit einem schmalen Messer aushöhlen. Die Länge des Messers sollte etwa ⅔ der Becherhöhe betragen.

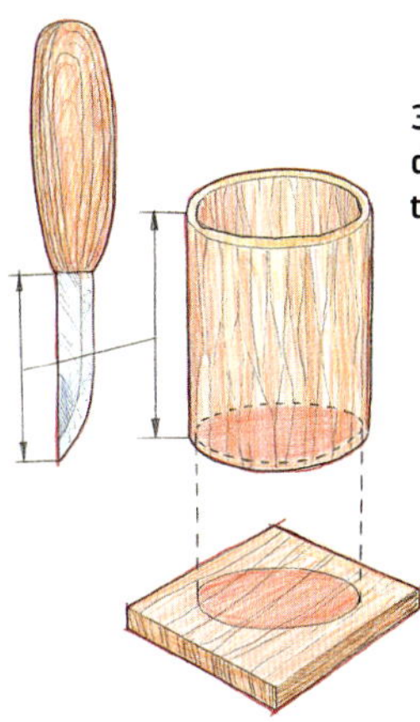

3. Den Innendurchmesser des Bechers auf einem Stück trockenen Holz anzeichnen

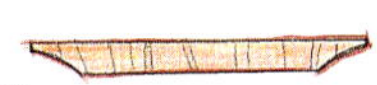

4. Den Boden ausschneiden und zum Rand hin abflachen

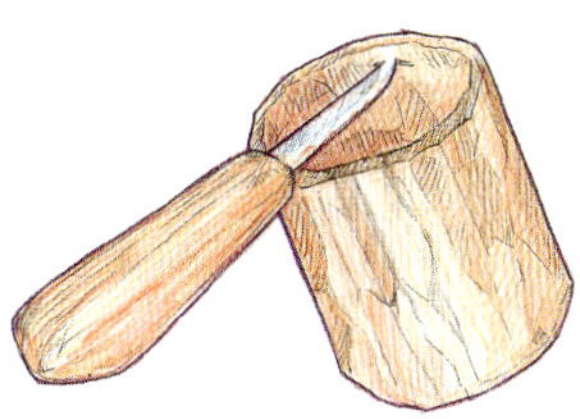

5. Mit flachem Winkel am Innenrand des Bechers eine Rille einschneiden

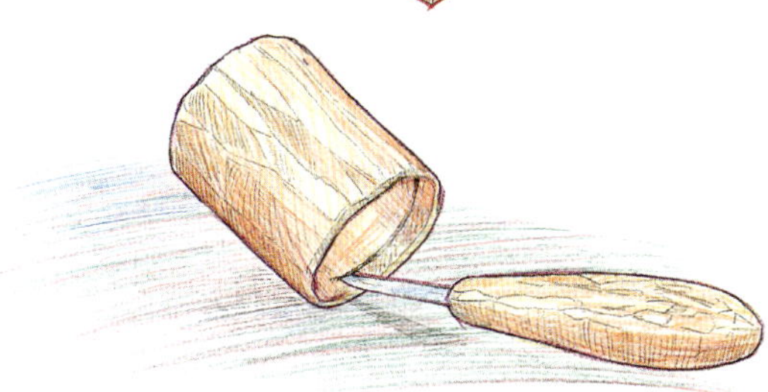

6. Mit etwas größerem Winkel die Rille zu einer Nut erweitern

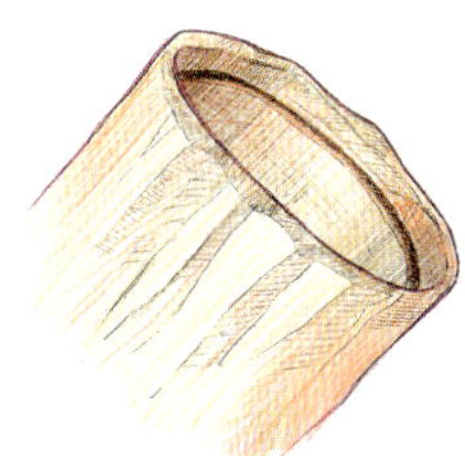

7. Die fertige Nut

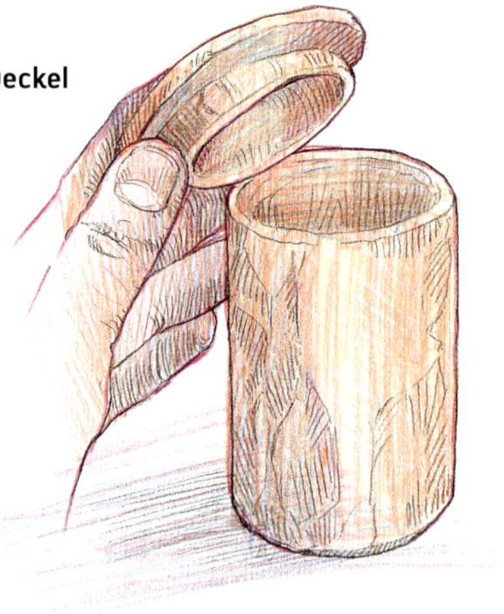

Schrumpfdose mit Deckel

Dann in einem etwas größeren Winkel schneiden, sodass eine Nut entsteht. Besitzt man ein Löffelhohleisen (siehe Seite 42 unter „Löffel"), lässt sich damit die mit dem Messer hergestellte Rille erweitern. Den Boden einsetzen und die fertige Dose trocknen lassen. Nach dem Trocknen kann die Dose mit dem Messer oder mit Sandpapier geglättet werden. Außerdem können mit der Messerklinge dekorative Muster eingeschnitten werden. Ein Deckel kann aus trockenem Holz hergestellt werden. Weder Dose noch Deckel müssen exakt rund sein. Es ist im Gegenteil sogar von Vorteil, wenn der Deckel durch Drehen festgesetzt werden kann.

ZAHNBÜRSTE

Fällt einem bei einer Übernachtung im Wald auf, dass man die Zahnbürste zu Hause vergessen hat, lässt sich aus einem nicht zu dünnen Zweig Ersatz herstellen. Den Zweig spalten und am einen Ende zerfasern. Dann einfach die Zähne mit den Fasern abbürsten.

QUIRL

Die Spitze einer *Kiefer* kann zu einem Rührer für Brei verarbeitet werden. Diese Form des Rührlöffels ist sehr alt. Ein dünn gearbeiteter Rührer kann als Schneebesen verwendet werden. Mit Hilfe eines solchen Quirls, den man zwischen den Händen dreht, kann man auch Outdoor Sahne in einer Trinkschale steif schlagen.

WÄSCHEKLAMMER

Ein weiteres Beispiel für einen praktischen Gegenstand aus einem Ast ist eine einfache Wäscheklammer. In einen dünneren Ast wird am einen Ende ein Spalt geschnitten. Der Spalt sollte nach dem Trocknen des Asts hergestellt werden, da er sonst zusammenschrumpft.

Zahnbürste: Einige Gegenstände, wie diese Zahnbürste, sind sehr einfach.

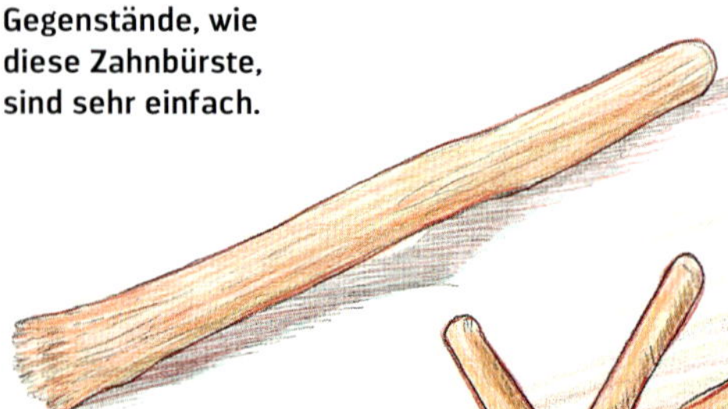

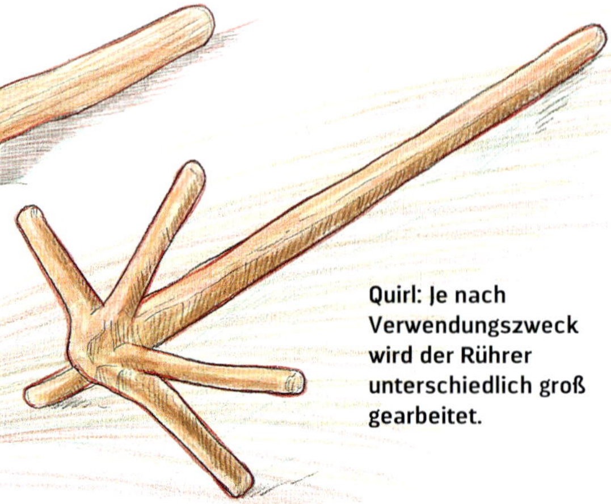

Quirl: Je nach Verwendungszweck wird der Rührer unterschiedlich groß gearbeitet.

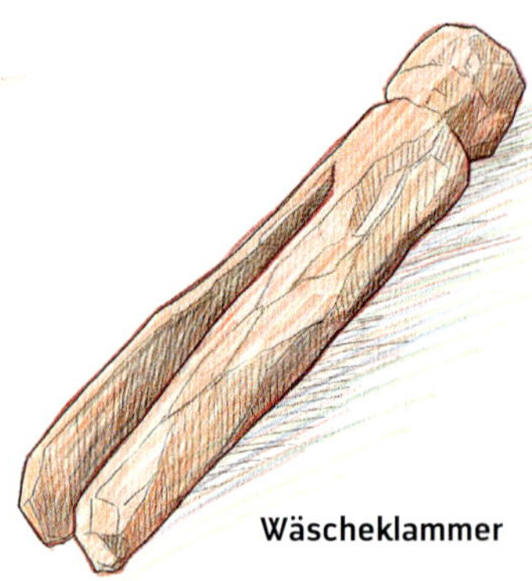

Wäscheklammer

LÖFFEL AUS EINEM AST SCHNITZEN

Aus kleineren Ästen lassen sich mit dem Messer kleine Löffel schnitzen. Selbst das Aushöhlen des Löffels ist mit einem Messer möglich, wenn auch etwas schwierig. Der Vorteil des Messers gegenüber dem Spezialwerkzeug ist, dass der Löffel flacher wird. Ein häufiger Fehler bei der Herstellung von Esslöffeln ist, dass die Innenwölbung zu tief ausgeführt wird. Dadurch wird es eher schwierig, den Löffel tatsächlich zum Essen zu verwenden. Für eine gute Funktion sollte außerdem die vordere Spitze des Löffels etwas nach oben gerichtet sein. Der Übergang zwischen Laffe und Griff darf nicht zu schwach sein.

Falls das Aushöhlen Schwierigkeiten bereitet, kann man eine glühende Kohle in den Löffel legen oder die Innenseite anbrennen. Durch Anblasen der Kohle wird die Wirkung noch verstärkt. Am Ende muss man dann einfach das verkohlte Holz abschaben.

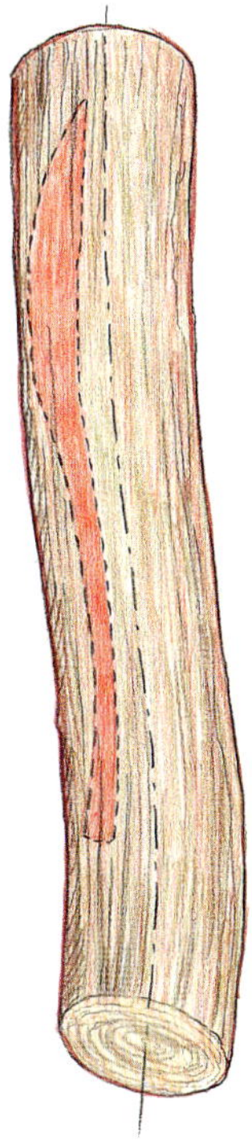

Zuerst das Werkstück wählen: Ein etwas krumm gewachsener Ast kann vorteilhaft sein, da die Laffe etwas tiefer liegen soll als der Griff.

Den Ast mit dem Messer spalten: Dazu das Messer in der Mitte des Asts ansetzen und mit einem anderen Ast einschlagen.

Anfangs vom Körper weg schnitzen, da erst einmal größere Mengen Holz abgetragen werden müssen.

Später zum Feinschnitzen übergehen. Gelegentlich muss dabei auch in Richtung Körper gearbeitet werden.

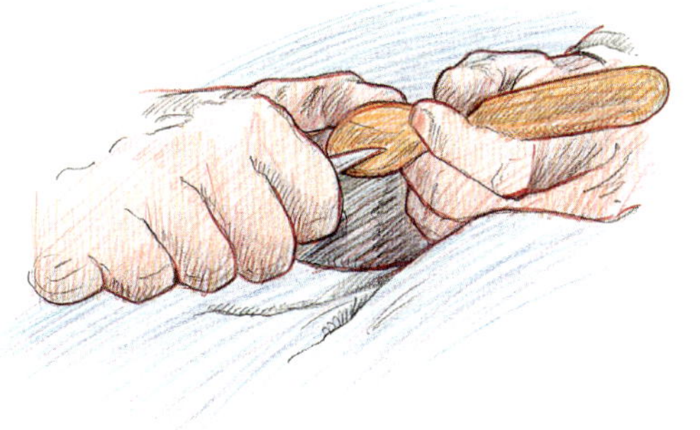

Auch das Aushöhlen der Laffe ist Feinarbeit und erfolgt nach derselben Technik wie an der Außenseite

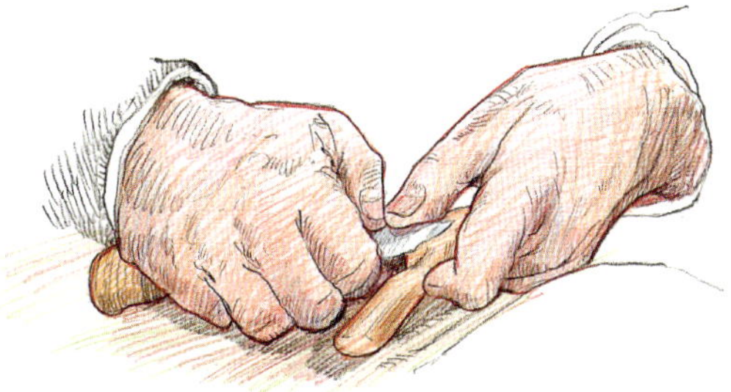

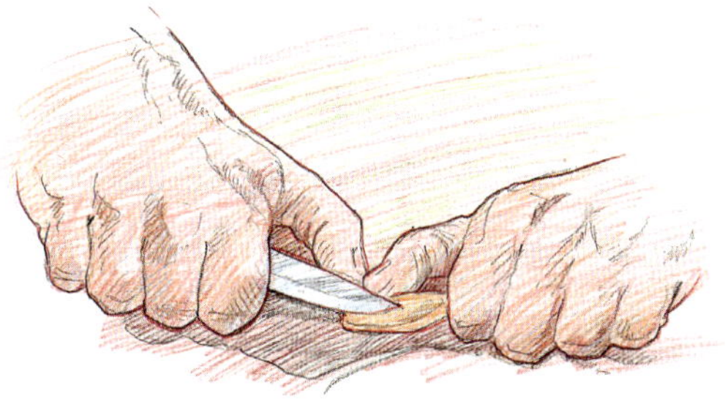

Eine andere gute Feinschnitztechnik ist, das Messer mit beiden Daumen vorwärts zu schieben. Die Bewegung des Messers lässt sich dabei gut steuern.

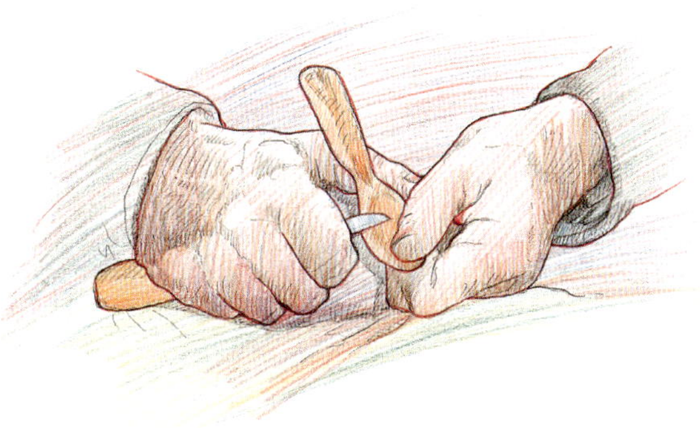

Am Übergang zwischen Laffe und Griff kann man wie abgebildet arbeiten

BÜRSTE

Bürsten lassen sich aus dünneren Ästen herstellen, indem man das Holz in dünnen Streifen ein Stück weit abzieht. Diese Holzfaserstreifen sind erstaunlich stark.

Ich habe verschiedene Holzarten ausprobiert, *Faulbaum, Hasel, Linde* und *Ulme* eignen sich gleichermaßen.

Man schneidet aus einem Ast ein ungefähr ellenlanges Stück ohne Zweige heraus und schält die Rinde ab. Darauf achten, dass das darunter liegende Holz nicht beschädigt wird.

Die Holzfasern werden mit einem Messer streifenweise abgezogen Mit dem Messer in die oberste Faserschicht einschneiden und den ersten Streifen Holzfasern abziehen. Bei den ersten Versuchen mit dieser Technik rissen mir die Holzfasern der obersten Schicht ein Stück weiter unten am Ast häufig ab. Eventuell deshalb, weil es Frühsommer und das Holz deshalb neu und locker war. In den etwas tieferen Holzschichten ging es besser und es ließ sich Borste für Borste abziehen. Die ersten Borsten hatten ungefähr Daumenlänge. Bei den Versuchen mit *Ulmenholz* zeigte sich, dass die Äste sehr unterschiedlich zu verarbeiten waren. Am besten ging das Verfahren bei Ästen mit schmaleren Jahresringen.

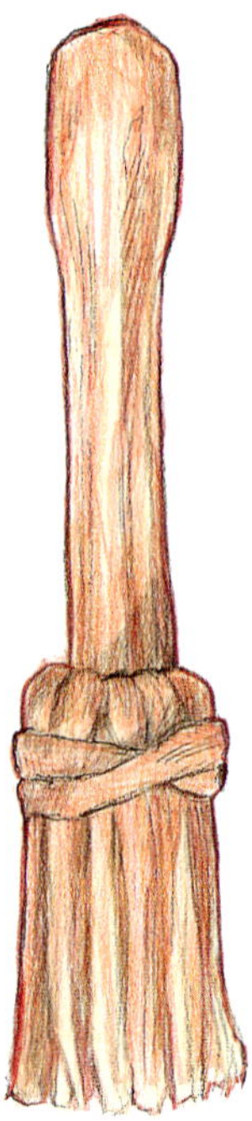

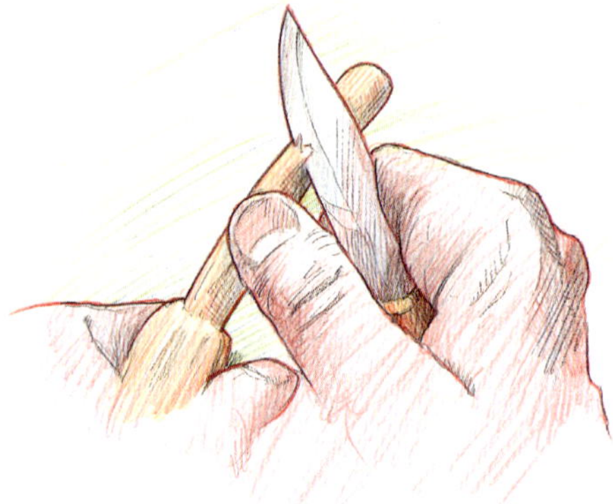

1. Die Messerschneide unter die oberste Holzfaserschicht schieben

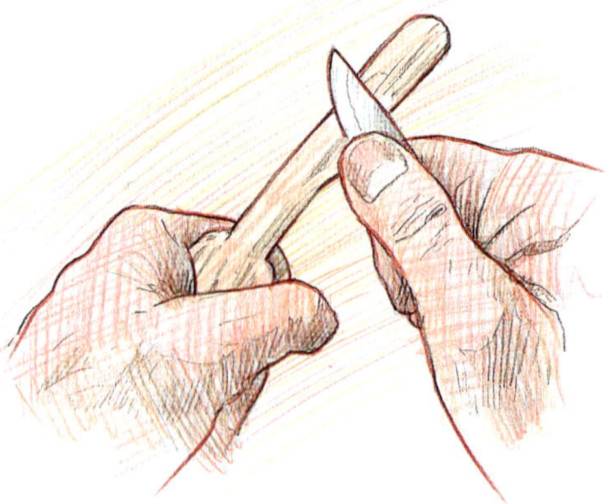

2. Die Fasern nach und nach abziehen und umbiegen. Die andere Hand hält die vorher abgezogenen Fasern fest.

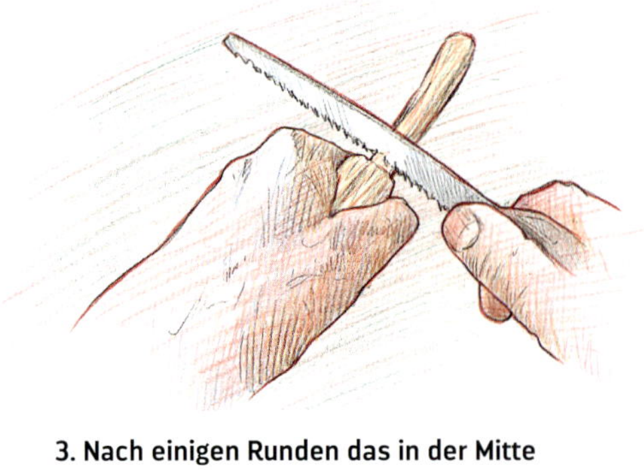

3. Nach einigen Runden das in der Mitte übrigbleibende Holzstück absägen

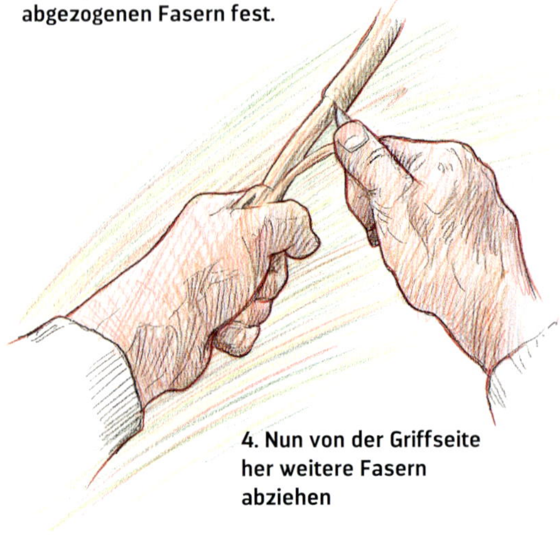

4. Nun von der Griffseite her weitere Fasern abziehen

Das innerste Stück wird abgesägt. Dann wendet man das Aststück und biegt die Borsten wieder zurück, sodass sie flach „vorwärts“ liegen. Jetzt werden aus der anderen Richtung, also dem Stück des Astes, das am Ende den Griff bildet, Borsten abgezogen. Die Borsten etwa eine Zeigefingerlänge vom Ende der ersten Borsten aus anfangen lassen. Etwa einen Finger breit vor den ersten Borsten aufhören und die Borste umbiegen. Auch hier mehrere Runden arbeiten.

Die Fasern leicht zusammenbinden, sodass sie liegend trocknen können, ohne die Form zu verlieren. Nach dem Trocknen die Borsten mit Schnur so fixieren, dass sie nicht mehr nach hinten umgebogen werden. Statt Schnur eignet sich auch Naturfaser, insbesondere der Bast von *Ulme* oder *Linde*. Wie Bast verwendet wird, ist im Kapitel „Knoten und Verbindungen“ näher erklärt (siehe Seite 48). Ein gut geeigneter Knoten ist der Constrictor-Knoten oder Würgeknoten, der als selbst verriegelnder doppelter halber Schlag beschrieben werden kann.

GRABSTOCK

Ein uraltes Werkzeug, das auch heute noch von Nutzen sein kann, ist der Grabstock. Er dient zum Ausgraben von Wurzeln, wenn man keinen Spaten hat. Ein Messer darf nie zum Graben verwendet werden, da es dabei beschädigt wird.

Der Grabstock wird an einem Ende spitz, am anderen flach zugeschnitzt. Die Spitze kann im Feuer durch Schwärzen der Oberfläche gehärtet werden und dient zum Einritzen der obersten Erdschicht. Dann dreht man den Grabstock um und gräbt mit dem flachen Ende.

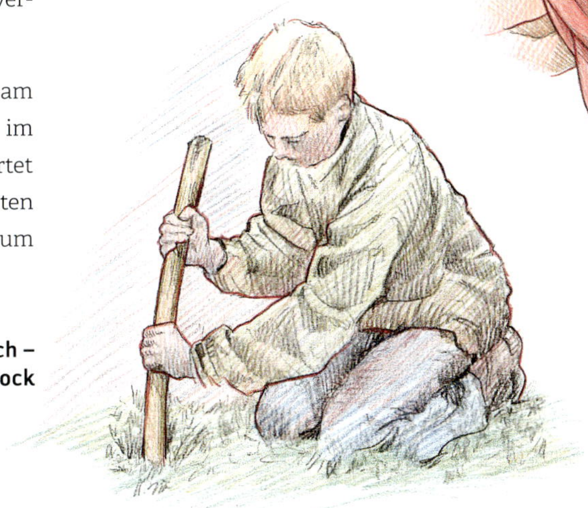

Einfach, aber nützlich – der Grabstock

KONSTRIKTOR- ODER WÜRGEKNOTEN

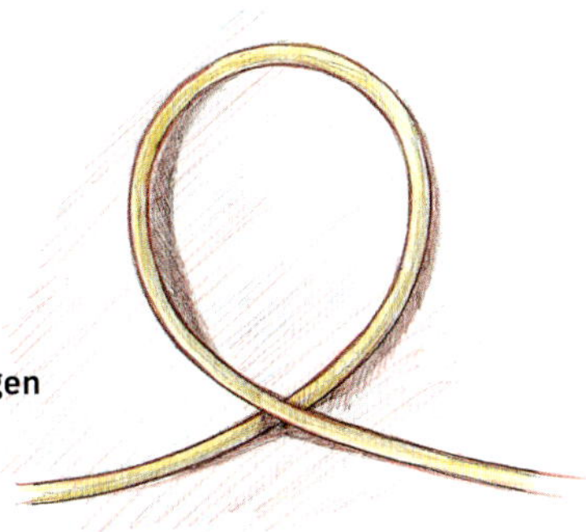

1. Eine Schlaufe legen

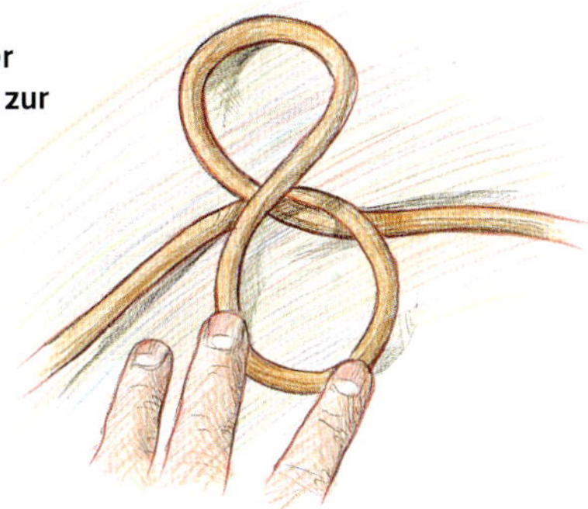

2. Den oberen Teil der Schlaufe nach unten zur Mitte hin drehen

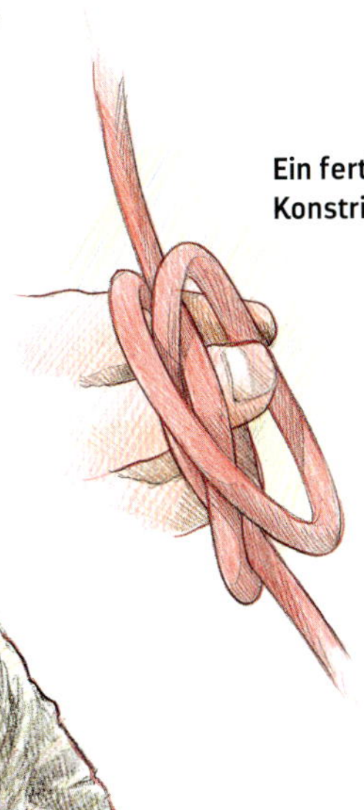

3. Abschließend die untere Schlaufe unter die obere Schlaufe klappen

Ein fertiger Konstriktorknoten

RECHEN

Ein Rechen lässt sich mit recht einfachen Mitteln herstellen. Fertigt man das vordere Teil aus frischem Holz, den Stiel und Zinken hingegen aus trockenem Holz, ergeben sich starke Verbindungen, da das frische Holz um Zinken und Stiel zusammenschrumpft und diese festklemmt.

Zuerst Stiel und Vorderteil schnitzen. Dann in das Vorderteil das Loch für den Stiel bohren, den Stiel einsetzen und möglichst mit einem Keil fixieren. Der Keil muss quer zur Faserrichtung des Vorderteils gesetzt werden, da das Holz sonst reißen kann.

Beim Einsetzen der Zinken zunächst ein Loch bohren und die erste Zinke in das Loch stecken. Um denselben Winkel für die anderen Zinken zu erhalten, orientiert man sich an der Ausrichtung der ersten Zinke.

RÜCKENKRATZER

Schnitzt man den Rechen kleiner und den Stiel größer, wird daraus ein Rückenkratzer.

Die Zinken etwas schräg ausrichten, damit der Rechen einfacher zu handhaben ist

Rechen

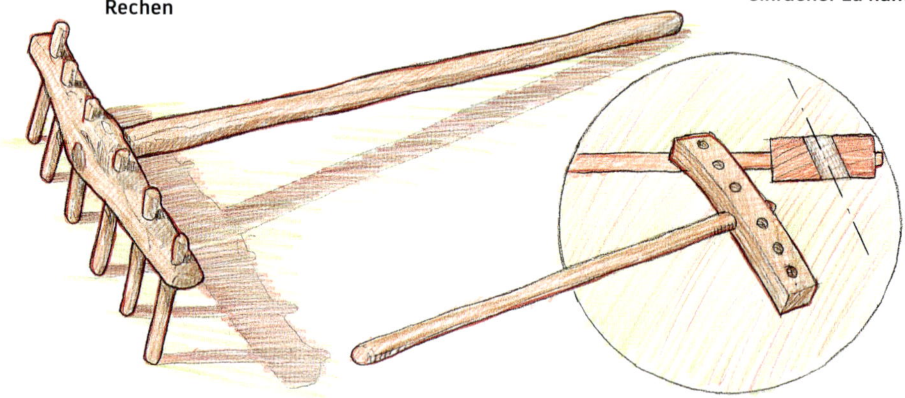

Rückenkratzer

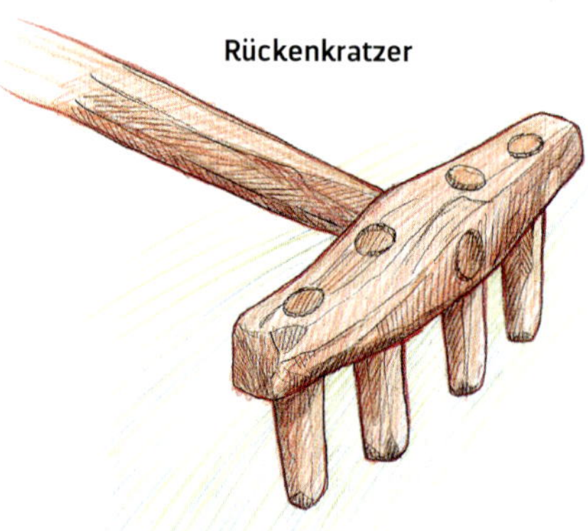

Lässt man den Stiel hinter dem Loch etwas dicker werden, wandert er nicht weiter

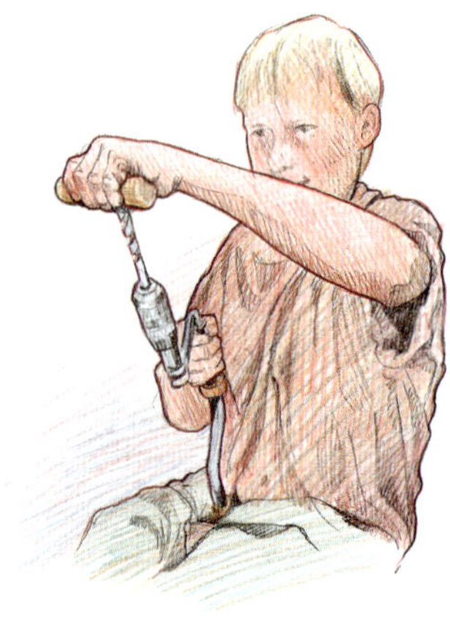

Die Bohrwinde kann man auch so halten

SCHNITZEN AUS EINEM HOLZSCHEIT

Das beste Schnitzmaterial ist solches Holz, das keine Äste aufweist. Daher sollte man unbedingt ein Stück eines Stamms wählen, das an der Stelle, wo das Werkstück entnommen werden soll, keinen Ast oder Zweig hat. Außerdem sollte der Baum nicht zu dünn sein, sondern einen richtig dicken Stamm haben.

Hat man ein geeignetes Stück Stamm abgesägt (der Klotz muss etwas länger als das fertig geschnitzte Objekt sein), wird es mit einer Axt gespalten. Damit der Klotz genau an der gewünschten Stelle gespalten wird, setzt man die Axt an das Holz und haut mit einem groben Schlagholz auf den Nacken der Axt.

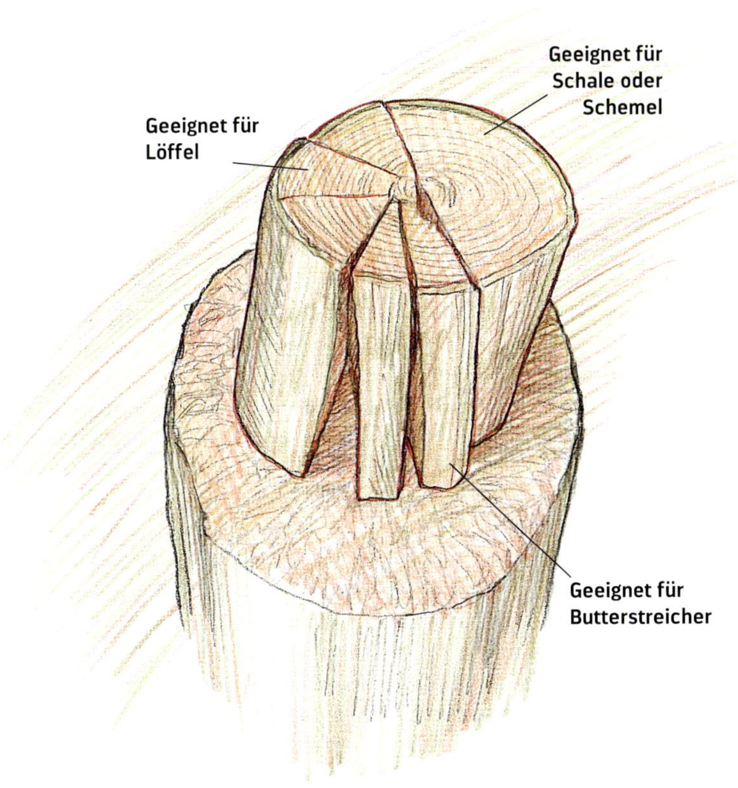

Ein einfaches, aber leistungsfähiges Hilfsmittel ist der Holzkeil. Mit seiner Hilfe können sogar größere Klötze gespalten werden, außerdem ist er einfach herzustellen. Mit der Axt lässt sich ein Keil sehr leicht formen, wobei sich härtere Holzarten für Keile am besten eignen. Die Oberseite des Keils sollte abgeschrägt werden, da sie sonst später unter den Schlägen leicht splittert. Zum Spalten eines dickeren Stücks Holzes sollte besser ein Keil eingesetzt werden als eine allzu schwache Axt.

Damit die Spaltflächen gerade werden, durchtrennt man das Holz mit Hilfe des Keils in der Mitte. Dann spaltet man eine Hälfte wieder mittig auf usw., bis man ein für den aktuellen Zweck geeignetes Scheit erhält.

Butterstreicher, Fleischwender und Löffel stellt man sinnvollerweise aus hartem Holz her. *Buche* ist sehr gut geeignet, weil sie ohne Eigengeschmack und recht hart ist.

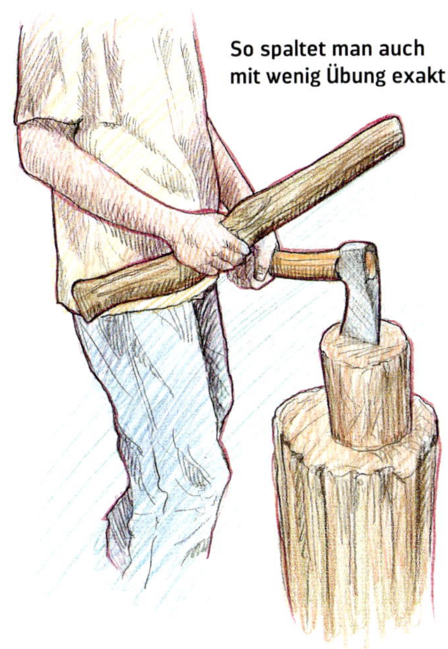

BUCHE ***Fagus sylvatica***

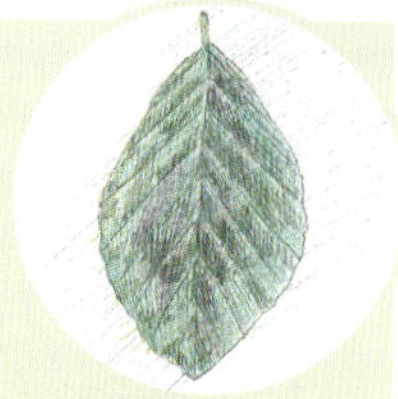

Die Buche findet man sowohl auf mageren als auch nährstoffreichen Waldböden. Der Stamm ist glatt und hat eine elefantengraue Farbe. Die Blätter stehen an den Ästen verteilt und bilden ein dichtes Blätterdach, wodurch Buchenwälder im Sommer recht dunkel sind. Im Frühjahr hat ein Buchenwald ein sehr schönes, helles Grün.

Das Holz ist leicht zu spalten und in feuchtem Zustand gut zu bearbeiten. Die Bäume müssen im Winter gefällt werden, sonst nimmt das Holz einen graustichigen Farbton an. Das geschmacksneutrale Holz der Buche eignet sich insbesondere für Objekte, die mit Lebensmitteln in Berührung kommen.

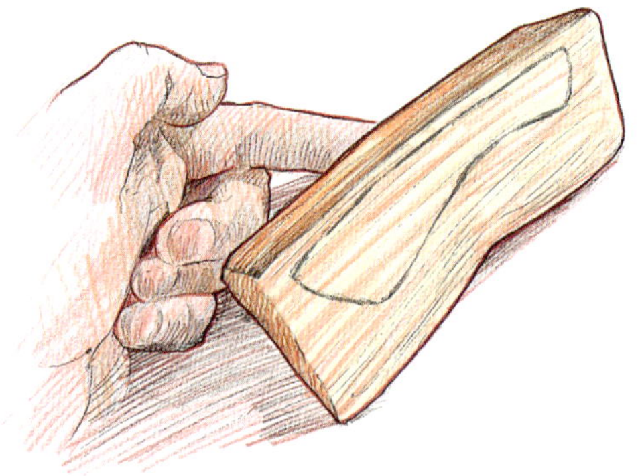

Sinnvoll ist, vor dem groben Zurichten des Werkstücks mit der Axt die Umrisslinie des Objekts anzuzeichnen

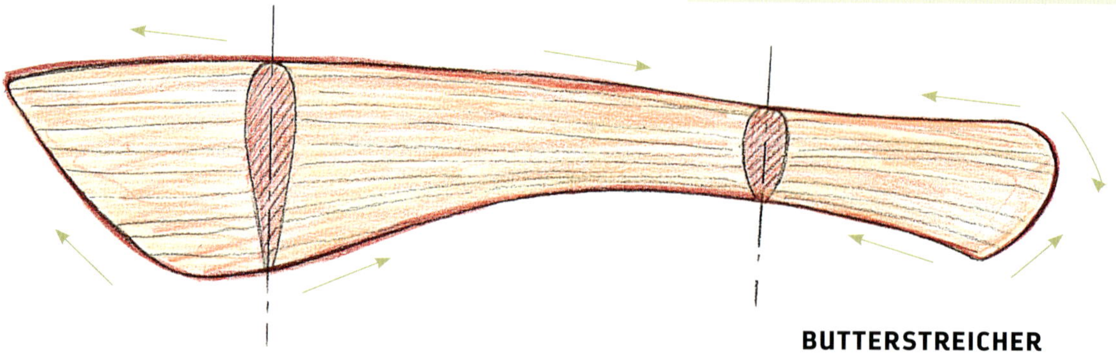

ZEICHNUNG FÜR BUTTERSTREICHER

Die Pfeile geben an, in welcher Richtung beim Schnitzen gearbeitet werden sollte, damit das Holz nicht aufreißt. Außerdem sind zwei Querschnitte eingezeichnet, die verdeutlichen, dass der Griff etwas dicker sein darf und dass der Butterstreicher zur „Schneide“ hin flacher wird.

BUTTERSTREICHER

Das Werkstück für den Butterstreicher hat die Form eines Tortenstücks. Dies ist günstig, da der Butterstreicher zur Schneide hin dünner sein soll. Die vorgesehene Form des Butterstreichers am Werkstück anzeichnen.

Das Werkstück mit dem Beil zurichten und nahe an der angezeichneten Linie hauen. Dann mit dem Schnitzmesser weiterarbeiten.

Den Butterstreicher trocknen lassen. Erneut schnitzen. Eventuell feinglätten. Zuletzt noch einölen.

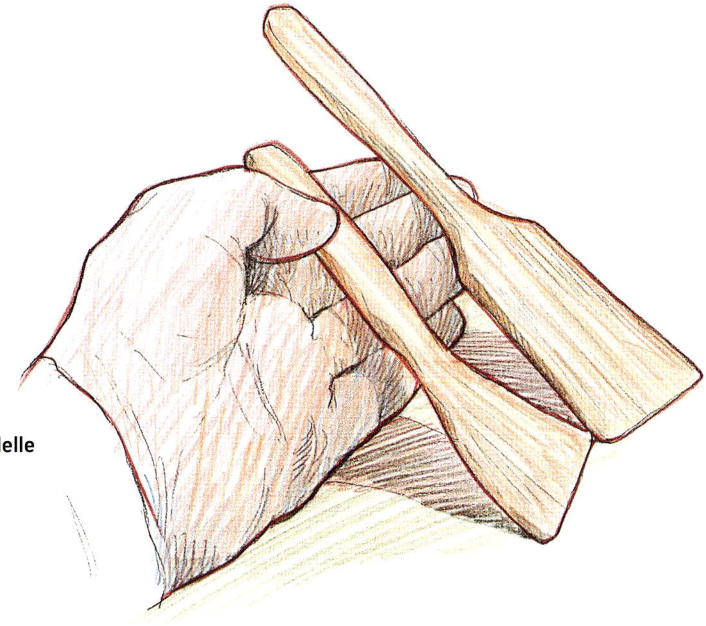

Zwei Fleischwendermodelle

FLEISCHWENDER

Der Fleischwender sieht ganz ähnlich aus wie der Butterstreicher. Beide lassen sich auch in einem einzigen Gerät kombinieren.

Zunächst das „Tortenstück" noch einmal quer teilen, sodass es schmaler wird. Die Rinde entfernen und das Werkstück mit dem Beil grob zurichten. Dann die Form des Fleischwenders anzeichnen. Erneut mit dem Beil zurichten, dann mit dem Messer schnitzen.

Die Werkstücke für Butterstreicher werden direkt in Form eines schmalen „Tortenstücks" aus dem Klotz entnommen. Der fertige Butterstreicher weist dadurch stehende Jahresringe auf, sodass er gerade bleibt. Der Fleischwender hingegen weist liegende Jahresringe auf. Dies bewirkt, dass sich die Ränder beim Trocknen des Holzes etwas nach oben wölben.

Das fertige Werkzeug kann als Zwischending zwischen Fleischwender, Butterstreicher und Löffel verwendet werden.

Das Werkstück für den Fleischwender wird einmal zusätzlich gespalten

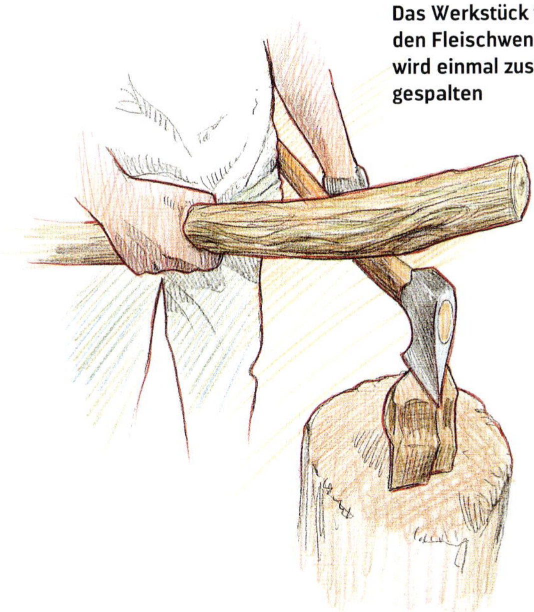

LÖFFEL

Holz ist ein hervorragender Werkstoff für Löffel: Holzlöffel verkratzen den Topf nicht, und man verbrennt sich auch nicht so leicht beim Verzehr einer heißen Suppe. Den Löffel vorzugsweise aus hartem Holz herstellen, das leicht zu glätten ist, denn weiches Holz hat oft einen etwas strengen Geschmack.

Man arbeitet ausgehend von einem Holzscheit. Gleich von Anfang an sollte man an die Form der späteren Laffe denken. Zunächst arbeitet man auf der Rindenseite des Holzscheits. Erst eine Kerbe schräg nach unten sägen, dann abwärts/einwärts hauen, sodass sich der richtige Winkel für die Laffe ergibt.

Die Rinde entfernen und eine Mittellinie anzeichnen. Dann den Löffel mit dem Beil gegen eine gute Unterlage, einen groben Klotz oder möglichst einen Hackstock grob zurichten.

Zum Aushöhlen der Löffelinnenseite benötigt man entweder ein Löffelhohleisen oder ein Schälmesser. Die Innenseite lässt sich zwar auch mit einem normalen Messer aushöhlen (falls sie nicht zu tief sein soll), aber Löffelhohleisen und Schälmesser machen die Sache deutlich einfacher. Die Innenseite kann sogar mit glühender Kohle ausgebrannt werden.

Von außen nach innen arbeiten. Die Wölbung darf nicht zu tief werden und die tiefste Stelle sollte in der Nähe des Griffs sein.

Nach dem Aushöhlen der Laffe die Außenseite des Löffels weitgehend fertig arbeiten. Dann den Löffel trocknen lassen und mit dem Messer fein nacharbeiten. Den fertigen Löffel zum Abschluss mit Leinöl behandeln.

ZEICHNUNG FÜR LÖFFEL

Die Pfeile geben die Arbeitsrichtung des Messers an. Als Holz wurde Buche verwendet.

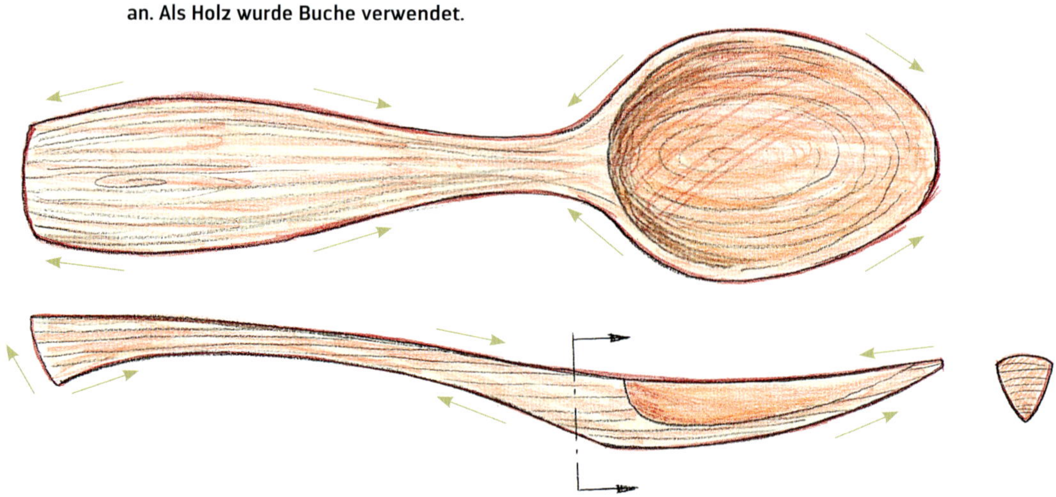

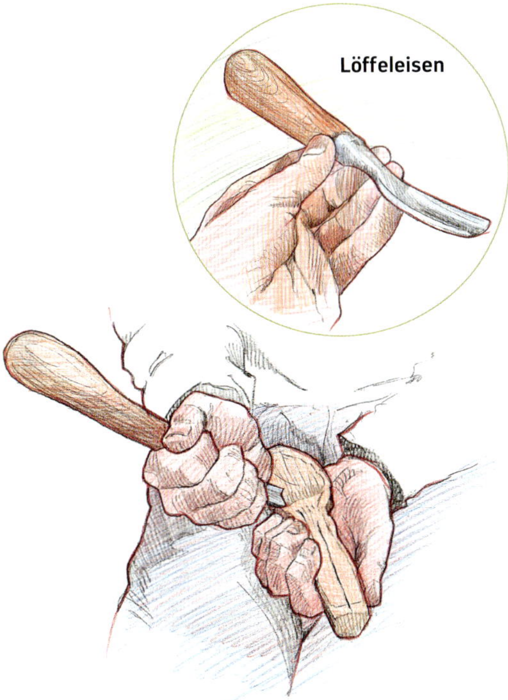

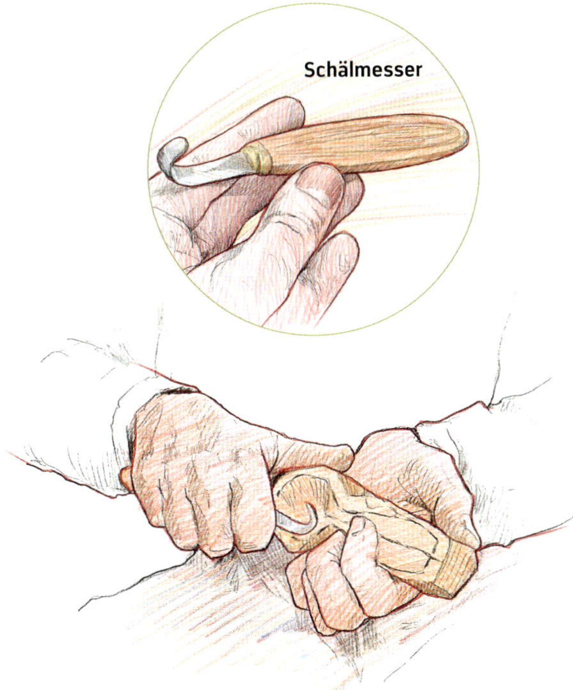

AUSHÖHLEN MIT LÖFFELEISEN
Nicht zu viel Kraft aufwenden, sondern immer nur kleine Späne abschneiden. Die Kante der Messerhand als Anschlag zum Werkstück einsetzen.

AUSHÖHLEN MIT DEM SCHÄLMESSER
Gegen den Daumen hin arbeiten. Der Daumen muss unterhalb des Holzrandes liegen, damit die Schneide nicht den Daumen verletzen kann.

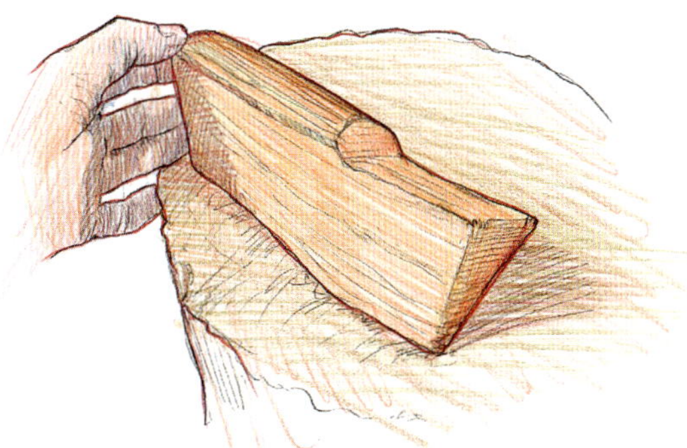

1. Auf der Rindenseite beginnen. Eine Kerbe schräg nach unten sägen, dann abwärts/einwärts hauen.

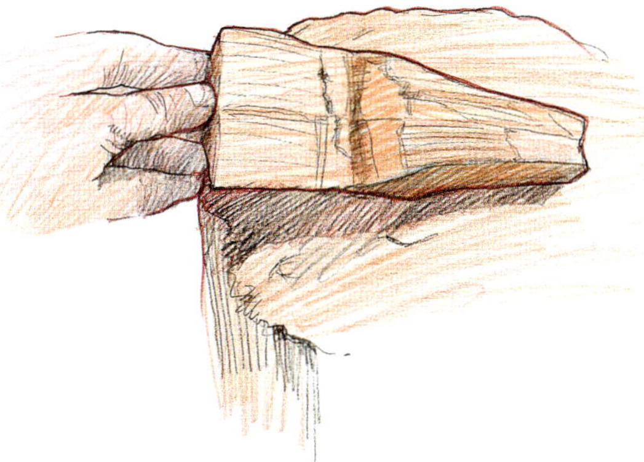

2. Mittellinie anzeichnen. Mit dem Beil grob zurichten.

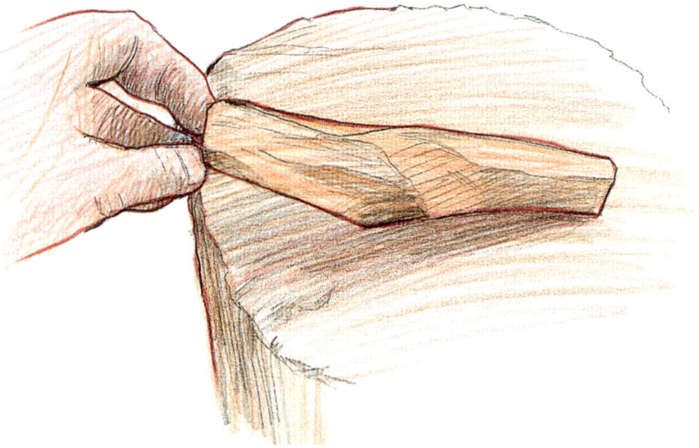

3. Unterseite formen

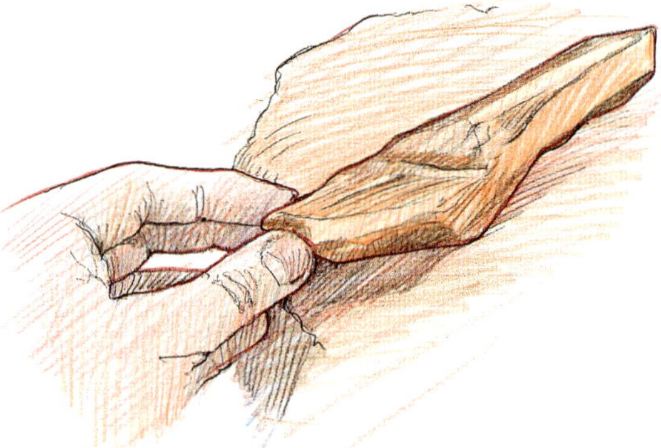

4. Zugerichtetes Werkstück

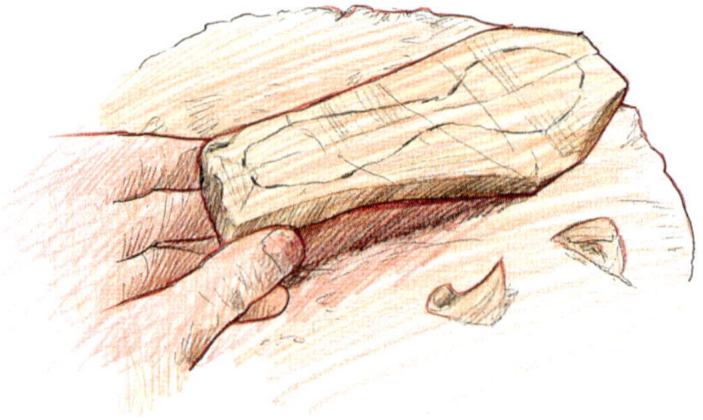

5. Form des Löffels anzeichnen

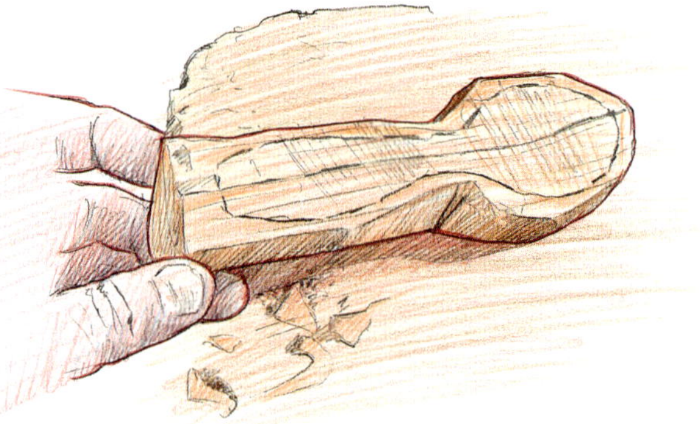

6. Form des Löffels weiter mit dem Beil herausarbeiten

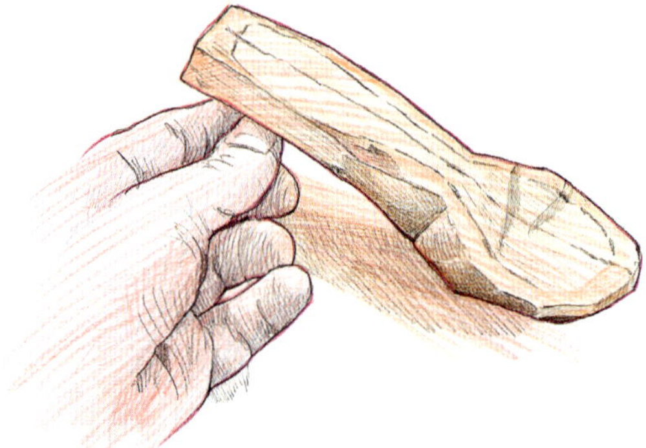

7. Jetzt zum Messer übergehen

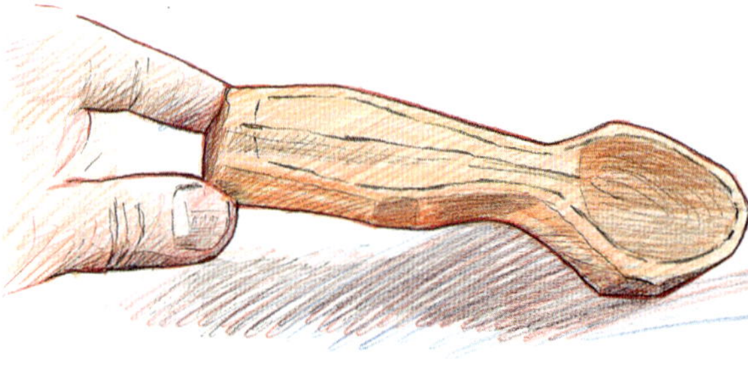

8. Ausgehöhlte Laffe

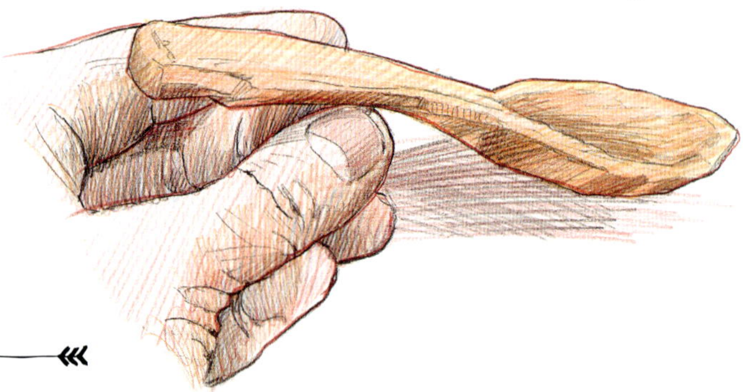

9. Löffel trocknen lassen. Dann entweder mit einem scharfen Schnitzmesser oder mit Sandpapier glätten.

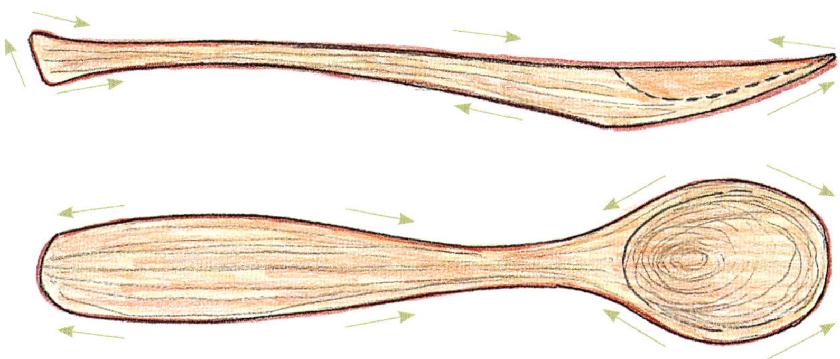

ZEICHNUNG FÜR TEELÖFFEL

Auch der Teelöffel ist aus Buche. Die Pfeile geben günstige Arbeitsrichtungen an.

TEELÖFFEL

Der erste Löffel war ein Beispiel für einen Esslöffel. Macht man den Löffel etwas kleiner mit verhältnismäßig langem Griff, erhält man einen Teelöffel.

Trinkschale mit Teelöffel

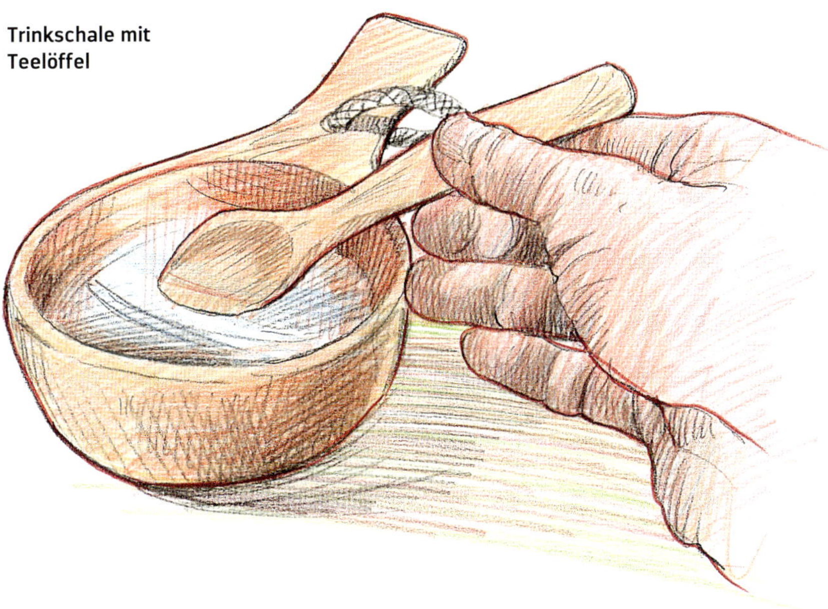

WANDERSTÖCKE

Mit Hilfe der natürlichen Formen und des eigenen Ideenreichtums für Muster und Figuren kann man seinem Wanderstock eine ganz individuelle, persönliche Gestalt geben.

Starke und haltbare Holzarten sind *Ulme* und *Esche*. Leichtere Holzarten sind *Fichte* oder *Hasel*. Farblich interessant und recht leicht ist der *Faulbaum*. Schwergewichtig und schwer zu spalten ist die *Eberesche*. Die *Birke* ist in den schwedischen Bergen gängig für Wanderstöcke.

Zahlreiche Holzarten haben direkt unter der Rinde eine äußerst schöne Oberfläche. Schabt man die Rinde vorsichtig ab, ohne die oberste Holzschicht zu beschädigen, kommt eine glatte Oberfläche zutage, die keinesfalls mit Sandpapier nachgearbeitet werden darf. Am besten lässt sich die Rinde im Frühjahr entfernen, wenn der Saft steigt und die Rinde leicht zu lösen ist.

Die dunkle Rinde des *Faulbaums* ergibt, fleckenweise abgeschält, ein schönes Muster. Die Flecken aus dem hellen Holz bilden dann einen attraktiven Kontrast zur dunklen Rinde.

Schön sind auch in das Holz geschnitzte Figuren und Muster. Hier bieten sich viele Möglichkeiten, die eigenen Fertigkeiten zu trainieren.

Mit der Messerspitze kann man auch in Holzflächen ritzen. Die eingeritzten Linien sind deutlicher sichtbar, wenn man sie mit Schleifstaub von Erlenrinde füllt. Mit etwas Leinöl vermischt, hält der Staub besser in den Ritzen.

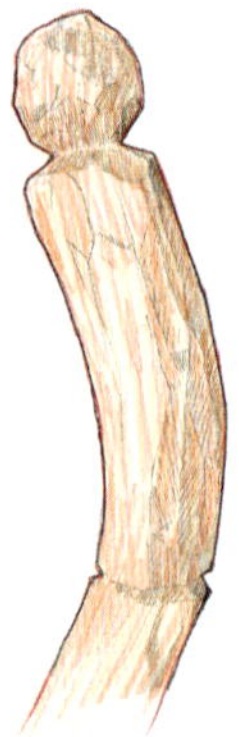

Wanderstöcke bieten zahlreiche Möglichkeiten, verschiedene Schnitztechniken zu üben

HASEL *Corylus avellana*

Wächst meist als Busch, selten auch als Baum. Bildet oft schöne gerade Schösslinge, die sich gut für Stäbe und Stöcke eignen.

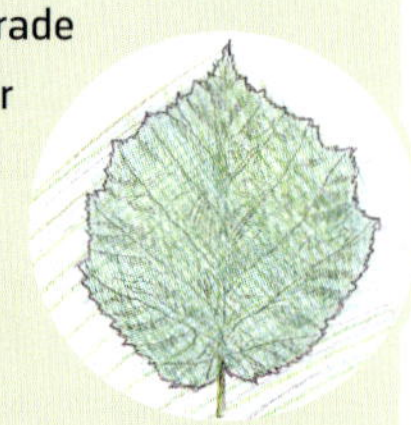

EBERESCHE
Sorbus aucuparia

Häufig vorkommender Baum mit glatter, glänzender Rinde. Eberesche eignet sich u. a. für Bogen und Rechenzinken.

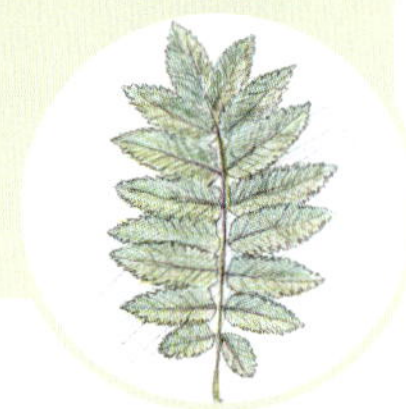

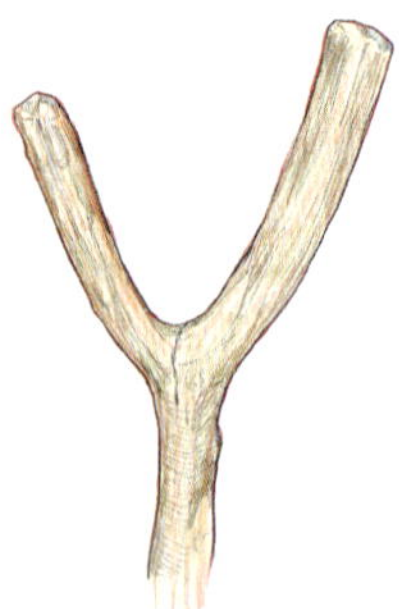

Aus einer natürlichen Gabel kann ein gespreizter Griff geschnitzt werden. Durch häufige Benutzung erhält dieser eine schöne Patina.

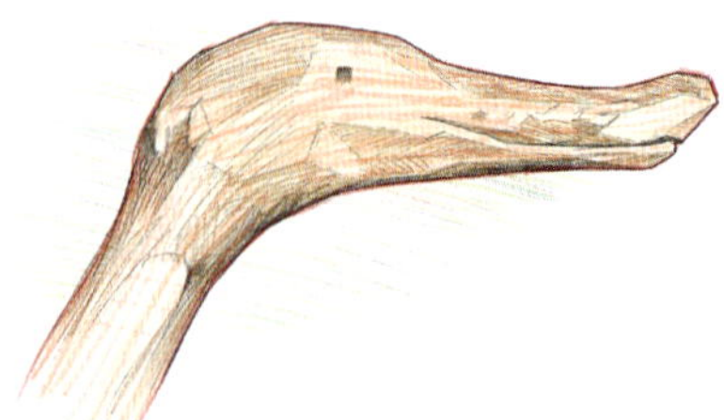

Auch ein Knick lässt sich zu einem schönen Griff arbeiten

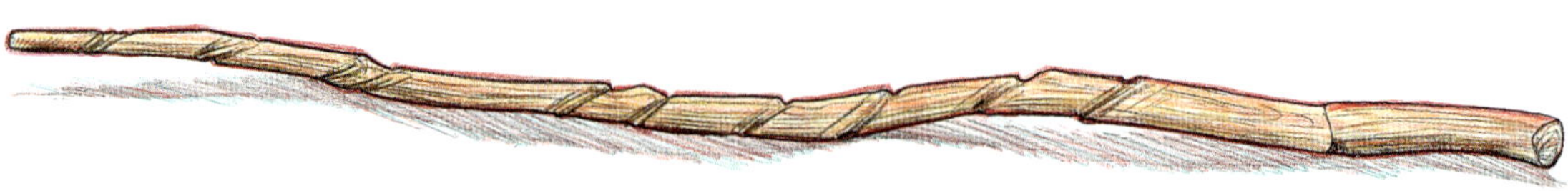

DAS OUTDOOR-HANDBUCH

Lager & (Not-) Behausungen

Beim Aufenthalt in der Natur ist es von großem Nutzen, wenn man einige wichtige Knoten kennt, einfache Notbehausungen errichten kann und weiß, wie man eine einfache Plane (auch Tarp genannt) als Schutz gegen Wind und Wetter einsetzt.

Auch ohne Schnur, nur mit dem Messer, lassen sich wirkungsvolle Schutzunterkünfte bauen. Mit dem Messer allein kommt man also weit, einfacher ist es aber natürlich mit Säge und Axt.

Selbst während einer Tagestour kann man in einen Regen und Sturm geraten und eine Notbehausung brauchen. Dort kann man dann auch die Zeit nutzen und etwas schnitzen oder flechten.

Zunächst beschreiben wir hier einige einfache Knoten und Bindemethoden. Dann zeigen wir, wie man mit dem in der Natur vorhandenen Material wirkungsvolle Schutzwände- und -hütten baut.

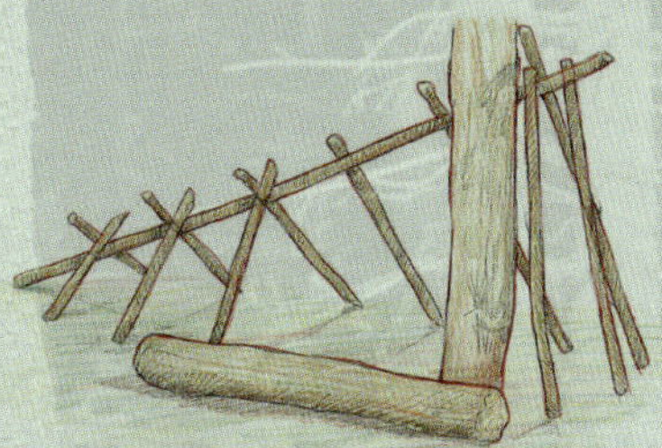

KNOTEN UND VERBINDUNGEN

Einige einfache Knoten sollte man beherrschen, sodass man sie im Ernstfall auch tatsächlich benutzen kann. Außerdem sollte man wissen, welcher Knoten sich wofür eignet.

Zum Aufspannen einer Wäscheleine braucht es keine speziellen Knotenkünste. Will man das Seil am Ende aber nicht durchschneiden müssen, muss der Knoten leicht zu lösen sein. Hängt hingegen das Leben vom Knoten ab, z. B. beim Klettern, ist es nicht so wichtig, ob der Knoten vielleicht etwas schwerer zu lösen ist. Hauptsache, er hält.

Viele Knoten gehen auf die Seefahrt zurück. Ein Seemann braucht Knoten, die belastbar und schnell zu legen sind. Außerdem muss er die Knoten schnell wieder lösen können.

Einige Knoten, die leicht zu legen und schnell zu lösen sind, werden hier vorgestellt.

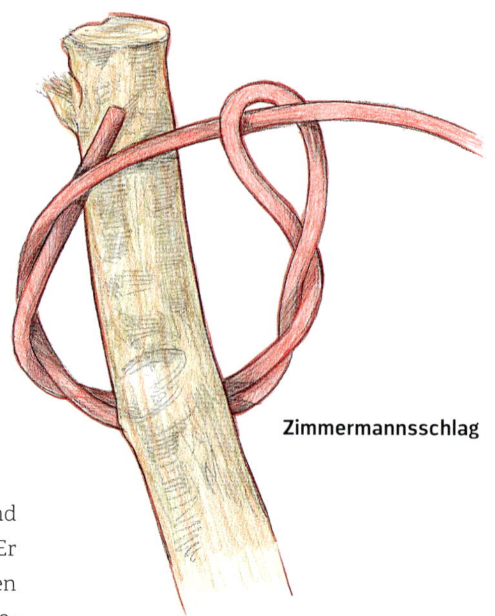

Zimmermannsschlag

ZIMMERMANNSSCHLAG

Der Zimmermannsschlag ist leicht zu legen und zu lösen, selbst nach schwerer Belastung. Er eignet sich besonders, wenn ein Seil um einen dickeren Gegenstand, beispielsweise ein schweres Stück Holz, gelegt werden soll. Der Zimmermannsschlag kann auch verwendet werden, um ein Seil vor dem Festziehen zu befestigen. Er eignet sich für empfindlichere Fasern, da das Material nicht sehr stark belastet wird.

WEBELEINSTEK (DOPPELTER HALBER SCHLAG)

Beim Festbinden fängt man oft mit einem Webeleinstek an. Dieser klassische Knoten ist unter Belastung sehr fest und hält am besten, wenn er um Gegenstände mit kleinerem Durchmesser gelegt wird.

Er eignet sich gut für empfindlicheres Naturmaterial, das bei diesem Knoten weniger beansprucht wird als bei manchen anderen. Der Webeleinstek wird häufig in zwei Schritten um die Stange gelegt. Er lässt sich aber auch in der Luft legen und wird dann über den Gegenstand geworfen, an dem er angebracht werden soll.

Sehr schnell lässt sich der Webeleinstek legen, wenn man mit überkreuzten Armen anfängt. Mit etwas Übung geht das ganz automatisch.

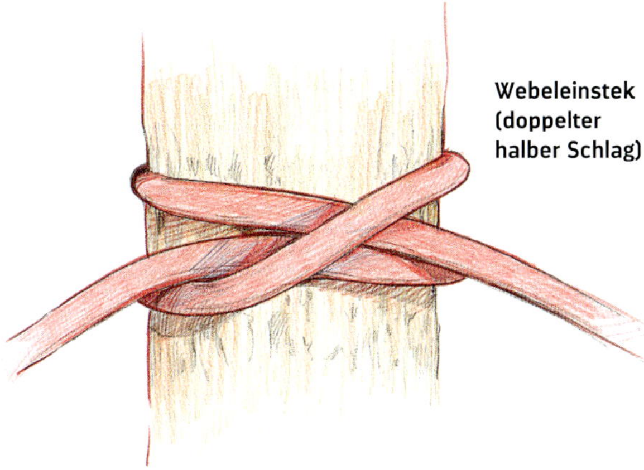

Webeleinstek (doppelter halber Schlag)

SO LEGEN SIE SCHNELL EINEN WEBELEINSTEK:

1. Das Seil mit gekreuzten Armen festhalten

2. Nun haben Sie zwei Schlaufen in der Hand. Die linke Schlaufe hinter die rechte Schlaufe ziehen.

3. Die beiden Schlaufen zusammenlegen. Der Webeleinstek ist fertig.

1

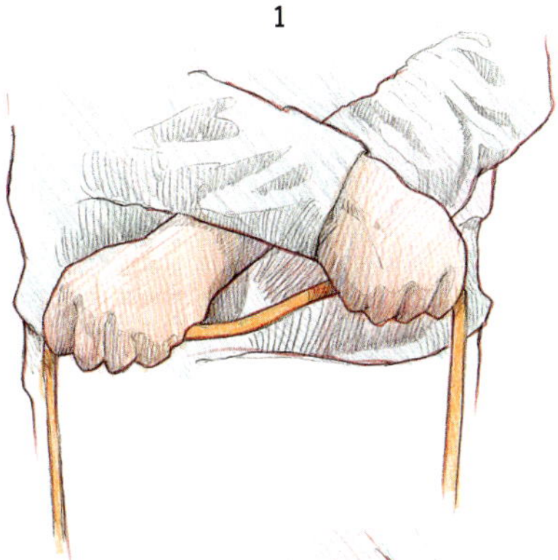

2

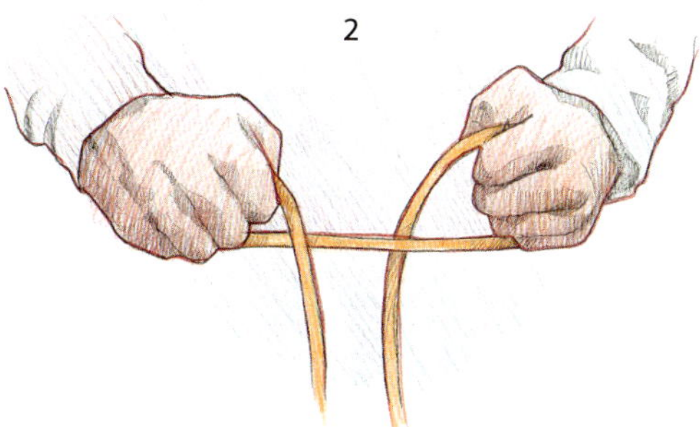

3

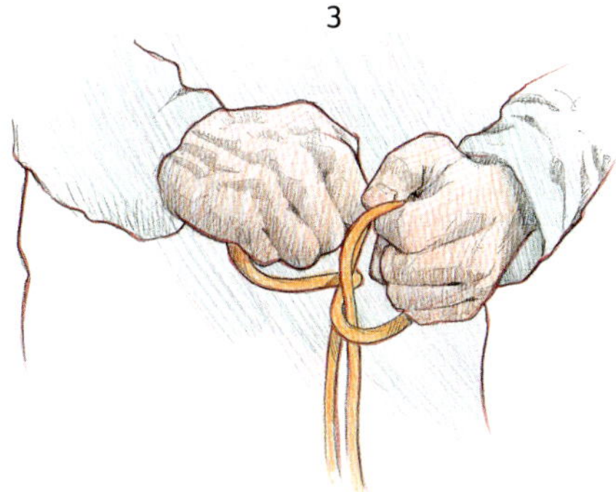

VERBINDEN MIT HALBEN SCHLÄGEN

Halbe Schläge eignen sich hervorragend für geknotete Verbindungen, insbesondere wenn die Verbindung am Ende nur aufgeschnitten werden muss. Halbe Schläge haben außerdem den Vorteil, dass der Knoten sich sofort nach dem Legen selbst zuzieht. Diese Methode eignet sich besonders zum Verbinden schwächerer Äste.

VERBINDEN MIT HALBEN SCHLÄGEN:

1. Zuerst die Äste mit einem einfachen Knoten zusammenziehen

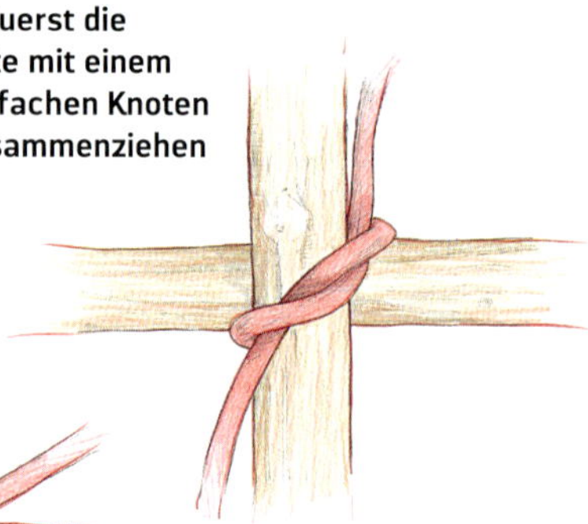

2. Den ersten Knoten mit einer Schlinge um die Äste festklemmen

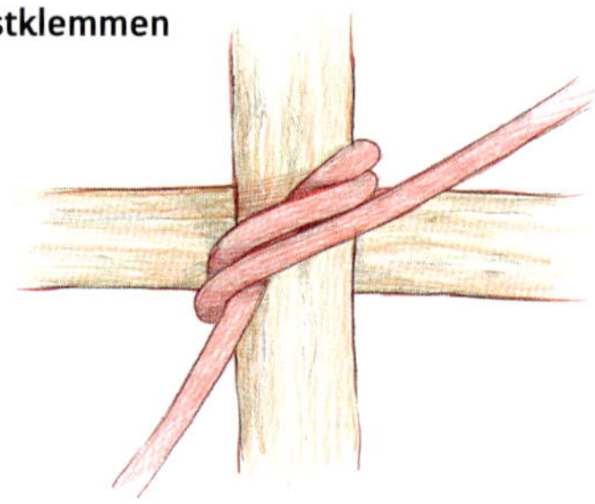

3. Einen halben Schlag in die andere Richtung legen

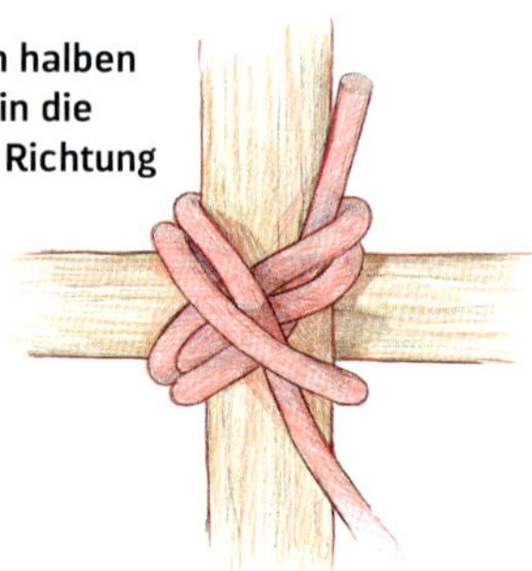

4. Zum Abschluss noch einen halben Schlag legen

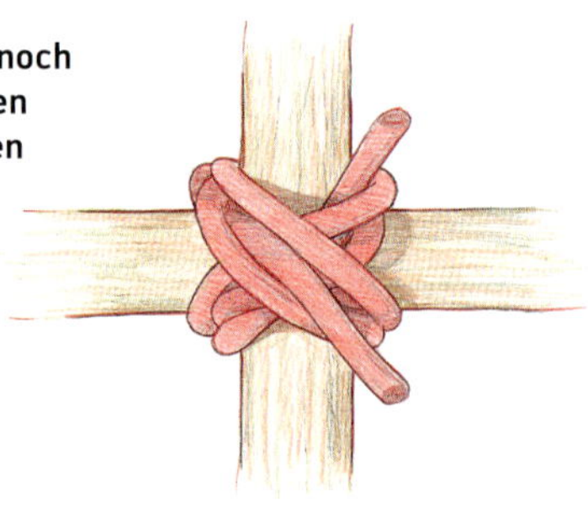

LINDE *Tilia cordata*

Das Holz der Linde ist leicht und mit dem Schnitzmesser gut zu bearbeiten. Die Rinde entwickelt einen zähen Bast. Die Form freistehender Linden erinnert an ihre Blätter: Sie ist herzförmig.

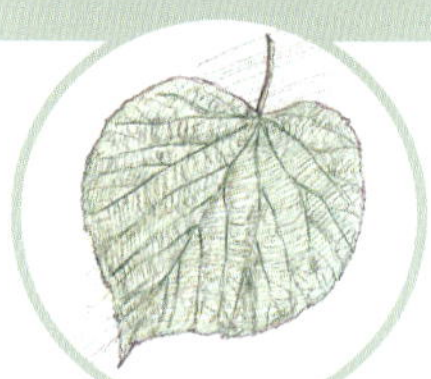

KNOTEN UND VERBINDUNGEN AUS NATURMATERIAL

Halber Schlag und Zimmermannsschlag sind hervorragende Knoten für Naturmaterial, da die Knoten und damit auch das Material nicht besonders stark belastet werden. Auch andere Methoden sind geeignet:

Um dünnere Äste zu verbinden, kann man deren Enden umeinanderwinden und dann fixieren, indem man das Ende durch den entgegenkommenden Ast steckt. Wiederholt man dies mehrmals, wird die Verbindung umso haltbarer. Diese Methode eignet sich besonders zum Bauen von Hütten u. Ä.

Birkenruten liefern ein sehr starkes Bindematerial. Am besten lassen sie sich von langen, dünnen Stämmen herstellen. Sie sollten möglichst im Schatten anderer Bäume stehen, sodass sie langsam gewachsen sind, außerdem sollten sie wenige Zweige aufweisen und gerade zum Licht hoch gewachsen sein.

Zunächst befreit man die Rute von den Zweigen. Dann schneidet man am unteren Ende zwei Streifen Rinde ab, am oberen Ende einen Streifen. Das Drehen beginnt am oberen Ende, während man das untere Ende mit dem Fuß festhält. Gelingt dies, erhält man ein sehr starkes Bindematerial.

Zum Prüfen der Faserqualität kann man das Bindematerial um das Handgelenk wickeln. Halten die Fasern, ist das Material stark genug zum Flechten. Lässt sich außerdem ein einfacher Knoten, ein so genannter Überhandknoten, herstellen, kann das Material zum Festbinden verwendet werden.

Gutes Material zum Festbinden und -zurren sind *Ulmen-* und *Lindenbast*. Bast ist die unterste Rindenschicht, die direkt über dem Holz liegt. Er kann aufgeweicht und gelöst werden, indem man ihn einige Tage in fließendes Wasser (z. B. in einen Bach) legt. Verwendbares Bindematerial erhält man auch, indem man den Bast direkt vom Stamm oder von den Ästen nimmt.

Um an den Bast der *Ulme* oder *Linde* zu gelangen, schabt man die oberste Rindenschicht ab, zieht dann die darunterliegende Bastschicht ab und lässt sie trocknen. Am leichtesten geht das Abschaben und Abziehen im Frühjahr, wenn der Saft im Baum steigt. Wenn der Bast benutzt werden soll, legt man ihn einige Zeit in Wasser, dann ist er geschmeidig genug zum Festbinden.

Sehr zäh sind die Fasern der *Ulme*. Es reicht, die Rinde der *Ulme* abzuziehen und direkt für starke Verzurrungen zu verwenden.

Fichte, *Wacholder* und *Sal-Weide* liefern ebenfalls einen Bast oder bastartige Fasern, die zum Binden geeignet sind, wobei *Sal-Weide* etwas schwächer ist als die anderen Materialien.

Fichten- und *Birkenwurzeln* sind stark und geschmeidig. Sie lassen sich auch spalten. Sind die Wurzeln getrocknet, legt man sie einige Zeit in

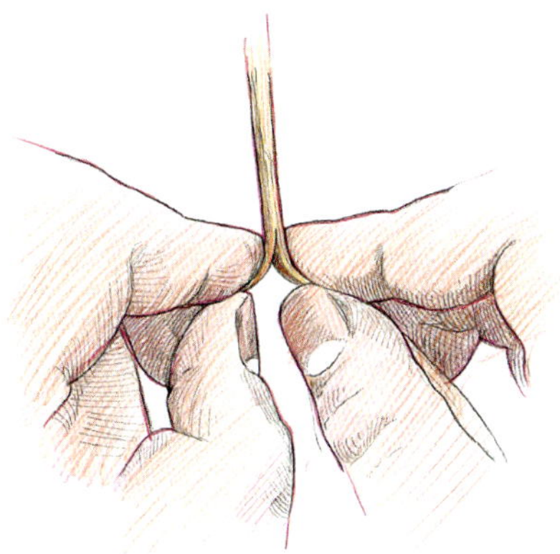

Teilen der Wurzel: Die Wurzel zwischen Zeigefinger und Daumen aufspalten. Vorsichtig steuern, damit die Spaltung gerade verläuft.

HERSTELLEN VON BINDEMATERIAL AUS EINER RUTE

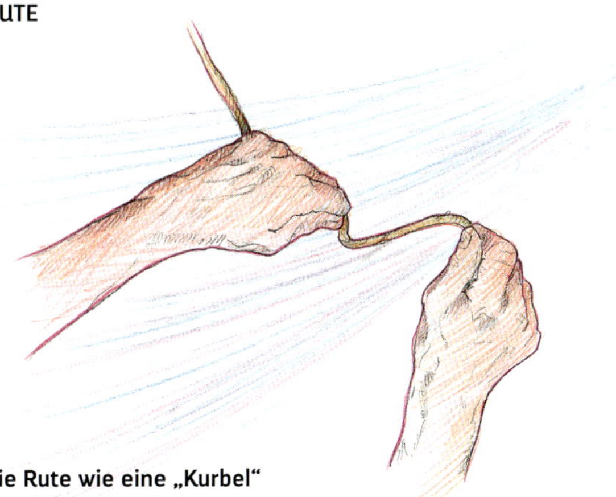

Die Rute wie eine „Kurbel" um sich selbst drehen

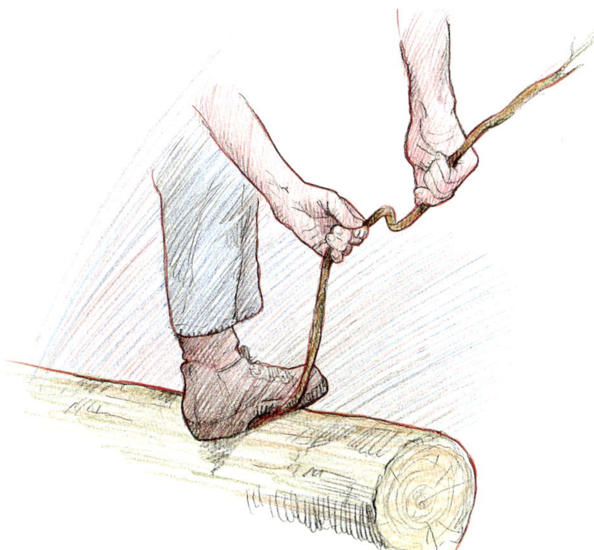

Die Rute mit dem linken Fuß festhalten und mit der rechten Hand drehen. Die linke Hand hält die Rute fest.

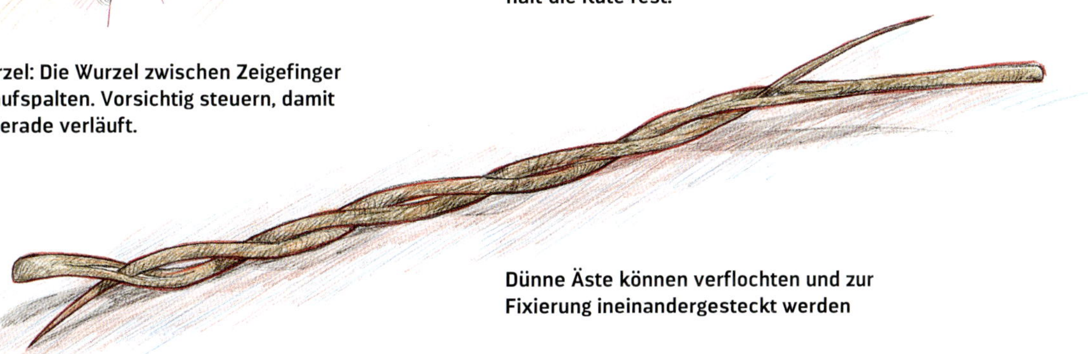

Dünne Äste können verflochten und zur Fixierung ineinandergesteckt werden

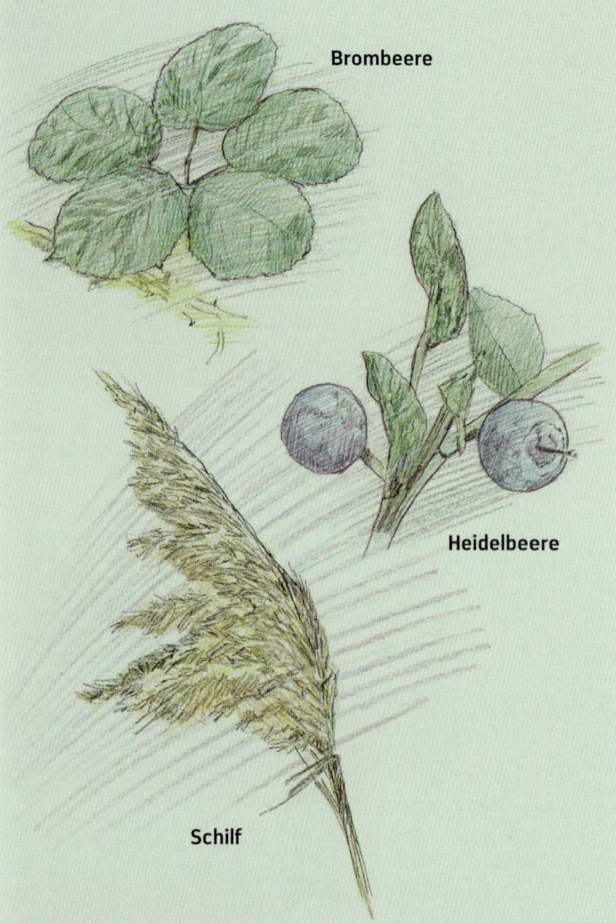

BROMBEERE ***Gattung Rubus***

Es gibt mehrere nahe verwandte Arten, die oft schwer zu unterscheiden sind. Sie haben stachelige verholzte Triebe und weiß-hellrote Blüten. Die Stämme liefern gute Fasern.

HEIDELBEERE ***Vaccinium myrtillus***

Die Früchte werden sehr geschätzt, aber auch die Wurzeln sind verwendbar.

SCHILF ***Phragmites australis***

Häufig auf feuchten, nassen und nährstoffreichen Böden. Aus Schilfrohr lassen sich Blasrohre und Röhren herstellen.

Wasser. Wurzeln von *Heidelbeere*, *Sal-Weide* und *Kiefer* eignen sich ebenfalls zum Binden und Verzurren sowie für Wurzelarbeiten.

Gräser wie *Rohrkolben* oder *Schilf* liefern ebenfalls starke Fasern. *Brombeersträucher* haben an der Außenseite des Stamms starke Fasern. Man schneidet zuerst die Dornen ab und schält dann die Faserschicht ab.

DREHEN VON SCHNÜREN

Damit Fasern als Schnüre verwendbar sind, müssen sie zu einer Schnur verzwirnt werden. Nachfolgend beschreiben wir das Herstellen einer Schnur aus Brennnessel. Diese ist sowohl frisch als auch getrocknet für diesen Zweck gut geeignet.

Zunächst den Stängel der Länge nach in zwei Hälften aufspalten. Die äußerste Schicht ist faserhaltig, daher muss das Mark innen im Stängel herausgeholt werden. Dazu Stück für Stück den Stängel nach außen wenden und das Mark herausziehen.

Um dann die Fasern zu verzwirnen, kann man zunächst die beiden Hälften gegengleich nebeneinanderlegen (oberes Ende zu unterem Ende), sodass das Material gleichmäßig dick wird. Dann etwas oberhalb der Mitte zusammenlegen.

Nun kommt das eigentliche Verzwirnen an die Reihe. Die Nessel auf das Knie legen, das eine Ende festhalten und beide Adern aufdrehen, indem Sie die Hand darüberführen. Dann das Ende loslassen, sodass sich die Enden verdrehen.

Zum Verlängern der Schnur nimmt man eine weitere Nessel, die ebenfalls oberhalb der Mitte zusammengelegt wurde. Die beiden Nesseln nebeneinanderlegen, sodass das jeweils kürzere Stück neben dem längeren Stück der anderen Nessel liegt und mit diesem verzwirnt wird.

HERSTELLUNG EINER BRENNNESSELSCHNUR

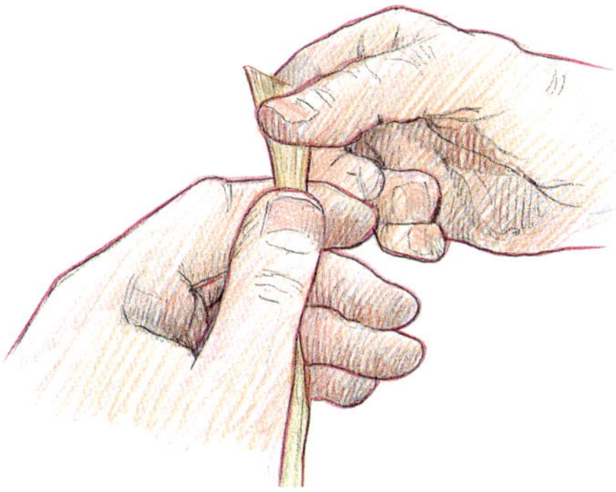

1. Stiel von Hand aufbrechen

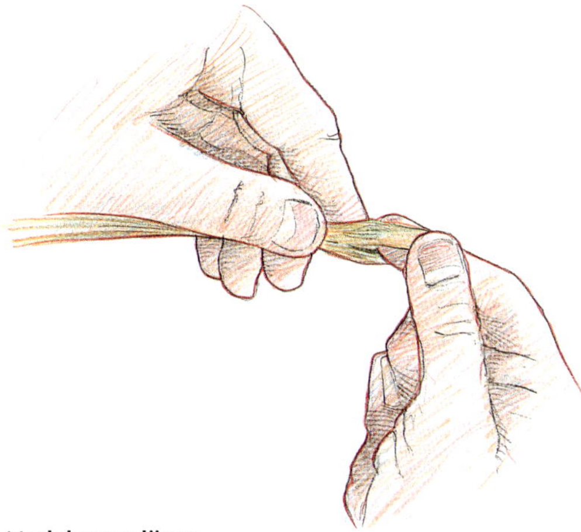

2. Mark herauslösen und Fasern freilegen

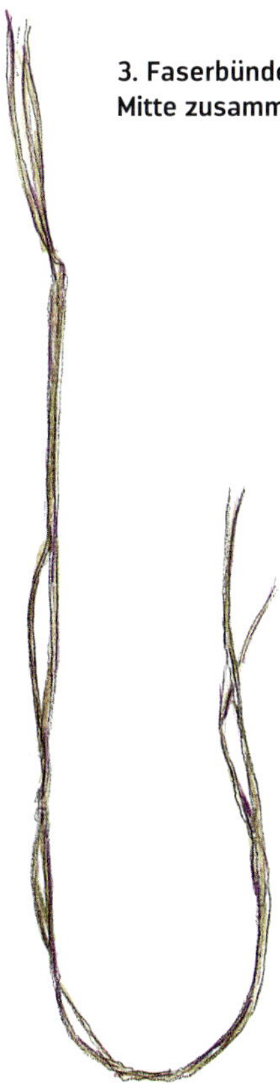

3. Faserbündel etwas über der Mitte zusammenlegen

4. Mit der Hand über die Nessel fahren

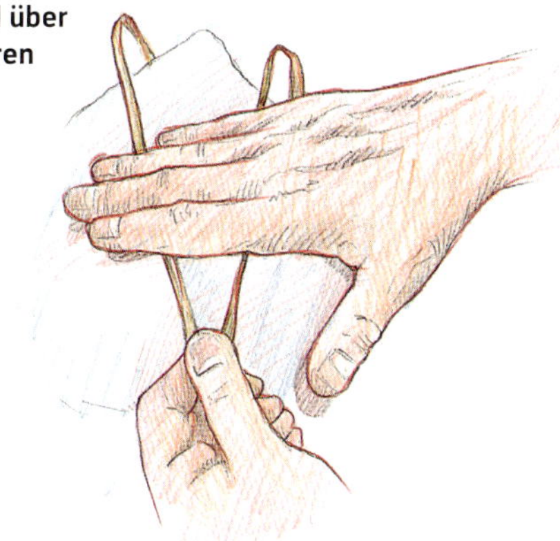

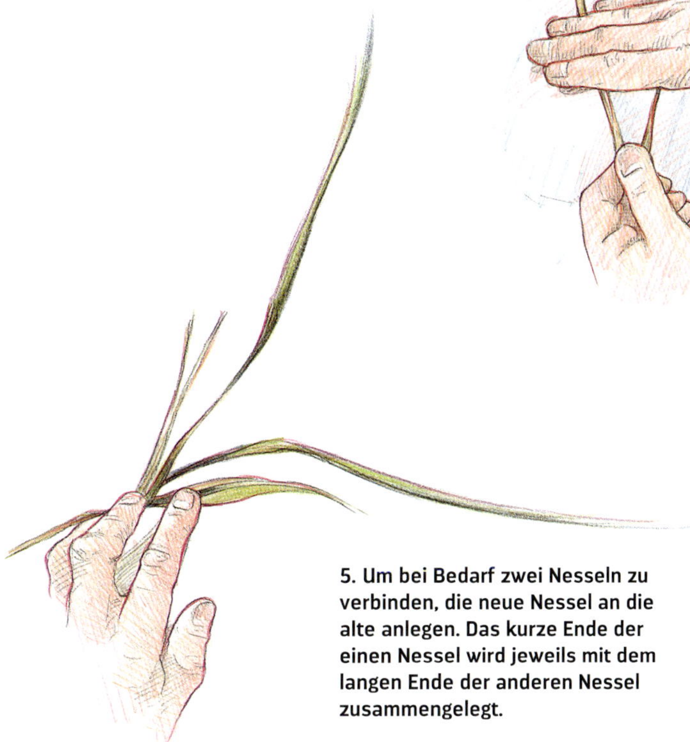

5. Um bei Bedarf zwei Nesseln zu verbinden, die neue Nessel an die alte anlegen. Das kurze Ende der einen Nessel wird jeweils mit dem langen Ende der anderen Nessel zusammengelegt.

WETTERSCHUTZWÄNDE UND -HÜTTEN

Durch das Übernachten im Wald kommt man der Natur näher. Hat man die Übernachtungsschutzhütte außerdem aus Naturmaterial hergestellt, nimmt man auch Gerüche und andere Eindrücke wesentlich intensiver wahr.

Zum Abdecken der Konstruktion benötigt man viel Material, besonders wenn sie auch Regen abhalten soll. Manchmal findet man große Platten aus Moos, die regelrecht von Wurzelfäden durchzogen sind. Diese Moosplatten wären zwar ein hervorragendes Abdeckmaterial, sofern man darunter eine tragende Konstruktion bauen kann, jedoch sollte man sie möglichst nicht verwenden, da der Natur dadurch ein großer Schaden zugefügt wird.

Normalerweise arbeitet man wie beim Decken eines Dachs mit Ziegeln von unten nach oben. Dies funktioniert sowohl mit Fichtenzweigen als auch mit anderem Material.

Allerdings braucht man sehr viel Material, um alles ausreichend abzudecken. Am einfachsten nimmt man eine Plane/Tarp mit. Mit einem Feuer vor dem Windschutz wird es darin dann richtig warm.

Durch die Fähigkeit, eine Schutzhütte selber bauen zu können, macht man sich von festen Schutzhütten unabhängig. Winterliche Abende sind lang und dunkel, und in einer selbstgebauten Unterkunft mit einem Feuer lässt es sich möglicherweise angenehmer übernachten als in einem beengten Zelt. Im nebenstehenden Kasten finden Sie verschiedene Hinweise, die Sie beim Bau der Schutzhütte beachten sollten.

HINWEISE FÜR DEN BAU VON SCHUTZWÄNDEN UND -HÜTTEN

- Errichten Sie die Schutzhütte nicht in Mulden oder moorigen Senken. Hier kann die Luft ungesund sein, außerdem sammelt sich in der Senke kalte Luft.
- Ein Standort in der Nähe des Wassers ist natürlich günstig. Trotzdem nicht zu nah am Wasser bauen, da von dort Kälte und Nebel kommen können.
- An einer offenen Stelle werden Stechmücken und andere Insekten leichter weggeweht.
- Der Abstand vom Liegeplatz zum Feuer sollte ungefähr einen Schritt betragen.
- Nach dem Herrichten des Schlafplatzes sollte der Boden nicht mehr spürbar sein; 50 cm Dicke sind angemessen. Man kann ganz unten Reisig auslegen und dann dünne Zweige von oben in die erste Bodenschicht hineinstecken. Die Schlafstelle muss täglich nachgebessert werden.
- Zugige Stellen am unteren Rand der Schutzhütte sorgfältig abdichten
- An der Seite zum Feuer hin eine Abtrennung errichten
- Ein guter Schlafsack macht das nächtliche Feuer überflüssig.
- Längs zum Feuer liegen, sodass die Wärme optimal genutzt wird
- Muss im Schnee eine Hütte oder ein Zelt errichtet werden, stampft man zuerst den Schnee mit den Skiern fest. Der Schnee friert dann zu einer harten Oberfläche, auf der man gehen kann. Je kälter es ist, desto schneller frieren die Schneekristalle zusammen.
- Möchten Sie mit Sonnenstrahlen im Gesicht aufwachen oder einschlafen?
- Beim Bauen mit Naturmaterial das Abdeckmaterial des Dachs nicht festbinden, damit es bei Brandgefahr schnell heruntergestoßen werden kann.

OFFENE NOTUNTERKUNFT (LEAN-TO SHELTER)

Die offene Seite sollte nicht direkt gegen die Windrichtung gebaut werden, da sonst der Rauch in das Innere geweht wird; besser ist eine zum Wind leicht verdrehte Position.

Ein guter Winkel für ein Lean-to Shelter ist 45 Grad. Im Winter kann ein größerer Winkel günstig sein, da so mehr Wärme vom Feuer hereinkommen kann. Ein größerer Winkel bietet sich auch an, wenn wenig Material zur Verfügung steht. Die fertige Behausung sollte blickdicht aufgestellt werden, um noch mehr Schutz zu bieten.

Wichtig ist auch, den Spalt zwischen Schutzwand und Boden gut abzudichten, sonst zieht nachts feuchte Luft hinein. Zusätzlich kann man die Stirnseiten schließen, um noch mehr Wärme zu speichern.

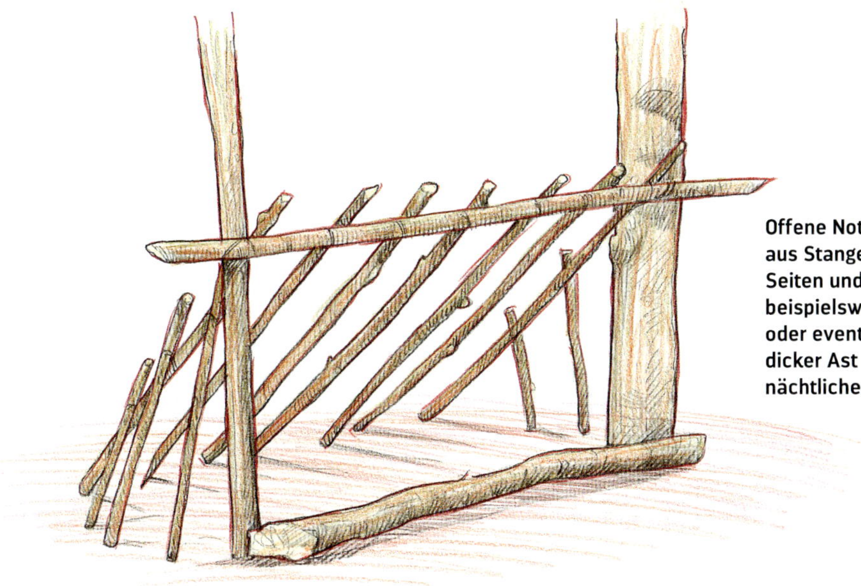

Offene Notunterkunft mit einem Skelett aus Stangenholz. Kurze Äste bilden die Seiten und am Ende wird die Unterkunft beispielsweise mit Fichtenzweigen oder eventuell mit Schnee gedeckt. Ein dicker Ast o. Ä. vor dem Shelter dient als nächtlicher „Rollschutz" vor dem Feuer.

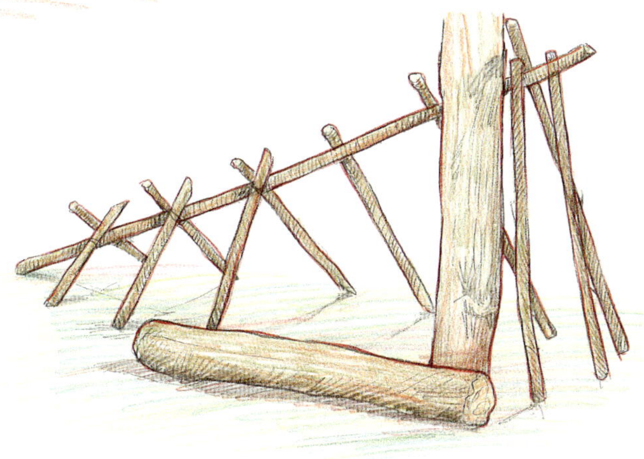

Einsamer Wolf ist eine kleinere Shelter-Variante für Einzelpersonen. Die Ausrüstung kommt hier sinnvollerweise ans Kopfende.

RUNDHÜTTE

Das Skelett der Rundhütte besteht aus acht biegsamen Stangen, die zueinander hingebogen und zusammengebunden werden. Die Kuppelform bietet deutlich mehr Platz im Inneren und es können auch recht schwache Holzstangen verwendet werden. Das Skelett der Rundhütte kann auch für eine Zeltsauna genutzt werden. In diesem Fall deckt man die Konstruktion beispielsweise mit einer Plane ab.

GEFLOCHTENE WANDSCHIRME

Geflochtene Wandschirme können als Windschutz oder Dekoration verwendet werden. Außerdem können sie als Skelett für einen Reflektorschirm hinter einem Feuer dienen. Die Konstruktion kommt ohne Bindematerial aus, wenn man die Stangen am Ende aufschlitzt und ineinandersteckt. Zwei aneinander gelehnte dreieckige Wandschirme bilden eine offene Schutzhütte. Drei Wandschirme bilden eine geschlossene Hütte usw. Diese Bauweise ist geeignet, wenn beispielsweise alle Mitglieder einer Gruppe am gemeinsamen Bau beteiligt werden sollen.

FEUERHÜTTE

Die Grundkonstruktion besteht aus einem Drei- oder Vierfuß. Dieser muss mindestens so hoch sein, wie man stehend mit nach oben gestrecktem Arm reichen kann. Die Seitenlänge muss mindestens eine Mannslänge betragen.

Die Querstangen für die Wände werden am Skelett festgebunden. Sie können auch in jeder Ecke auf eine natürliche oder künstliche Gabelung gelegt werden.

Da der Bau einer Feuerhütte mehrere Stunden dauert, eignet sie sich eher für feste Lagerplätze.

Die Feuerstelle befindet sich in der Mitte der Hütte. Langes Brennholz kann durch eine seitliche Öffnung in die Hütte gebracht werden.

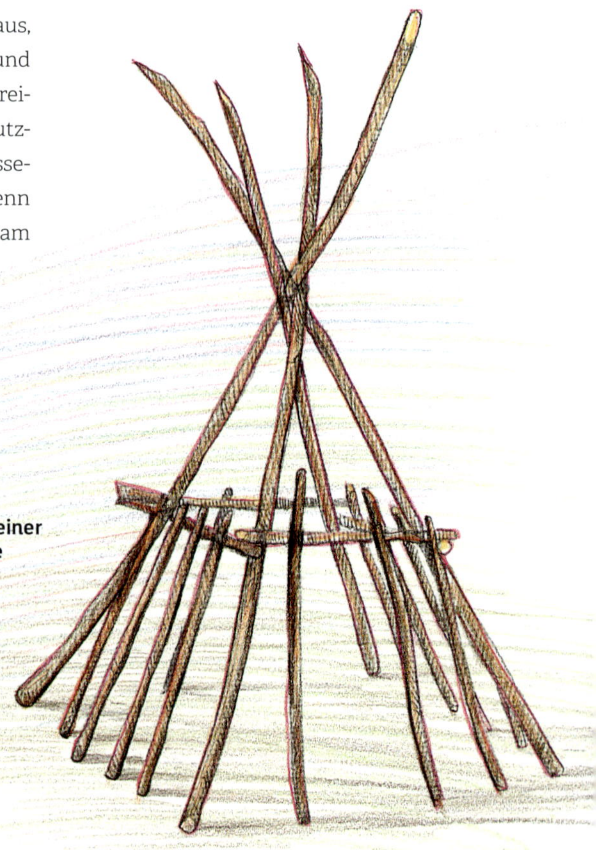

Feuerhütte: Zum Errichten einer Feuerhütte sind nur wenige Verzurrungen erforderlich.

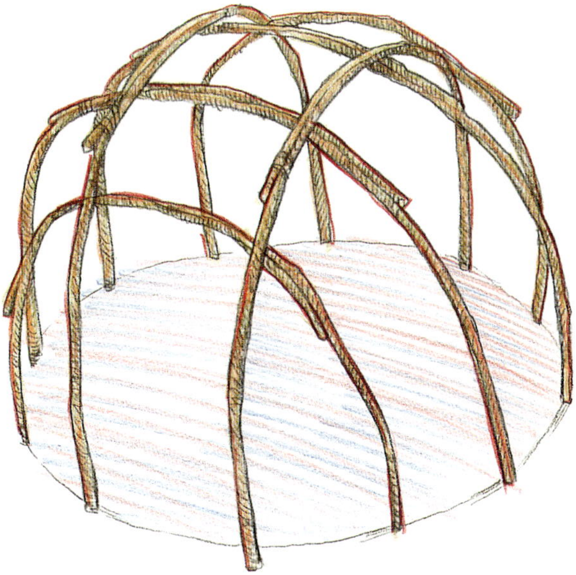

BAU EINER RUNDHÜTTE

Hilfreich ist, zunächst am Boden einen Kreis einzuzeichnen. Als Zirkel dient eine Schnur, die an einem Pflock in der Mitte festgebunden ist. Zum „Zeichnen“ dient ein angespitzter Stock am anderen Ende der Schnur.

Nach dem Errichten des Skeletts weitere Holzstangen an den Seiten ergänzen. Auch diese werden zusammengebogen und -gebunden.

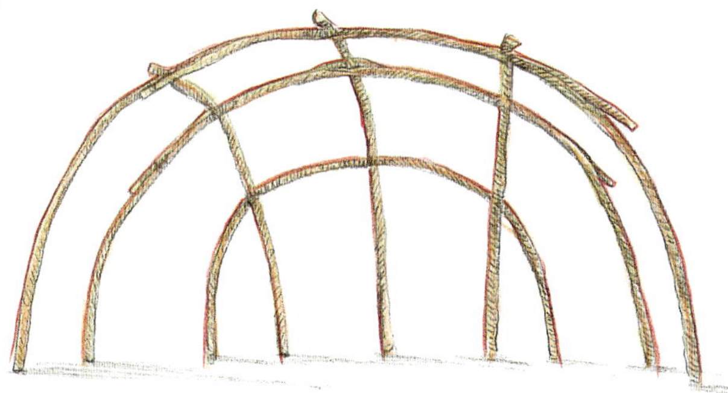

Eine offene Schutzhütte kann auch als halbe Rundhütte errichtet werden. Natürlich wachsendes Stangenholz kann für die Kuppel ebenfalls verwendet werden.

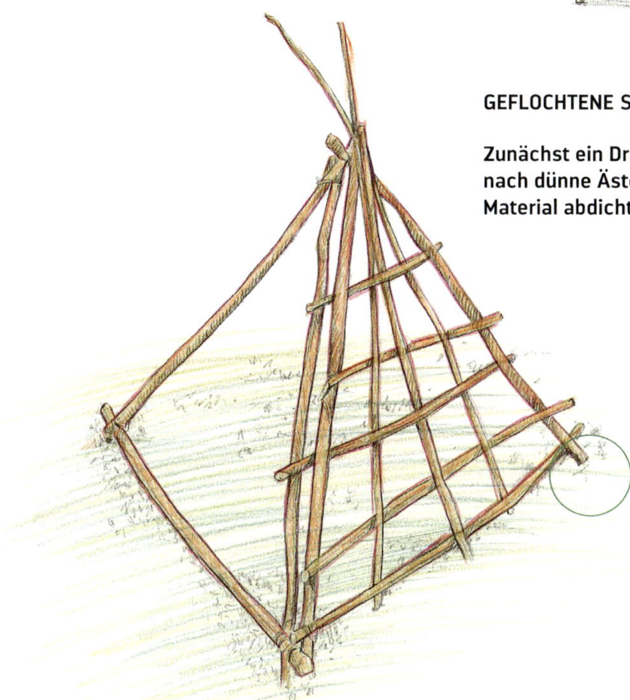

GEFLOCHTENE SCHIRME

Zunächst ein Dreieck herstellen, dann nach und nach dünne Äste einflechten. Am Ende mit weiterem Material abdichten.

Das dickere Ende der Stangen aufspalten, das dünnere Ende der anderen Stange hindurchstecken. Bei Bedarf kann der aufgespaltene Teil mit Schnur zusammengebunden werden.

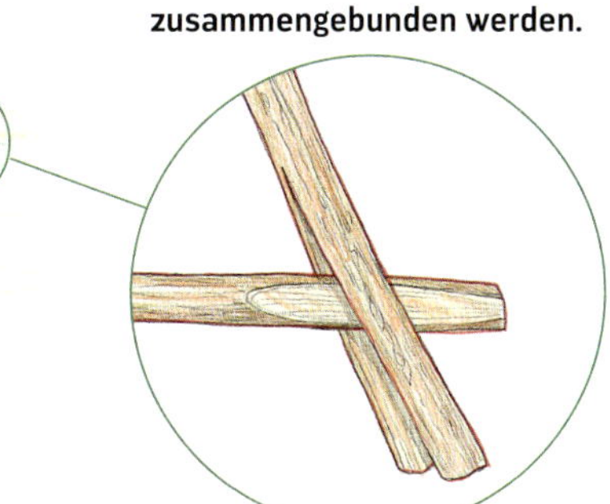

DAS OUTDOOR-HANDBUCH

Feuer

Feuer ist und war immer wichtig. Unter unterschiedlichen Bedingungen ein Feuer anzünden zu können, ist für das Outdoor-Leben eine sehr nützliche Kunst. Ebenso das Wissen darüber, welches Brennholz in der Natur vorhanden ist und wie es am besten genutzt wird.

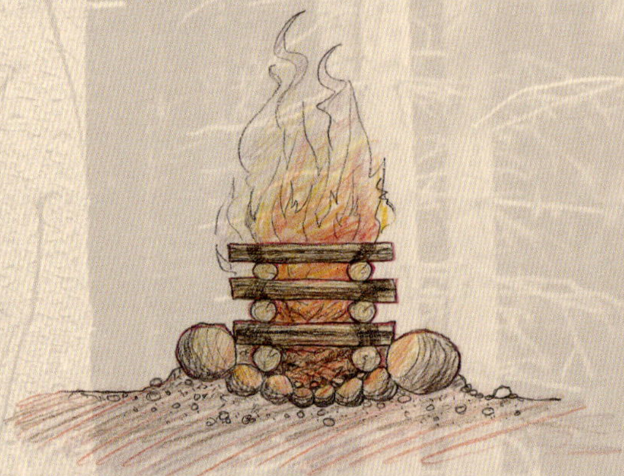

Feuer

Hat man ein Feuer entzündet, dann ist es nicht sinnvoll, zusätzlich einen Kocher zu betreiben. Stattdessen kann alles auf dem Feuer zubereitet werden, sodass man Brennstoff spart. In Gebieten, die viel Brennmaterial bieten, kann man sich zum Kochen und zum Warmhalten vollständig auf das Feuer verlassen, wie es auch manche Abenteurer auf ihren Expeditionen machen.

In diesem Abschnitt erläutern wir verschiedene Methoden des Feuermachens und unterschiedliche Gestelle zum Kochen.

ZUNDERBEUTEL

Außer Zündmittel wie *Streichhölzer* oder Feuerzeug sollte man auch immer Zunder dabei haben, der das Feuermachen in der Natur erleichtert. Sinnvollerweise verwahrt man alles zusammen in einem Zunderbeutel.

Streichhölzer sind einfach zu nutzen, vertragen aber keine Feuchtigkeit. Man kann die einzelnen Streichhölzer jedoch in Paraffin oder Stearin tauchen. Auch die Reibfläche muss geschützt werden. Am besten und einfachsten ist es deshalb, die Streichholzschachtel in einer Plastiktüte oder einem anderen schützenden Behältnis zu verwahren.

Feuerzeuge halten lange, aber wenn kein Feuerzeuggas verfügbar ist, wird es schwierig. Die Funken direkt mit Zunder zu verwenden, ist möglich, erfordert aber Übung und Wissen darüber, wie aus Glut Feuer gemacht werden kann.

Als ausgezeichnete Alternative zu feuchtigkeitsempfindlichen Zündmitteln gibt es sogenannten *Feuerstahl*. Der Feuerstahl besteht aus einer Metalllegierung, die u. a. Zerium enthält.

Schabt man mit dem Messer über den Feuerstahl, entstehen sehr heiße Funken, an denen der Zunder Feuer fängt. Um die Schneide zu schonen, sollte man den Messerrücken verwenden. Auch ein Sägeblatt einer Bügelsäge ist brauchbar. Mit dem Feuerstahl lässt sich sogar nasse *Birken-*

Zunderbeutel mit Streichhölzern, Stearinkerze und Birkenrinde

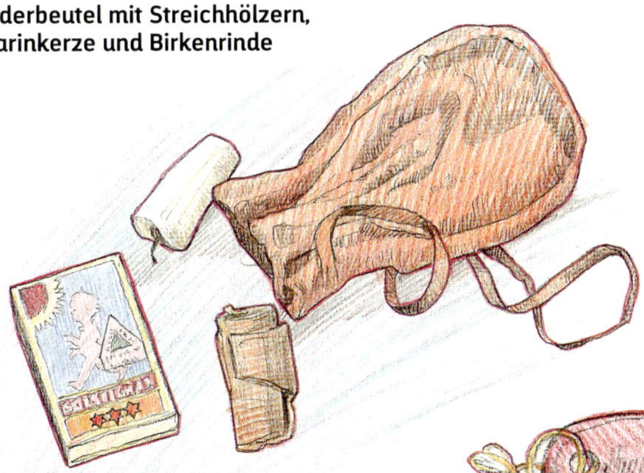

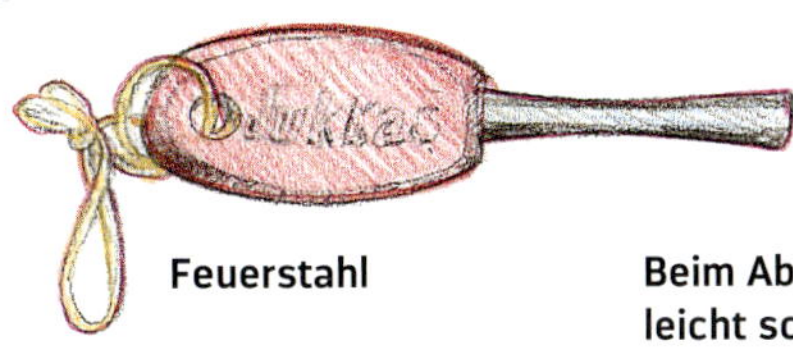

Feuerstahl

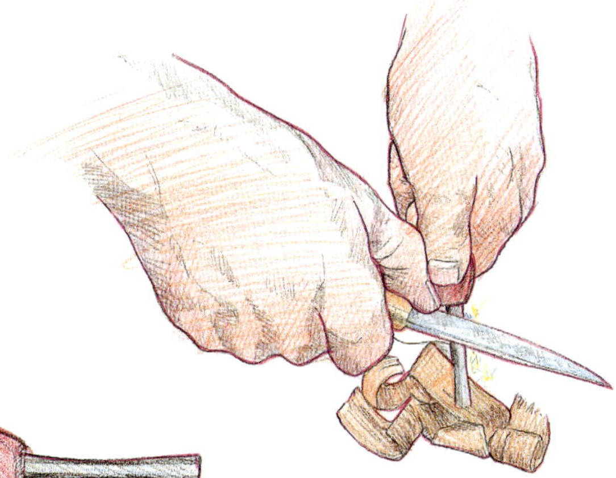

Beim Abschaben des Feuerstahls das Messer leicht schräg halten, sonst löscht man das aufglimmende Feuer leicht wieder

rinde anzünden, wobei die Birkenrinde jedoch vorher in feinere Stücke zerfasert werden muss.

Gutes Anzündmaterial sind *Stearin*, Stücke von *Birkenrinde* und harzreiches *Kiefernreisig*. Stearin kann so verwendet werden, wie es ist. Die Stummel einfach oben auf das Feuer legen oder besser noch vorher zerteilen. Anders als das Stearin müssen *Birkenrinde* und *Fichtenreisig* in das Brennmaterial hineingesteckt werden.

FEUERSTELLE

Der Platz für das Feuer muss mit äußerster Sorgfalt gewählt werden. Es dürfen hinterher keine Spuren des Feuers zu sehen sein. Die Pflanzen dürfen nicht beschädigt werden und es sollte keine verbrannte Erde zurückbleiben. Entfernen Sie vorsichtig die oberste Erdschicht, um sie dann, wenn Sie ihr Lager abbauen, wieder zurückzusetzen, sodass auf den ersten Blick auf dem Boden keine Veränderungen zu sehen sind.

Wählen Sie eine windgeschützte Stelle, denn dieser kann zur Ausbreitung des Feuers führen. Weist der Boden trockenes Gras vom Vorjahr oder viele Wurzeln auf, ist äußerste Vorsicht geboten. Räumen Sie den Boden um die Feuerstelle besonders sorgfältig frei und stellen Sie Wasser und größere frische *Fichtenzweige* bereit.

- Beachten Sie immer das geltende Recht zu Feuer im Wald und den aktuellen Waldbrandgefahrenindex. In Zweifelsfällen geben die Brandschutzbehörden Auskunft.
- Auf Felsen darf kein Feuer gemacht werden, da der Fels schwer beschädigt werden kann.
- Nicht in der Nähe großer Steinblöcke Feuer machen, da diese gesprengt werden können.
- In Torfboden kann sich das Feuer unterirdisch ausbreiten und unter der Erde lange Zeit weiter brennen.
- In den Bergen besonders vorsichtig sein. Durch Feuer verursachte Wunden in der Natur brauchen auf dem kargen Boden sehr lange Zeit, bis sie verheilt sind.

AUFBAU DES FEUERS

Zunächst eine gute Unterlage herstellen: Sie können unter dem Feuer Steine platzieren, die den Boden schützen. Außerdem bewirken sie, dass das Feuer etwas höher liegt, was die Luftzufuhr von unten begünstigt. Auch speichern die Steine die Hitze des Feuers, sodass feuchtes Brennholz schneller trocknet.

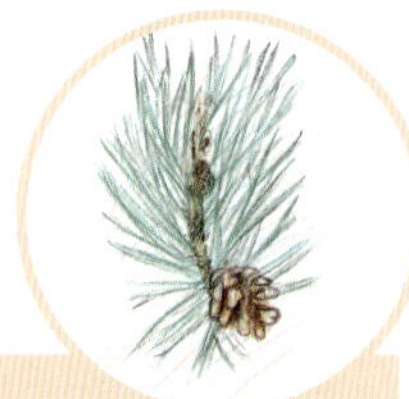

GEMEINE KIEFER *Pinus sylvestris*

Die Kiefer ist ein Baum, der meist magere Böden bevorzugt und eine beträchtliche Höhe erreichen kann. Die Rinde älterer Bäume ist unten dick und rissig, weiter oben ist sie heller und löst sich in papierdünnen Schichten flächig ab.

Von der Kiefer können praktisch alle Teile verwendet werden. Aus den Nadeln lässt sich ein Tee mit einem messbaren Nährstoff- und Vitamin-C-Gehalt kochen. Dazu in einen halben Liter kochendes Wasser drei Handvoll Kiefernadeln legen. 25 Minuten abgedeckt kochen lassen. Abseihen und trinken.

Die Wurzeln können als Schnur und für Flechtarbeiten genutzt werden. Junge Triebe sind roh essbar. Das Harz kann als Dichtungsmittel, Wundmittel und Kaugummi verwendet werden und brennt auch ganz ausgezeichnet.

Früher wurde an Kiefern die Rinde ringförmig abgeschält, um verschiedene Harzstoffe in den Stamm steigen zu lassen. Dies ergab ein sehr widerstandsfähiges Holz, sogenanntes Kienholz.

Aus Kiefernholz wird Terpentin gewonnen. Aus alten Dürrholzstämmen oder Baumstümpfen lässt sich ein Kienspan gewinnen, der sich hervorragend zum Anzünden eines Feuers eignet. Auch der Bewuchs mit Holzschwämmen bewirkt die Bildung sehr harzreichen Holzes.

Die dicke Rinde eignet sich gut zum Schnitzen und Kiefernholz ist ein sehr schönes Schnitz- und Bauholz.

Zuerst also den Boden mit Steinen bedecken, dann darum herum etwas größere Steine anordnen. Eventuelle Zwischenräume mit kleinen Steinen auffüllen. Auf diese Art erhält man eine schalenförmige Feuerstelle, die die Wärme besser verteilt als eine Feuerstelle, die von großen Steinen umgeben ist. Verwenden Sie keinen Flintstein und keine Steine, die lange im Wasser gelegen haben, da sie in der Hitze zerspringen können.

Für ein Feuer im Schnee sollte zuerst der Boden freigelegt werden. Sonst kann das Feuer in den Schnee einsinken und am Ende ausgehen. Möglichst etwas Stangenholz als Plattform für das Feuer parallel auf den Boden legen. Dadurch wird eine bessere Luftzufuhr ermöglicht.

ANZÜNDEN DES FEUERS

Mit Streichhölzern oder einem Feuerzeug geht es natürlich einfach, aber wo wäre da das Abenteuer? Mit dem Feuerstahl braucht man etwas mehr Übung, da dieser keine Flamme, sondern Funken erzeugt.

Die Funken müssen zuerst über das dürre Anzündmaterial gehalten werden, wobei es sich um *Birkenrinde*, dürres *Fichtenreisig*, *Wacholderrinde* oder trockenes *Gras* handeln kann.

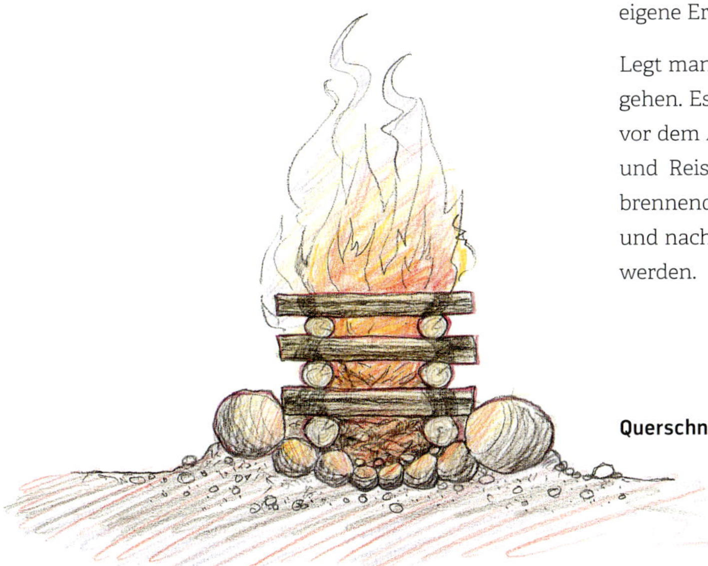

Querschnitt durch eine Feuerstelle

Zunächst das am leichtesten entflammbare Material in die Mitte legen, dann Anzündmaterial wie beispielsweise dürres Reisig drum herum legen. Oder zum Anfeuern ein Bündel dürrer Zweige in der Hand anzünden (siehe Abbildungen auf Seite 62). Das brennende Bündel dann in die Feuerstelle legen und mit weiteren Zweigen bedecken. Immer das Feuer von unten anzünden, und zwar vorzugsweise auf der Seite, von wo der Wind bläst.

Im zweiten Schritt feuert man mit dünnem Holz – Ziel ist eine gute Unterhitze. Vor dem Feuermachen daher reichlich dürres Reisig sammeln, zumal es manchmal auch benötigt wird, wenn das Feuer auszugehen droht.

Hat man genügend Unterhitze in Form von Glut gewonnen, geht man allmählich zu etwas stärkerem Brennmaterial über, damit das Feuer dauerhafter wird. Das Holz muss nicht gespalten werden, die Äste sind direkt verwendbar.

Der Ablauf ist also folgendermaßen: als erstes leicht entflammbarer Zunder, dann dürres Reisig, dann Äste. Gerade unter schwierigen Bedingungen muss unbedingt zuerst reichlich mit Reisig gefeuert werden, damit eine ausreichende Glut vorhanden ist, bevor stärkeres Holz ins Feuer gelegt wird. Auch frisches Holz lässt sich verfeuern. Durchgesägt und gespalten brennt Holz besser, aber unbedingt erforderlich ist das Durchsägen und Spalten nicht. Am besten probieren Sie selbst, was für Sie besser funktioniert, eigene Erfahrung bringt Sie am weitesten.

Legt man zu schnell stärkeres Holz ins Feuer, kann es ausgehen. Es kann daher nicht oft genug betont werden, dass vor dem Anzünden des Feuers genug dünneres Brennholz und Reisig vorhanden sein müssen. Hat man ein stetig brennendes Feuer erreicht, kann zu stärkerem Brennholz und nach und nach zu richtig dicken Ästen übergegangen werden.

WIE MAN MIT STREICHHÖLZERN EIN FEUER ENTZÜNDET

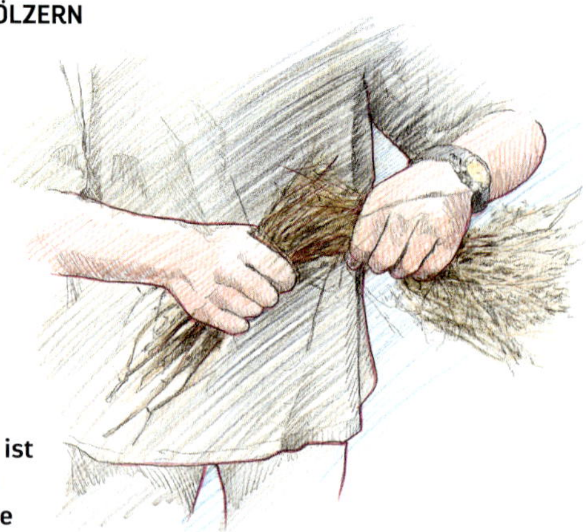

1. Gutes Anzündmaterial ist dürres Fichtenreisig. Ein Bündel Reisig in der Mitte durchbrechen.

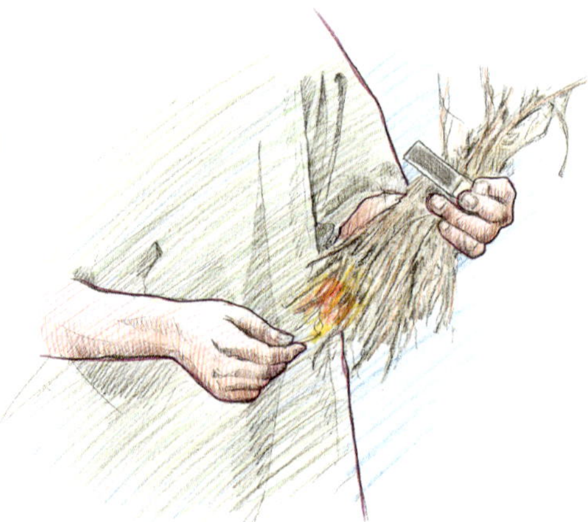

2. Das Bündel leicht trichterförmig zusammenhalten und innen anzünden

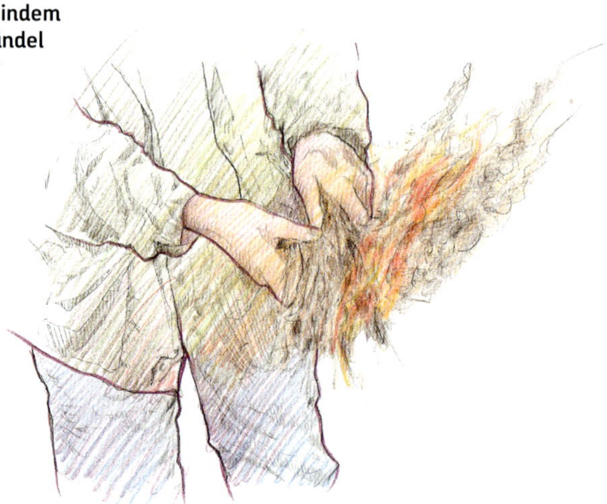

3. Die Flamme kann reguliert werden, indem man das Reisigbündel öffnet oder enger zusammenfasst

BRENNMATERIAL

Schwere Laubbäume haben nach dem Trocknen im Verhältnis zum Volumen einen guten Brennwert. Sie brennen gleichmäßig und ruhig bei geringer Rauchentwicklung, außerdem riecht das Feuer oft angenehm. Sie entwickeln eine gute Glut, was man daran erkennt, dass auf der Kohle langsam eine leichte weiße Asche entsteht.

Buche ist gutes Brennholz, und zwar nicht nur in Form getrockneter Holzscheite für den Kamin, sondern auch die Äste und Zweige, die man in der Natur findet. Unter Buchen findet man häufig stärkere Äste, die entweder abgehauen oder vom Wind abgebrochen wurden. Da die Rinde oft einreißt und sich aufrollt, trocknet das Holz schnell, insbesondere an den Ästen, die keinen Bodenkontakt haben. Buchenholz liefert eine sehr gute Glut. Auch trockene *Eichenäste* findet man häufig.

Ulme brennt ruhig und gleichmäßig ohne Rauch und bildet eine sehr gute Glut.

Hasel brennt in getrocknetem Zustand gut.

Birke hat getrocknet und gespalten einen guten Brennwert. Wenn das Holz aber im Wald für ein Feuer gesammelt wird, ist es eher schlecht geeignet. Die Birkenrinde hält die Feuchtigkeit im Stamm, sodass das Holz sauer wird und verfault. Gefrorenes Birkenholz kann sich zum Feuern eignen, da die Feuchtigkeit hier durch Gefriertrocknung verschwunden sein kann. Birkenrinde hingegen ist zum Feuermachen ausgezeichnet geeignet. Getrocknetes Birkenholz entwickelt eine ordentliche Glut.

Ungespaltene Birkenholzstangen kann man zum Trocknen ans Feuer legen, wenn man auf zwei Seiten des Stamms einen Streifen Rinde entfernt. *Leichtere Laubbäume* wie *Zitterpappel* (Espe) oder *Linde* haben einen niedrigen Brennwert im Verhältnis zum Volumen, verbrennen schnell und hinterlassen wenig Glut.

Erle entwickelt etwas Glut und wird auch zum Räuchern verwendet.

Nadelbäume enthalten Harz. Je harzhaltiger das Holz ist, desto besser ist sein Brennwert und desto stärker und stickiger ist der beim Verbrennen entstehende Rauch. Das Harz schützt auch gegen Feuchtigkeit, sodass man vergleichsweise leicht trockenes Brennholz von Nadelbäumen finden kann. Bei Nadelbäumen ist das Holz der Äste dichter als das Holz des Stamms, entsprechend höher ist der Brennwert. Nadelbäume entwickeln beim Verbrennen sehr viel Kohle, aber die Glut ist schlecht und kurzlebig.

Abgestorbene *Kiefern* stellen ein ausgezeichnetes Brennholz dar. Unter der grauen, schmutzigen Oberfläche verbirgt sich ein regelrechter Schatz! Obwohl der Baum tot ist, reichert sich immer noch Harz im Holz an. Dieses Holz ist äußerst fäulnisbeständig und bildet einen ausgezeichneten Rohstoff zur Teergewinnung. Entsprechend gut ist es als Brennholz geeignet. Diese Art Holz findet man überall, wo *Kiefern* wachsen.

Auch in Form von Spänen ist Kienholz gut zum Feuern geeignet. Gerade beim Anzünden des Feuers braucht man Holz mit guten Brenneigenschaften, und Kienspan eignet sich hier ausgezeichnet.

Gelegentlich liegt das Kienholz etwas tiefer unter der Oberfläche. Um es zu erreichen, kann der Einsatz von schwererem Werkzeug erforderlich sein.

Kiefernholz entwickelt einen stickigen Rauch und schlechte Glut. Das dürre Reisig, das man unter *Kiefern* findet, ist hervorragend als Anzündmaterial geeignet.

Wacholder brennt gut und schnell, prasselt stark und entwickelt einen angenehm duftenden Rauch. Die Glut ist nicht nennenswert. Trockene *Wacholderrinde* ist beim Anmachen des Feuers hilfreich.

Das Holz von *Fichte* und *Lärche* enthält sogenannte Harzgallen, kleine harzgefüllte Hohlräume. Diese können beim Verbrennen bewirken, dass das Holz „kracht" und Funken sprüht. Dies ist nicht ungefährlich, und die Funken können beispielsweise die Liegeunterlage zerstören o. Ä. Der Funkenregen kann schwer auffindbare Löcher in die Außenschicht aufblasbarer Liegematten brennen. Fichte ist also für ein nächtliches Feuer nicht zu empfehlen. Die kleinen, dürren Zweige sind jedoch hervorragend zum Anzünden des Feuers geeignet.

Frisches Holz ist aufgrund seines hohen Wassergehalts kein gutes Feuerholz. Selbst wenn man mit einigen Frischholzsorten ein Feuer zustande

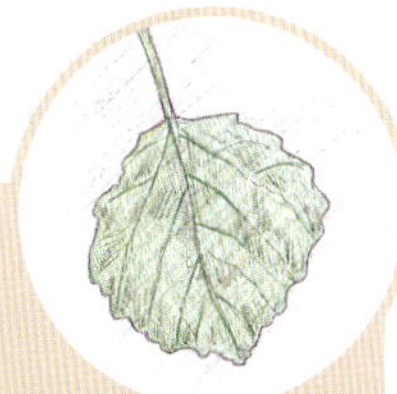

ZITTERPAPPEL (ESPE) *Populus tremula*

Die Zitterpappel, auch Espe oder Aspe genannt, kommt häufig in lichten Wäldern, an Waldrändern und an felsigen Abhängen vor. Der Blattstiel ist auf der einen Seite abgeflacht, daher die im Wind zitternden Blätter. Das Holz ist leicht, gut spaltbar und hervorragend zum Schnitzen geeignet. Streichhölzer werden aus Pappelholz hergestellt.

WACHOLDER *Juniperus communis*

Der Busch oder Baum bildet unterschiedliche Wuchsformen aus und erreicht bis zu 15 Meter Höhe. Die Nadeln sind hart und sitzen jeweils zu dritt kranzförmig angeordnet um die Zweige. Die Rinde ist fasrig, das Holz stark und unempfindlich. Die blauschwarzen Wacholderbeeren werden als Gewürz verwendet.

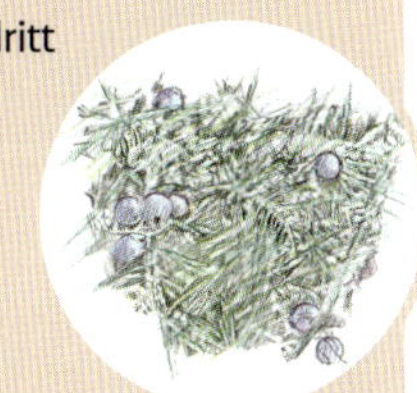

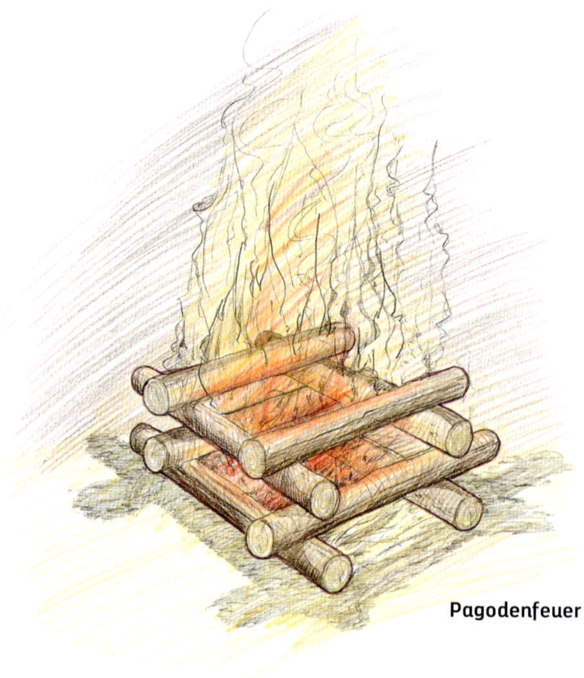

Pagodenfeuer

bringt, so ist die Wärmeentwicklung gering, da viel Energie zum Verdampfen des Wassers im Holz verbraucht wird. Steht aber nur wenig trockenes Holz zur Verfügung, so kann zusätzlich frisches Holz verwendet werden, vorausgesetzt, man hat schon viel Glut in der Feuerstelle und damit eine gute Unterhitze.

Feuchtes Holz trocknet am besten in gespaltenem Zustand, wenn man es mit der Rindenseite zum Feuer hin positioniert. Dies gilt besonders für Bäume mit dichter Rinde wie beispielsweise *Birke*.

Fäulnisgeschädigtes Holz weist schlechte Brennwerte auf, auch wenn es getrocknet ist, da es durch Pilzbefall zersetzt wurde. Gut einzusetzen ist es, um durch Reibung ein Feuer zu erzeugen (siehe Seite 70).

FEUERARTEN

Am wichtigsten beim Feuermachen im Freien ist der Aufbau einer ordentlichen Unterhitze. Häufig wird zu früh zu dickes Holz aufgelegt, worauf das Feuer schwächer wird oder sogar erlischt.

Für ein schnell brennendes Feuer – zur Erzeugung von Glut oder zum Kaffeekochen – ist ein Pagodenfeuer ideal. Das Pagodenfeuer ist auch ein gutes Anfangsfeuer, denn das Brennholz liegt weit auseinander und die Luftzufuhr ist gut. Für ein Pagodenfeuer legt man das Holz im Viereck überkreuz und schichtet dann in der Mitte des Vierecks Anzündholz oder Zunder auf, beispielsweise Birkenrinde und dürres Reisig.

Schnelle Wärme und helles Licht erhält man mit einem Reisigfeuer. Feuchtigkeit, schlechte Laune und Kälte sind dann schnell vertrieben. Ein Nachteil ist natürlich der große Aufwand durch das Sammeln von ausreichend Reisig. In einer Gruppe, in der alle mithelfen, hat man das Brennmaterial aber schnell zusammen. Dieses Feuer ist hilfreich, wenn das Kanu gekentert ist, der Partner nass aus einem Eisloch kommt oder auch nach einer Nacht in einem feuchten Schlafsack. Optimal für diese Art Feuer sind die dürren Zweige, die man unter dicht wachsenden *Fichten* findet aber auch anderes Reisig eignet sich gut. Nicht zuletzt hilft Reisig, einem erlöschenden Feuer wieder Leben einzuhauchen.

Statt gesägtem und gespaltenem Brennholz kann auch Stangenholz als Brennmaterial verwendet werden. Sollen die Holzstangen trotzdem geteilt werden, kann man diese Arbeit auch dem Feuer überlassen. Oder man schiebt die Holzstangen allmählich ins Feuer nach. Ideal ist die Kombination mit kürzerem Holz, denn so lässt sich das Feuer besser unterhalten.

Ein solches Feuer kann auch so aufgebaut werden, dass es schmal und lang ist und damit sehr gut zum Warmhalten eines Lean-to Shelters geeignet ist. Soll das Feuer die ganze Nacht durchbrennen, kommt richtig dickes, langsam brennendes Holz in Frage.

Wir können es als *Balkenfeuer* bezeichnen. Kommt von unten eine gute Hitze und kann man den Abstand zwischen den Stämmen regulieren, funktioniert das Feuer gut. Zum Unterhalten des Feuers wird auch schwächeres Holz benötigt. Ein Wandschirm hinter dem Feuer reflektiert die Strahlungswärme in die Schutzhütte.

Bei Feiern o. Ä. braucht man ein Feuer, das nicht unterhalten werden muss, sondern einfach abbrennen kann. Eine Möglichkeit ist ein *Pagodenfeuer* mit sehr viel Kleinholz und *Birkenrinde* in der Mittel. Außen an die Scheite der Pagode stellt man dann recht dünne Zweige.

Eine andere Möglichkeit ist ein hoch in der Luft hängender *Feuerkorb*. Hier breitet man zunächst ein Drahtgeflecht auf dem Boden aus. Dann dürres Kleinholz, Rindenstücke etc. hineinlegen. Das Ganze zu einem Paket zusammenpacken und mit einem Stahldraht an einer Holzstange aufhängen.

Den besten Effekt erzielt man, wenn man den Feuerkorb erst anzündet, wenn es richtig dunkel ist. Auf dem Boden anfangen, dann das brennende Paket langsam in die Luft heben.

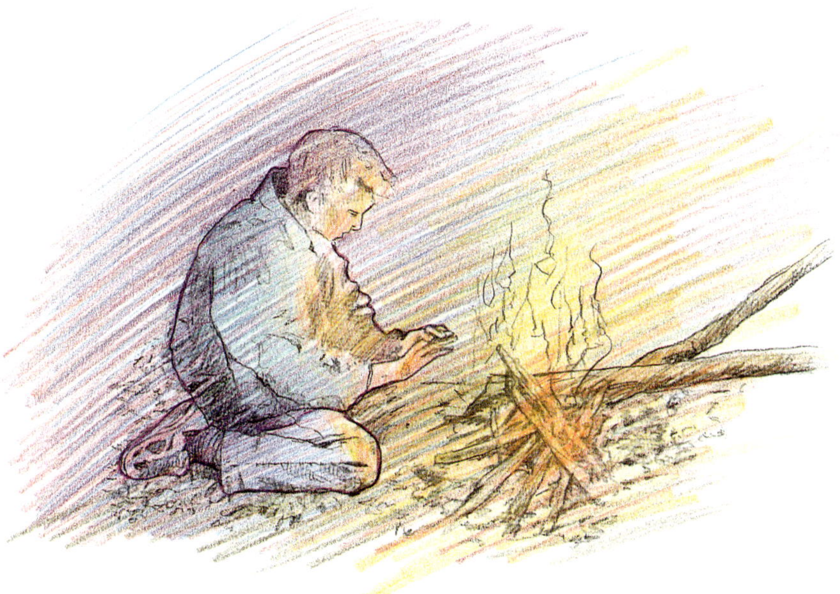

Feuermachen geht auch ohne Sägen und Holzhacken!

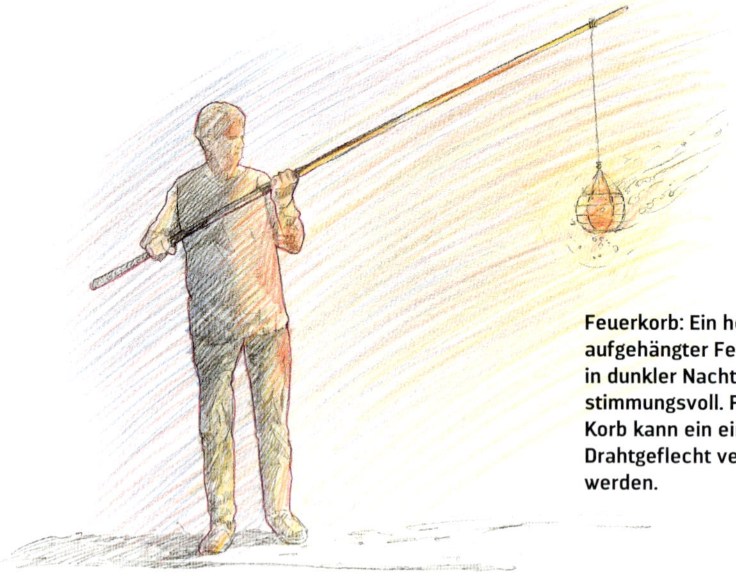

Feuerkorb: Ein hoch aufgehängter Feuerkorb in dunkler Nacht ist sehr stimmungsvoll. Für den Korb kann ein einfaches Drahtgeflecht verwendet werden.

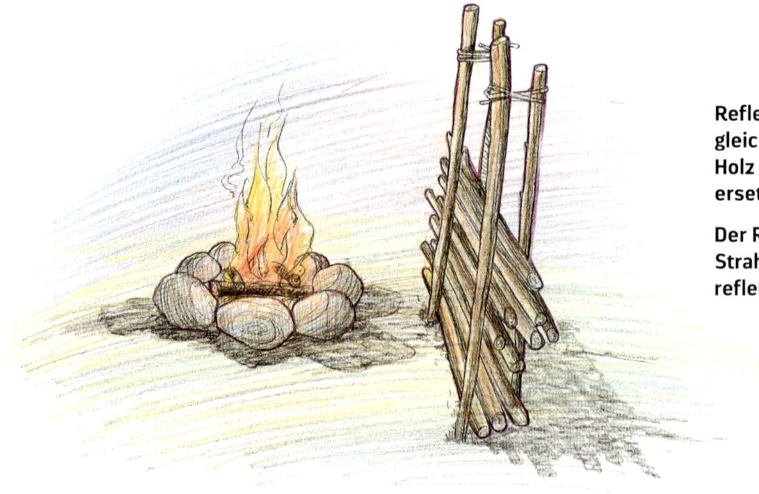

Reflektor: Mit solch einem Reflektor kann gleichzeitig Holz getrocknet werden. Das trockene Holz muss dabei regelmäßig durch das feuchte ersetzt werden.

Der Reflektor eignet sich hervorragend, um Strahlungswärme in ein Lean-to Shelter zu reflektieren.

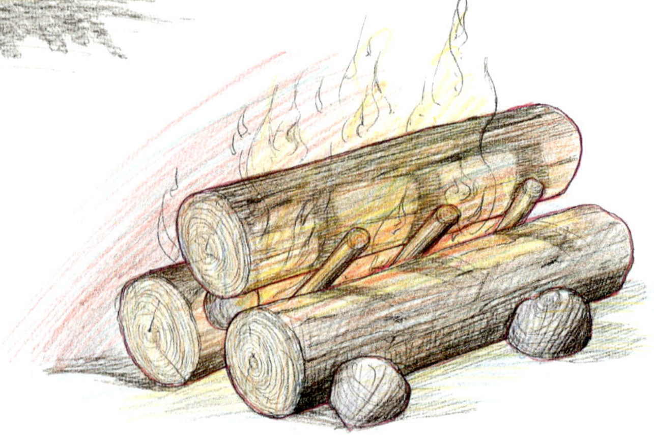

Balkenfeuer: Legt man kleinere Frischholzäste zwischen die Balken, erhält man einen Spalt für die Luftzufuhr. Auf diese Weise lassen sich der Luftzug und damit die Abbrenngeschwindigkeit der Balken regulieren.

KOHLE HERSTELLEN

Kohle und Glut entstehen natürlich beim Feuermachen. Die Kohlebildung lässt sich mit einigen Kniffen verstärken. Man kann einen Blecheimer oder eine Blechdose mit Holzstücken füllen, die aber nicht zu groß sein dürfen, sonst dauert es zu lange. Die Dose stellt man mit der Öffnung nach unten in die Feuerstelle, das Feuer lässt man drum herum weiterbrennen. Oben sticht man ein Loch in die Dose, durch das die brennbaren Gase austreten können. Sind die Gase verbrannt, erhält man eine schöne Kohle zum Feuermachen oder für die Esse, falls man sich Schmiedearbeiten vornimmt.

Kiefernzapfen eignen sich auch gut für ein Grillfeuer: Eine Lage *Kiefernzapfen* in die Feuerstelle legen, darüber ein Pagodenfeuer errichten und die Mitte mit trockenem *Fichtenreisig* auffüllen. Wenn möglich, die *Kiefernzapfen* mit einem geeigneten Gegenstand anblasen, sodass eine gute Hitze entsteht.

Kohle ist vielseitig einsetzbar: Außer zum Grillen und zum Schreiben kann sie verwendet werden, um Holz für einen Löffel auszubrennen, Glut zu erhalten, Wasser zu reinigen sowie zum Schmieden. Man kann sogar Fleisch und viele Gemüsesorten direkt auf der Holzkohleglut garen.

ZEICHENKOHLE HERSTELLEN

Für Zeichenkohle haben sich insbesondere *Erle* und *Sal-Weide* bewährt. Sie lässt sich auf folgende Art und Weise aus dünneren Holzstäben, die entweder aus einem Brett gesägt werden oder einfach aus einem Stück entrindetem Zweig bestehen, herstellen:

Das Holzstück in eine doppelte Schicht Aluminiumfolie einwickeln, am einen Ende ein Loch in die Folie stechen und das Holz in die Glut legen. Durch die Hitze des Feuers entstehen im Holz Gase, die nur durch das kleine Loch entweichen können. Die Gase entzünden sich und wenn sie vollständig verbrannt sind, ist die Kohle fertig. Die Folie sollte nun ein Stück gute Zeichenkohle enthalten.

Auch mit einer sandgefüllten Blechdose lässt sich Kohle herstellen. In den Sand Holzstücke stecken, dann die Dose ins Feuer stellen. Nach einiger Zeit enthält die Dose außer Sand auch Kohlestücke.

SCHWARZERLE *Alnus glutinosa*

Wächst auf feuchten, nährstoffreichen Böden. Die kleinen Zapfen sitzen an Stielen. Die Blätter sind auf der Oberseite glänzend. Ganz unten am Stamm findet man gute Knollen, die ein prima Holz für Messergriffe o. Ä. liefern.

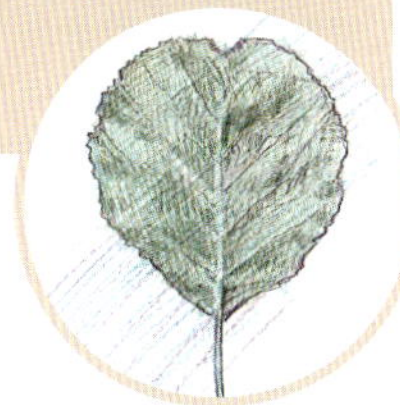

LÖSCHEN DES FEUERS

Das Feuer und die Glut müssen vollständig gelöscht werden, bevor man den Ort verlässt. Befindet man sich in Wassernähe, braucht man nur einen Behälter, um das Wasser zur Feuerstelle zu tragen. Anderenfalls muss man Löschwasser dabei haben. Besondere Vorsicht ist dort angebracht, wo sich das Feuer ausbreiten kann, und zwar nicht nur durch trockenes Gras um die Feuerstelle, sondern auch nach unten durch die Erde. Wurzeln und andere Pflanzenteile können die Glut halten und verbreiten. Also besser reichlich Wasser auf die Feuerstelle gießen und mit einem Stock im Boden und zwischen den Steinen stochern, sodass das Wasser nach unten dringen kann. Handelt es sich nicht um eine feste Feuerstelle, sollte man die Feuerstelle vollständig beseitigen, sodass nicht mehr zu erkennen ist, dass hier einmal ein Feuer gebrannt hat. Die Steine um die Feuerstelle entfernen und die rußigen Stellen zudecken.

Keine Spuren zu hinterlassen, ist immer ein gutes Prinzip. Schon allein die Vorstellung, „der Erste“ an einem Ort zu sein, ist sehr wertvoll.

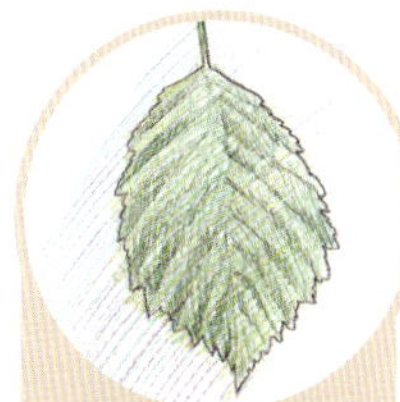

GRAUERLE
Alnus incana

Die Blätter sind auf der Oberseite matt, die Zapfen sitzen nicht an Stielen.

WEITERE METHODEN DES FEUERMACHENS

Vor der Erfindung von Streichholz und Feuerzeug wurde Feuer häufig mit Hilfe von Glut erzeugt. Entweder wurde Glut genutzt, die von früheren Feuern stammte und bewahrt wurde, oder man erzeugte eine so starke Hitze, dass man etwas Glut erhielt.

Da diese Methoden des Feuermachens zeitaufwändig und sehr viel schwieriger sind als das Anreißen eines Streichholzes, war es wichtig, die Glut erhalten und aufbewahren zu können. Dies galt insbesondere für die feste Feuerstelle, aber auch das Transportieren von Glut an eine neue Feuerstelle war wichtig.

Wer sich häufig länger in der Natur aufhält, hat zusätzlich zur Streichholzschachtel wohl meist auch ein Feuerzeug dabei. Man wird also eher nicht in Verlegenheit kommen, auf primitive Weise Feuer machen zu müssen. Andererseits macht es vielleicht Spaß, das einmal auszuprobieren. Es ist eine wirkliche Herausforderung, außerdem ein anschauliches Stück Geschichtsunterricht. Die Vorstellung, wie die Menschen vor langer Zeit die verschiedenen Techniken entdeckt haben mögen, ist faszinierend. Und was für ein Gefühl, wenn man es geschafft hat!

So wie wir heute, hatten auch die Menschen der Frühzeit ihre Feuerzeuge. In unseren Breiten allein mit dem, was die Natur bietet, ein Feuer zu entfachen, erfordert sehr viel Geduld und Geschick. Daher trugen unsere Vorfahren ihre speziellen Feuerzeuge mit sich, die sorgfältig verwahrt und trocken gehalten wurden. Ich habe verschiedene Methoden und Materialen ausprobiert, um etwas über diese Techniken zu lernen, bis hin zum Entzünden von Zunder mittels eines Vergrößerungsglases. Das ging hervorragend, besonders mit Zunder des *Schiefen Schillerporlings* und mit getrocknetem *Birkenporling* (Piptoporus betulinus), auf den Asche gestreut wurde. Auch mit Zunder des *Zunderschwamms* ging es gut. Mit dem Brennglas ist man zwar von der Sonne abhängig, aber es ist ein sehr effektives Mittel, den Zunder zum Glühen zu bringen.

Zunder dient zum Auffangen der Funken und zum Herstellen einer ersten Glut und lässt sich aus verschiedenen Pilzen herstellen.

Zunder aus dem *Zunderschwamm* wird aus dem Fleisch des Pilzes hergestellt (also nicht aus der Röhrenschicht). Dieses wird in einer Mischung aus Wasser und *Birkenasche* gekocht. Das Fleisch des Pilzes in Stücke schneiden und in einen Topf legen. Mit Wasser bedecken, reichlich Asche hinzufügen und einige Stunden kochen lassen. Das Wasser abgießen, die Pilzstücke trocknen lassen und mit einem Holzhammer auf einer harten Unterlage auseinander klopfen, bis sie samtweich werden. Den Zunder zusätzlich noch zwischen den Fingern zerfasern. Die Wahrscheinlichkeit, dass er Funken auffängt, wird dadurch größer.

Man kann auch direkt getrockneten *Zunderschwamm* als Zunder verwenden, aber es funktioniert nicht ganz so gut und die Zunderstücke müssen zuerst zerfasert und weich gemacht werden. Mit sorgfältig hergestelltem Zunder lassen sich die kurzlebigen Funken deutlich besser einfangen.

Der *Zunderschwamm* ist leicht mit dem *Gemeinen Feuerschwamm* (Phellinus igniarius) zu verwechseln. Der Zunderschwamm lässt sich jedoch leicht vom befallenen Baum lösen, während man zum Lösen des Gemeinen Feuerschwamms ein Werkzeug benötigt.

ZUNDERSCHWAMM *Fomes fomentarius*

Dieser Holzschwamm befällt verschiedene lebende oder tote Baumarten, häufig Buchen oder Birken, und verursacht Weißfäule. Er lässt sich leicht vom Baum lösen.

SCHIEFER SCHILLERPORLING *Inonotus obliquus*

Der Schiefe Schillerporling befällt lebende Bäume, meist Birken und Erlen. Er entwickelt sich unter der Rinde, die er schließlich aufsprengt, und bildet schwarze, rissig-zerklüftete Fruchtkörper. Innen ist der Fruchtkörper zimtbraun mit weißen Flecken.

AUS GLUT FEUER MACHEN:

Den glühenden Zunder zusammen mit Wacholderrinde auf ein Stück Birkenrinde legen und vorsichtig anblasen. Ist die Glut auf die Rinde übergegangen, das Rindenstück schließen und etwas stärker in die „Rindenröhre" blasen.

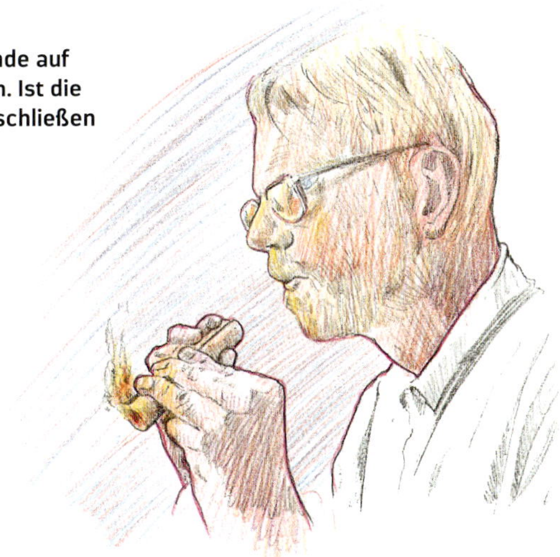

Weniger bekannt ist vielleicht, dass sich auch das Innere des *Schiefen Schillerporlings* als Zunder verwenden lässt. Das zimtbraune Innere des Pilzes wird getrocknet und dann direkt als Zunder verwendet. Der auf Birken wachsende Pilz sieht aus wie Kohle, die befallene Stelle des Baums wird durch den zunächst unter der Rinde wachsenden Pilz praktisch aufgesprengt.

GLUT BEWAHREN UND TRANSPORTIEREN

Feuer lässt sich am besten als Glut transportieren, jedenfalls wenn man es länger mit sich tragen will.

Das Fleisch einiger Holzschwämme glüht in getrocknetem Zustand ausgezeichnet. Legt man die Stücke in eine Dose, sodass sie luftig aufbewahrt sind, lassen sie sich gut tragen. Man kann immer jeweils ein Stück in die Dose legen und stets die fertig durchgeglühten Stücke durch neue ersetzen.

Legt man Holzschwämme ins Feuer, sind sie nach einiger Zeit getrocknet und brennen langsam ab, beispielsweise der *Gemeine Feuerschwamm*. Dieser liefert außerdem einen beißenden Rauch, der verschiedene Insekten verjagt. Teilt man den Holzschwamm auf, kann man ihn nach und nach trocknen lassen.

Auch in einem Bündel *Wacholderreisig* lässt sich Glut transportieren. Wichtig ist dabei, dass die einzelnen Zweige schön voneinander getrennt liegen. Trocken müssen sie natürlich auch sein. Dann das Reisig am einen Ende anzünden und das Feuer in Glut übergehen lassen. Eventuell muss die Glut angeblasen werden, damit sie nicht ausgeht, meist reicht jedoch der Luftzug durch den Wind.

Einmal habe ich eine zigarrenförmige Vorrichtung zum Transportieren von Glut hergestellt. In die Mitte eines Strangs *Wacholderrinde* habe ich dünne Streifen des *Flachen Lackporlings* (Ganoderma applanatum) gelegt, dann den Pilz und die Rinde in *Ahornblätter* eingeschlagen, die ich wiederum mit *Rohrkolbenblättern* umwickelt habe. Auf diese Weise erhielt ich eine langsam glühende „Zigarre".

Versenkt man glühende Kohle in heißer Asche, hält sich die glühende Kohle länger, insbesondere in einer Dose, die verhindert, dass der Wind an die Kohle und die Asche kommt. Gut ist, wenn die Dose warmgehalten werden kann, beispielsweise in der Feuerstelle.

AUS GLUT FEUER MACHEN

Selbst wenn nur wenig Glut vorhanden ist, wird diese nicht leicht ausgehen. Hat der Zunder erst angefangen zu glühen, kann man in aller Ruhe zum nächsten Schritt übergehen, dem Erzeugen einer offenen Flamme. Eine Methode ist, den Zunder in eine Feuerkugel zu legen.

Für die Feuerkugel trockenes, fasriges Material aufrauen und zu einer Kugel formen. *Wacholderrinde* eignet sich hervorragend.

Zuerst habe ich dafür gesorgt, dass der Zunder glüht. Danach habe ich die Glut auf ein Zunderstück schlechterer Qualität übertragen. Die Herstellung von wirklich gutem Zunder ist mit einigem Aufwand und Mühe verbunden, daher sollte man sparsam damit umgehen.

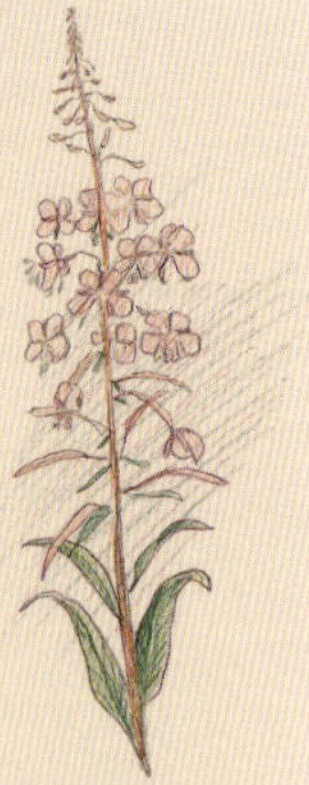

WALDWEIDENRÖSCHEN *Epilobium angustifolium*

Findet man häufig auf Kahlschlägen und Lichtungen. Sowohl für Werkzeuge als auch für Lebensmittel verwendbar.

Schließlich das Zunderstück zusammen mit trockener *Wacholderrinde* zusammenbringen, vorsichtig auf die Glut blasen, sodass der Glutherd heißer wird und die *Wacholderrinde* anfängt zu brennen.

Feuerkugeln können aus unterschiedlichem Material hergestellt werden. Alte trockene Vogelnester eignen sich ebenso wie trockenes Gras und andere Pflanzenfasern. Die weißen Fasern von *Wollgras* und *Weidenröschen* und die Fasern im Stängel der *Brennnessel* oder die untere Rindenschicht der *Linde* sind ebenfalls geeignet.

SCHLAGFEUER

Funken lassen sich durch Schlagen mit hartem Stahl gegen eine Steinkante erzeugen. Durch den Schlag entstehen Funken, die durch ein Stück Zunder aufgefangen werden.

Nicht jeder Stahl ist verwendbar. Es muss sich um gehärteten Stahl handeln, also ein Stück Eisen mit einem relativ hohen Kohleanteil. Bei der Herstellung wird das Eisenstück bis zum Glühen erhitzt und dann schnell in Wasser abgekühlt. Hierdurch wird das Eisen zu Stahl gehärtet. Eine spezielle Stahlsorte ist nicht erforderlich, auch der Rücken eines Messers oder ein Stück einer Feile eignen sich für den Funkenschlag.

SCHEIDEN-WOLLGRAS *Erophorum vaginatum*

Wächst auf nassem, nährstoffarmem Boden. Das Wollgras weist am Stängel eine baumwollähnliche Ähre auf. Die Fasern können versponnen oder zum Feuermachen verwendet werden.

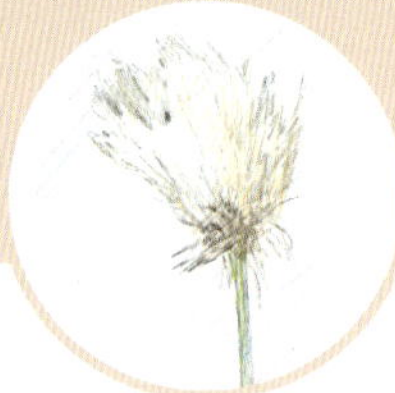

Das Erzeugen von Funken an sich ist kein Problem. Schwierig ist das Auffangen mit dem Zunder. Die Funken müssen ausreichend lange heiß sein, sodass der Zunder anfängt zu glühen.

Auch mit Materialien aus der Natur erhält man Funken: *Feuersteine* (Flintsteine) lassen sich leicht spalten, sodass man geeignete scharfe Kanten erhält. Der Zunder aus dem *Zunderschwamm* muss trocken und zerfasert sein. Zunder aus dem *Schiefen Schillerporling* kann auch als kleiner Klumpen vorliegen. Manchmal muss man mehrmals schlagen, bis der Zunder glüht. Bei den ersten Versuchen kann man statt Zunder feine Stahlwolle verwenden, die etwas leichter zum Glühen zu bringen ist.

Auch *Pyrit/Schwefelkies* kann verwendet werden. Laut manchen Beschreibungen kann man zwei Pyritstücke gegeneinanderschlagen. Besser funktioniert es aber mit einem Flintstein und einem Pyrit. Die Steine prallen einfach gegeneinander, auf eine scharfe Kante kommt es hier nicht an.

REIBUNGSFEUER

Bei einer weiteren uralten Methode des Feuermachens wird die Glut mit Hilfe zweier Holzstücke durch Reibung erzeugt. Es funktioniert, aber damit es klappt, müssen zahlreiche Umstände zusammenkommen.

Bei den ersten Versuchen wird man feststellen, dass man zwar schnell Rauch, aber nur schwer Glut erzielt. Mit leichtem Holz geht es am einfachsten. Balsaholz scheint für ein Reibungsfeuer am besten geeignet zu sein, und je eher ein Holz in seiner Konsistenz Balsaholz ähnelt, desto eher wird sich damit Glut erzeugen lassen.

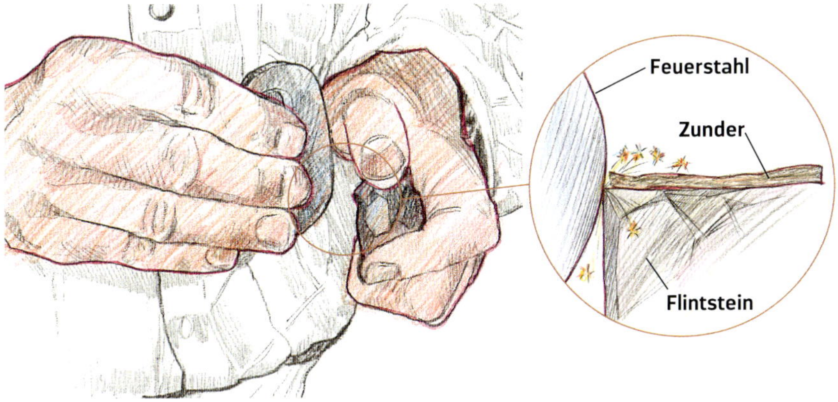

So können Flintstein und Stahl gehalten werden

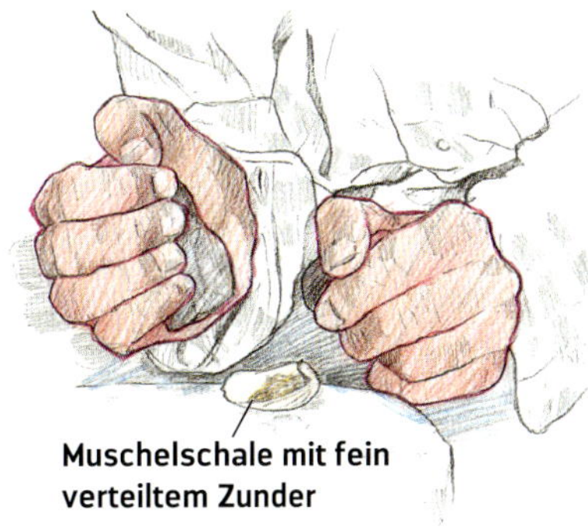

So können Flintstein und Pyrit gehalten werden

Eine ähnlich leichtgewichtige Holzart mit so hohem Luftanteil dürfte bei europäischen Bäumen schwer zu finden sein. Fäulnisgeschädigtes Holz kann jedoch deutlich leichtgewichtiger sein als gesundes Holz. Das Gewicht und der Luftanteil im Holz wirken sich wahrscheinlich darauf aus, wie viel Energie zum Erhitzen benötigt wird und wie schnell die Wärme abgeleitet wird.

Das Holzstück, mit dem ich endlich erfolgreich war, bestand aus einem angefaultem Ast *Erlenholz* von ca. 12 cm Durchmesser. Ich sägte ein etwa unterarmlanges Stück ab, das ich spaltete und entrindete. Die gespaltenen Stücke ließ ich mehrere Monate lang trocknen. Danach ging ich nach folgender Beschreibung vor:

Die eine Hälfte schnitzte ich zu einem runden Stab, knapp 3 cm dick, an beiden Enden schmaler zulaufend und abgerundet. Der Stab sollte als *Feuerbohrer* dienen. Die andere Hälfte wurde auf beiden Seiten mit dem Beil abgeflacht und wurde zu einem etwa 3 cm dicken *Feuerbrett.*

Das eine Ende des Feuerbohrers muss gegen das Feuerbrett gedrückt und gedreht werden, das andere Ende muss in irgendeinem Gegenstand drehbar festgehalten werden. Ich nahm ein etwa 5 cm dickes Stück Eschenholz, das ich auf 6 cm Länge zuschnitt. Das eine Ende wurde abgerundet, in das andere wurde ein ca. 3 cm dickes Loch gebohrt. Jetzt konnte der Feuerbohrer in frischem, hartem Holz ruhen, das jetzt als Griff diente.

Der Feuerbohrer soll durch einen Bogen angetrieben werden. Ein Stock erfüllt seinen Zweck, noch besser aber ist ein „halber“ Bogen. Den Bogen stellte ich ebenfalls aus Eschenholz her. Er wurde ca. 90 cm lang und so geschnitzt, dass er an einem Ende etwas schmaler zulief und am anderen Ende einen Griff erhielt. In das Griffende schnitt ich eine außen verlaufende Rille, in das andere Ende bohrte ich ein Loch.

Zwischen Rille und Loch muss ein Riemen befestigt werden. Der Riemen soll eher schlaff sein, da er erst gespannt wird, wenn der Bohrer an Ort und Stelle sitzt. In das Feuerbrett werden mit dem Messer im Abstand von ca. 3 cm zwei Markierungen eingeschnitten, der Ansatz zu den Bohrlöchern. Die Markierungen müssen nun innen rund und glatt ausgearbeitet werden, dies erfolgt schon durch Bohren.

Das Feuerbrett mit dem Fuß auf den Boden drücken und eine bequeme Haltung einnehmen.

Wenn die Löcher innen langsam gleichmäßig glatt werden, schneidet man eine Verbindung zwischen die beiden Löcher. Hier soll sich das schwarz gebrannte und angekohlte Holzpulver sammeln, das beim Bohren entsteht.

Ich begann, im einen Loch zu bohren und wechselte nach einiger Zeit. Man hält nicht sehr lang durch, aber wenn es anfängt, stark zu rauchen, darf man nicht mehr aufhören. Insgesamt dauert es etwa eine Minute.

Irgendwann steigt von der Kohle eine feine Rauchsäule auf. Jetzt kann man es ruhiger angehen lassen – der Glutherd bleibt erst einmal bestehen. Durch Zufuhr von etwas Sauerstoff lässt sich die Glut verbessern – mit der Hand einige Male über der Glut hin und her wedeln oder vorsichtig pusten.

Die Glut auf ein Stück Zunder übertragen. Damit ist sie gesichert, denn der Zunder ist schwer zu löschen. Schließlich legt man den Zunder in eine Feuerkugel.

Haben Sie das geschafft, werden Sie eine ungeheure Befriedigung erfahren. Ein Reibungsfeuer zu entfachen, ist eine große Leistung.

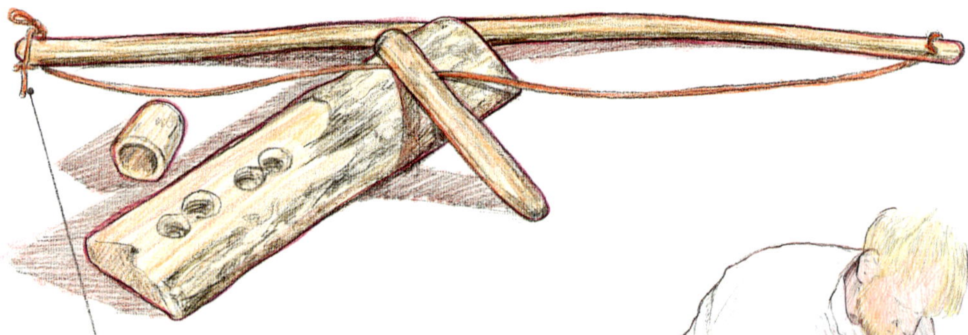

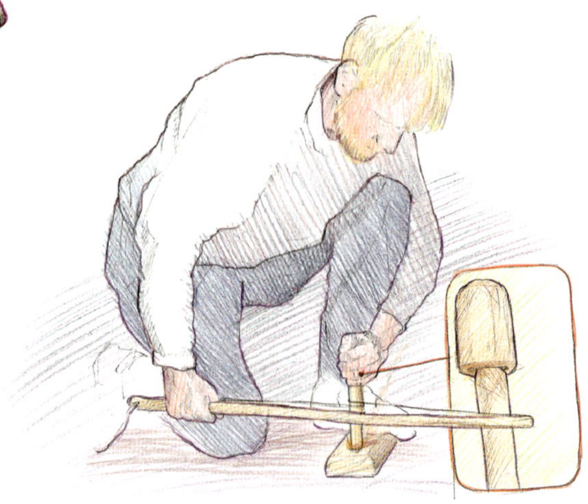

GERÄTE FÜR REIBUNGSFEUER

An einem Ende wird der Riemen durch ein Loch gezogen und mittels eines Knotens befestigt. Am anderen Ende wird der Riemen in die Rille gelegt und mit einem Knoten fixiert, der leicht zu verstellen ist.

Es empfiehlt sich, das Feuerbrett auf eine isolierende Unterlage zu legen, sodass es gegen Kälte und Feuchtigkeit von unten geschützt ist

FACKELN UND ANDERE LICHTQUELLEN

Neben dem Lagerfeuer und der Taschenlampe gibt es noch weitere Lichtquellen, die man kennen sollte. Denn auch wenn die Taschenlampe nicht mehr funktioniert, es stark regnet und man sich dennoch ein Stück vom Feuer entfernen muss, gibt es im Wald Material, das gut brennt – beispielsweise Harz.

In eine nicht brennbare Schale (z. B. ein Schneckenhaus) gelegt, kann Harz als Lichtquelle verwendet werden. Beim Anzünden kann man das Streichholz als Docht in das Harz stecken und es wird mit kräftiger Flamme und schwarzem Rauch brennen. Harz darf nicht von lebenden Bäumen entnommen werden!

FACKELN

Aus Harz und Ästen des *Holunders* lassen sich gut Fackeln bauen, denn er hat einen großen Markkanal. Ein Holunderstrauch hat meist zahlreiche lange, trockene und gerade Triebe. Entfernt man einen Teil des Marks und füllt den Kanal mit Harz, erhält man eine Fackel.

Mit Stearin und Zeitungspapier lassen sich effektive „Feuerbomben" herstellen, die auch beim Entzünden eines Feuers hilfreich sind. Dabei wird klassischerweise aufgerolltes Zeitungspapier in Stearin getaucht. Holundermark kann ebenfalls mit Stearin verwendet werden. Lässt man die Rinde am Holunderzweig stehen, sollte man ihn vor dem Eintauchen in Stearin etwas zusammenquetschen.

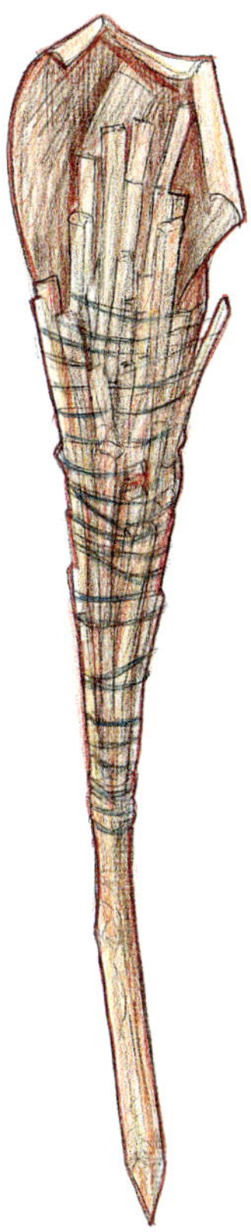

Kienspanfackel: Diese Fackel besteht aus zahlreichen Kienspänen. Aufgrund der Luft in den Zwischenräumen der Kienspäne brennt sie gut.

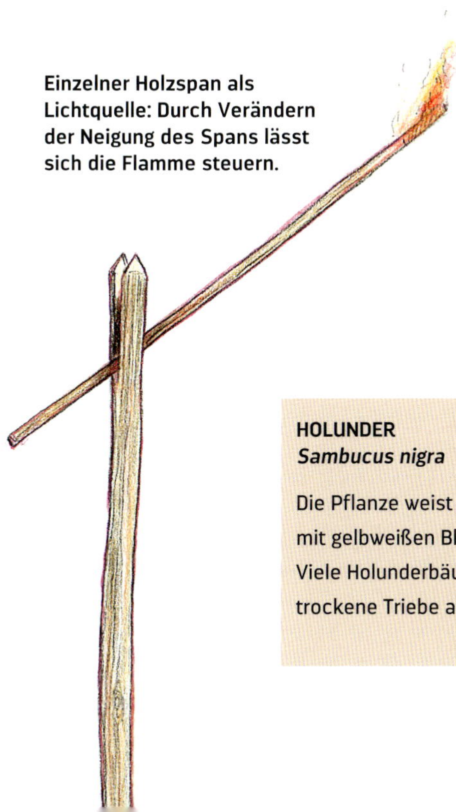

Einzelner Holzspan als Lichtquelle: Durch Verändern der Neigung des Spans lässt sich die Flamme steuern.

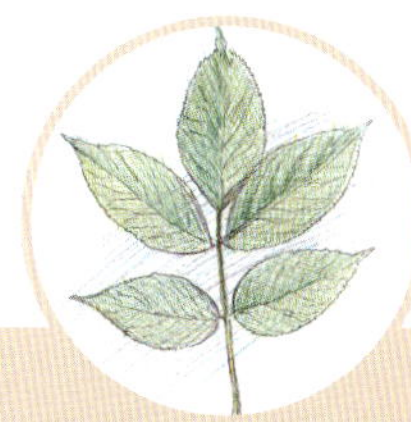

HOLUNDER
Sambucus nigra

Die Pflanze weist große, flache Blütendolden mit gelbweißen Blüten auf. Das Mark ist weiß. Viele Holunderbäume und -sträucher weisen trockene Triebe auf.

Es gibt noch andere Möglichkeiten, Fackeln herzustellen. Wir haben schon Kienholz erwähnt. Ein dürrer Ast, den man am Ende mehrmals aufspaltet, ergibt eine gute Fackel, wenn man in das aufgespaltene Ende einige Kienspäne steckt. Umwickelt man das Ganze mit Draht, lassen sich noch weitere Späne hinzufügen. Die Fackel brennt gut, aber es ist Vorsicht mit Funkenflug geboten, besonders bei Wind.

Auch durch einfaches Zusammenbinden von Kienspänen lässt sich eine Fackel herstellen. Die Fackel brennt gut, da zwischen den Spänen Luft durchströmen kann.

Wenn die Fruchtstände des *Rohrkolbens* sich schwarzbraun färben, können auch diese in Stearin getaucht und angezündet werden.

Auch aufgerollte *Birkenrinde* kann für Fackeln verwendet werden.

Durch Bündeln frischen *Fichtenreisigs* um einen Stock herum und Auffüllen des Reisigs mit *Birkenrinde* und trockenen Spänen erhält man eine Rauchfackel. Rinde und Späne können auch mit dem Reisig vermischt werden. Die Fackel in der Mitte anzünden und etwas Luft zuführen. Je mehr Sauerstoff, desto mehr Feuer und Rauch.

Ein einzelner Holzspan gibt ebenfalls Licht. Die Größe der Flamme kann auch dadurch gesteuert werden, dass man den Span steiler oder flacher hält. Ein dünner, aber breiter Span ergibt eine größere Flamme. Ein Span aus harzreichem *Kiefernholz* rußt und brennt mit schwachem Licht, ein Span aus *Kiefernholz* mit wenig Harz brennt heller.

Die Stängel der *Flatterbinse* können in Leuchtpetroleum gestellt werden. Das Petroleum wird von den Stängeln aufgesogen und man kann sie einfach oben anzünden.

FLATTERBINSE *Juncus effusus*

Wächst auf feuchten, mageren Böden. Das Mark des Stängels kann als Lampendocht verwendet werden.

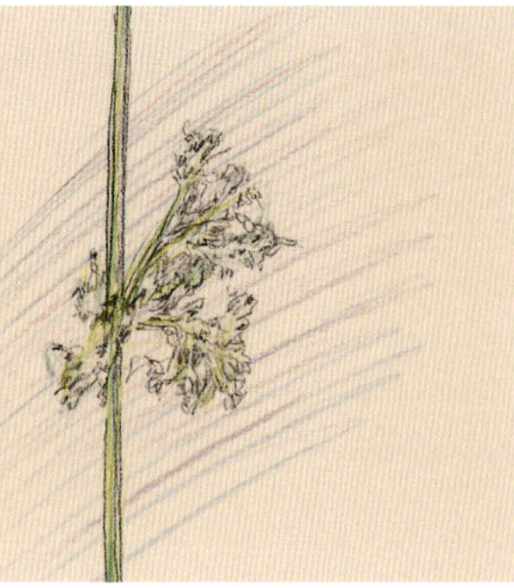

EISLEUCHTE

Wird ein Rahmen aus Holzzweigen in gefrierendes Wasser gelegt, erhält man ein einfaches „Fenster", das auch als Bestandteil einer Eislaterne verwendet werden kann. Die Struktur des Eises verleiht dem Feuer einen schönen Glanz und man kann auch Blätter in das Eis einfrieren.

Legt man die Zweige ins Wasser, muss man die Konstruktion eventuell etwas korrigieren, sodass die Zweige genau auf der Wasserlinie liegen.

Eisleuchte: Die Zweige können durch Spalttechnik verbunden werden

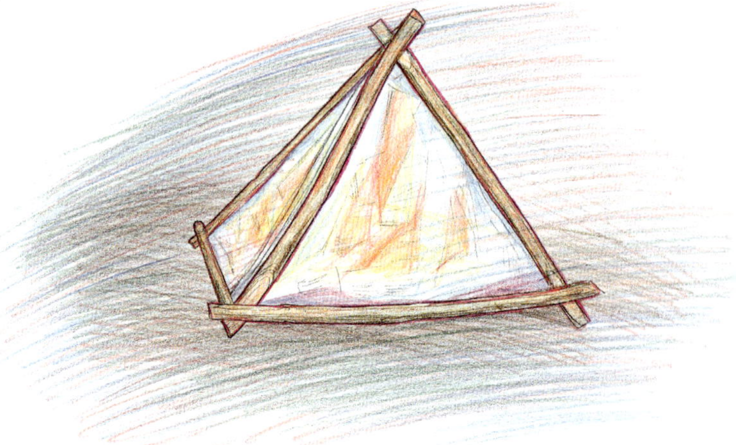

GESTELLE UNTERSCHIEDLICHER ART

Bei längeren Aufenthalten in der Natur benötigt man häufig Gestelle unterschiedlicher Art. Normalerweise werden hierzu Stangenholz oder verschiedene Äste verwendet. Sowohl trockenes als auch frisches Holz ist geeignet, wobei letzteres weicher und biegsamer ist, was zusätzliche Gestellarten ermöglicht.

Die Holzstangen werden meist mit Schnur zu Gestellen zusammengebunden. Nägel sind in diesem Zusammenhang nicht empfehlenswert, denn das Errichtete soll sich leicht wieder beseitigen lassen und außerdem sind vergessene Nägel im Holz gefährlich. Darüber hinaus lässt sich eine durch Schnurverbindungen errichtete Konstruktion leichter abändern als eine genagelte Konstruktion. Ein weiterer Gesichtspunkt ist, dass zum Nageln Werkzeug benötigt wird, das man nicht unbedingt immer mit sich trägt. Mit dem Messer und etwas Schnur hingegen lässt sich schon Vieles bauen.

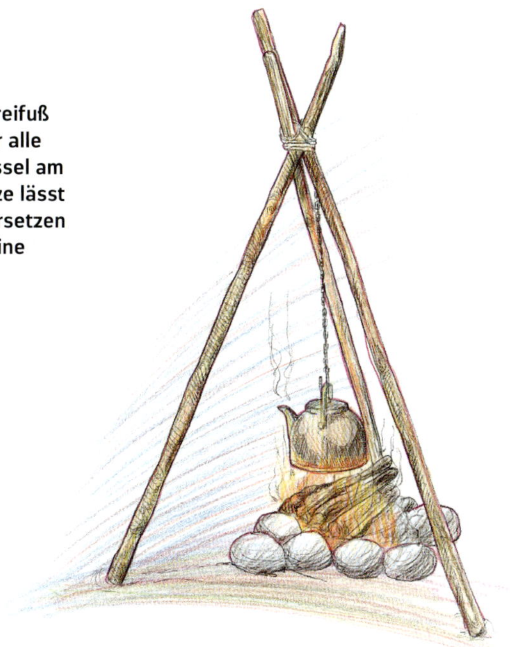

Dreifuß: Ein Dreifuß eignet sich für alle Töpfe und Kessel am Feuer. Die Hitze lässt sich durch Versetzen der Dreifußbeine regulieren.

Für einen Dreifuß, einen Wäscheständer oder den Rahmen für eine Schutzhütte reicht eine einfache Schnur, beispielsweise 2-adrige Paketschnur. Soll man auf das Gestell klettern können, ist ein höherer Sicherheitsstandard und damit eine stärkere Schnur erforderlich. Einfache Gestelle lassen sich auch ohne größere Kenntnis über Knoten und Verzurrungstechnik errichten. Die schon beschriebenen Knoten sind für viele Zwecke ausreichend.

DREIFÜSSE

Ein Dreifuß ist eine sehr nützliche Vorrichtung. Hängt man einen Topf an einem Dreifuß über das Feuer, lässt sich über die Höhe die Hitze regulieren. Der Dreifuß ist auch als Gerüst für andere Konstruktionen geeignet, beispielsweise Schutzhütten oder Wäscheständer.

Wird der Dreifuß aus getrocknetem Stangenholz gebaut, so wird man ihn mit Schnur zusammenbinden. Frisch gehauenes Stangenholz bietet zusätzliche Möglichkeiten, denn es ist zäh und weist günstige Eigenschaften auf. Schlitzt man eine Stange am einen Ende auf und schnitzt ein Ende der anderen Stange etwas schmaler, so lassen sich die beiden Stangen ohne Schnur verbinden. Mit Hilfe eines Beils lassen sich schnell und leicht Gestelle bauen, aber auch ein Messer reicht aus.

Das Aufschlitzen der Holzstange ist mit dem Beil recht einfach. Die Schneide des Beils an die Stelle halten, an der der Ast aufgeschlitzt werden soll, und mit einem dicken Schlagholz auf den Nacken des Beils schlagen.

Auch mit dem Messer lässt sich die Holzstange aufschlitzen, siehe Seite 76.

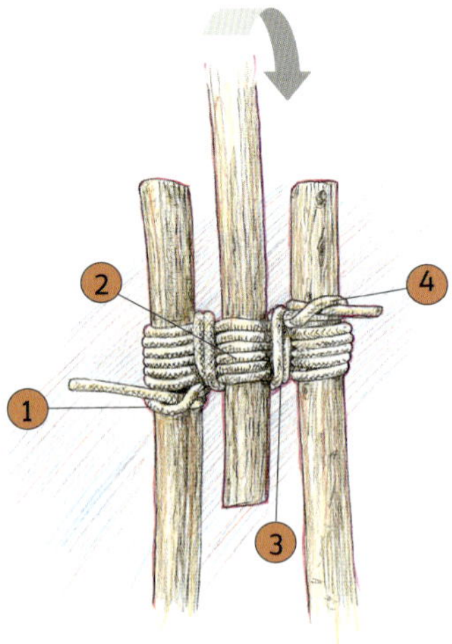

VERBINDEN MITTELS SCHNUR

Verbindung mit einfacher Paketschnur oder was Ihnen sonst zur Verfügung steht. Hier kommen normale Knoten zum Einsatz, mit denen man die Schnurverbindung „zusammenwebt". Die Verbindung darf etwas locker sein, da die Stangen beim Aufrichten des Dreifußes gedreht werden.

1. Zuerst einen doppelten halben Schlag herstellen
2. Die Schnur mehrmals locker zwischen den Stangen auf und ab führen
3. Die Schnur einige Male um die gekreuzten Schnüre wickeln
4. Abschließend einen doppelten halben Schlag legen und den Dreifuß aufrichten

AUFSCHLITZEN

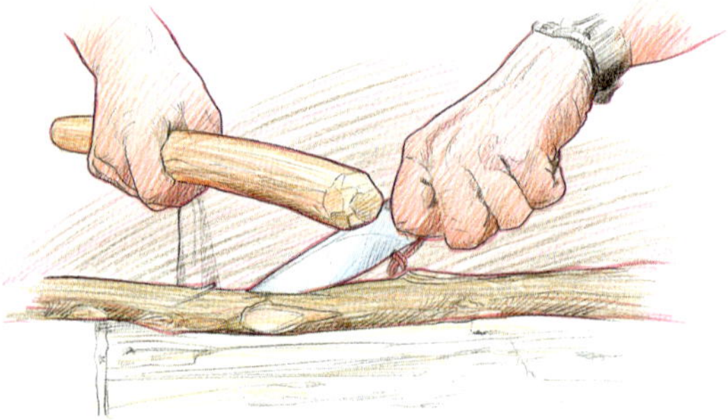

Die Holzstange auf eine geeignete Unterlage legen. Mit dem Messer in das Holz zu stechen ist gefährlich; besser ist es, mit einem Stück Holz auf den Messerrücken zu schlagen.

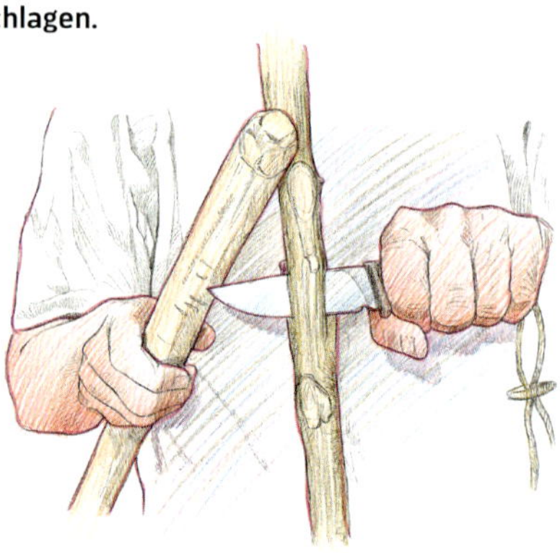

Den Schlitz vollenden; dazu mit dem Holzstück auf der anderen Seite der Stange auf den Messerrücken schlagen

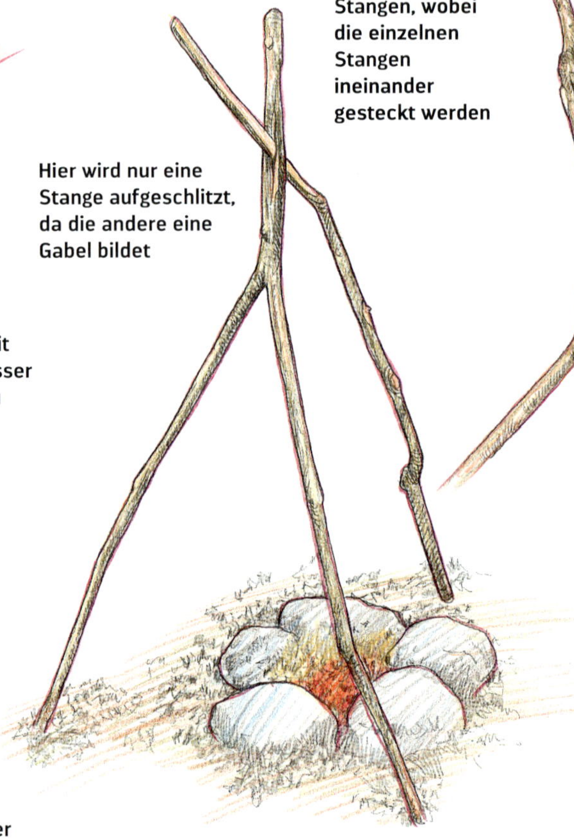

Hier wird nur eine Stange aufgeschlitzt, da die andere eine Gabel bildet

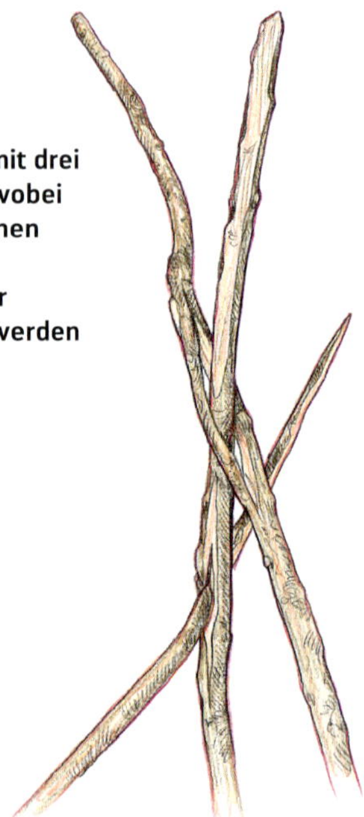

Variante mit drei Stangen, wobei die einzelnen Stangen ineinander gesteckt werden

QUERTRÄGER

Beim Kochen über offenem Feuer stellt sich immer wieder die Frage, wie denn der Kessel oder Topf aufgehängt werden soll.

Der Dreifuß ist eine Lösung, ein Querträger ist die andere. Auf sandigem oder weichem Boden kann man eine Astgabel in den Boden stecken, in die man dann eine dünne Holzstange legt.

Ist der Boden hart, muss eine andere Lösung gefunden werden. Wieder wird das Holz aufgeschlitzt und die Gabel aus einem einzigen Stück frischen Holzes hergestellt. In diesem Fall wird die Gabel jedoch umgekehrt nach unten in den Boden gesteckt. Gelingt sie gut, lässt sich sogar die Höhe des Querträgers über dem Feuer regulieren.

HAKEN

Sollen mehrere Töpfe über das Feuer gehängt werden, bietet sich die Konstruktion einer Aufhängung mit einem horizontal liegenden Querträger über dem Feuer an. Der Querträger ruht in diesem Fall entweder auf zwei Gabeln oder auf dem gespaltenen oberen Ende zweier im Boden steckenden Holzstangen.

Am besten hängt man den Topf an einer Kette über das Feuer, denn Schnüre brennen zu leicht durch. Es ist jedoch auch eine Konstruktion aus Naturmaterial möglich. Äste geben hervorragende Haken ab, wenn man einen Seitenzweig stehen lässt. Die Schwierigkeit besteht darin, zu erreichen, dass der Haken nicht nur am Topf, sondern auch am Querträger hängen bleibt. Mit einem Stück Schnur lassen sich zwei Haken verbinden, aber Naturmaterialien allein reichen meist auch.

Dünne Zweige einiger Holzarten wie *Birke* kann man bearbeiten, bis sie als Bindematerial verwendet werden können. Dann befestigt man sie oben am Querträger und unten am Haken. Man kann auch einen Stift durch den Haken stecken oder eine schräge Einkerbung am Haken anbringen.

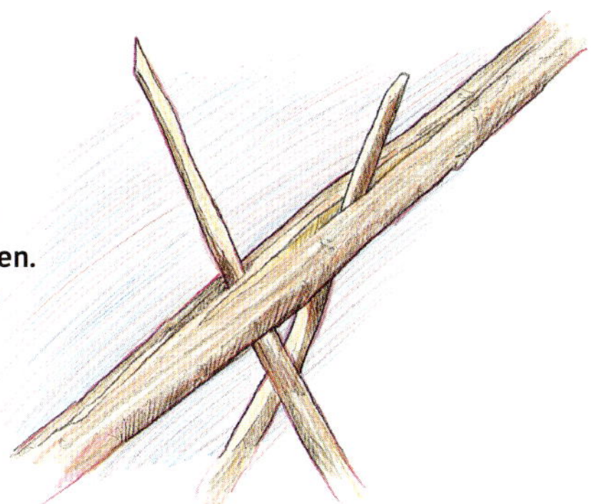

Zwei Stöcke anspitzen und durch den Querträger stecken. Auf diese Weise erhält man eine Aufhängung.

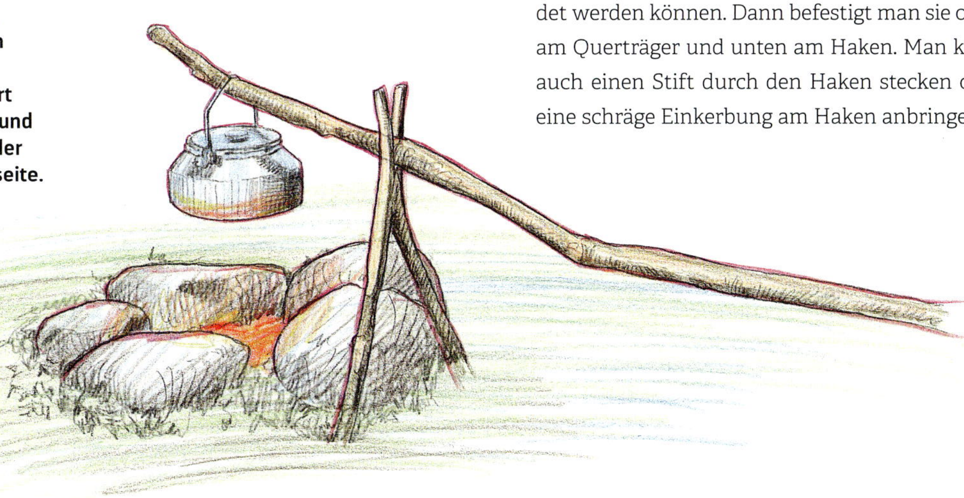

Querträger auf einer Gabel: Die Gabel wird entweder in den Boden gesteckt, wobei der Querträger in der Gabel selbst ruht. Oder sie wird umgekehrt in den Boden gesteckt und der Querträger ruht in der aufgeschlitzten Gegenseite.

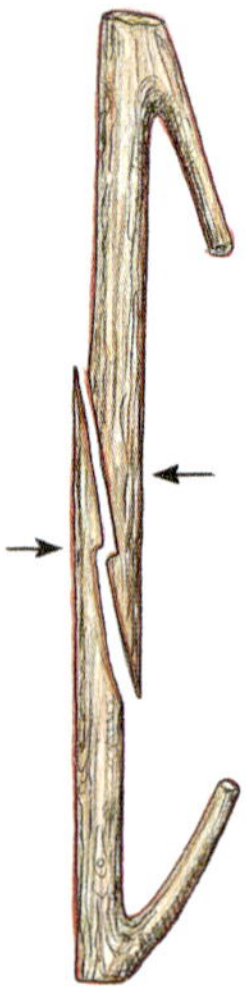

HAKEN

Mittels Schnur durch Verbinden zweier Zweige einen Doppelhaken herstellen

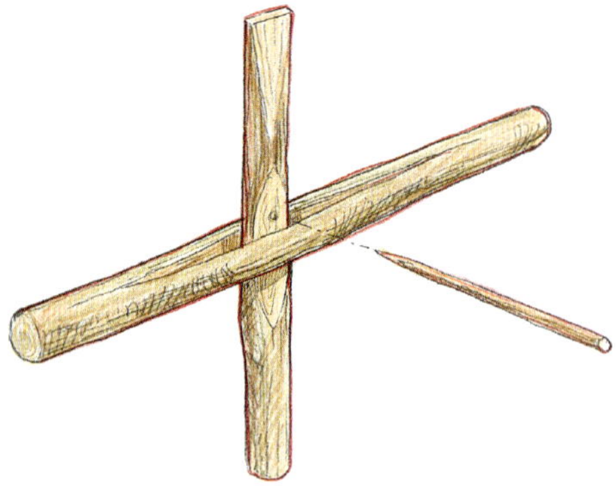

Der Haken kann auch mit einem durchgesteckten Stift fixiert werden

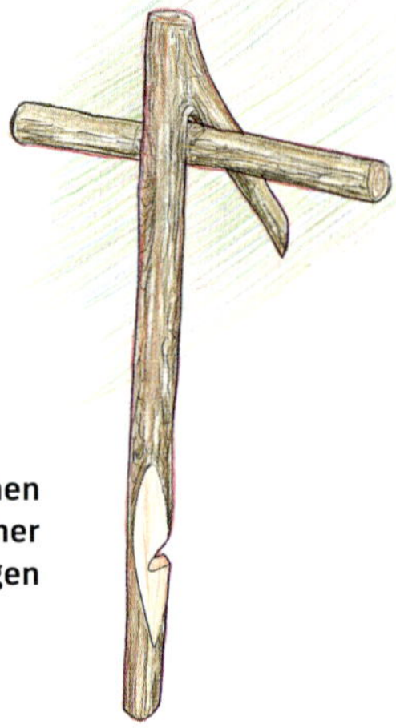

Oder den Haken umdrehen und den Topf an einer Einkerbung aufhängen

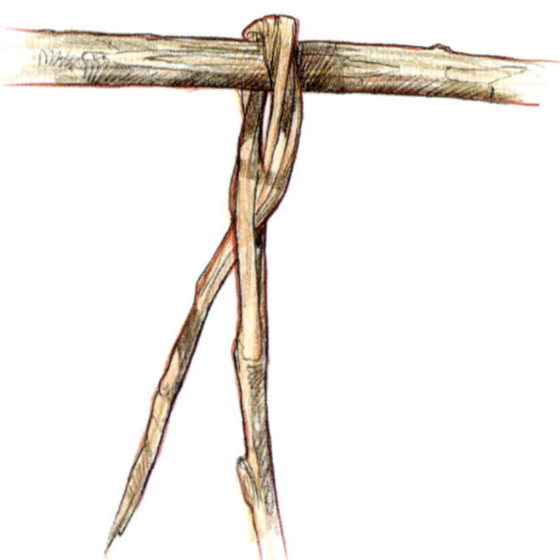

Hat man eine Birkenrute, braucht man keine Schnur. Zum Binden mit Hilfe von Ruten, siehe Seite 51.

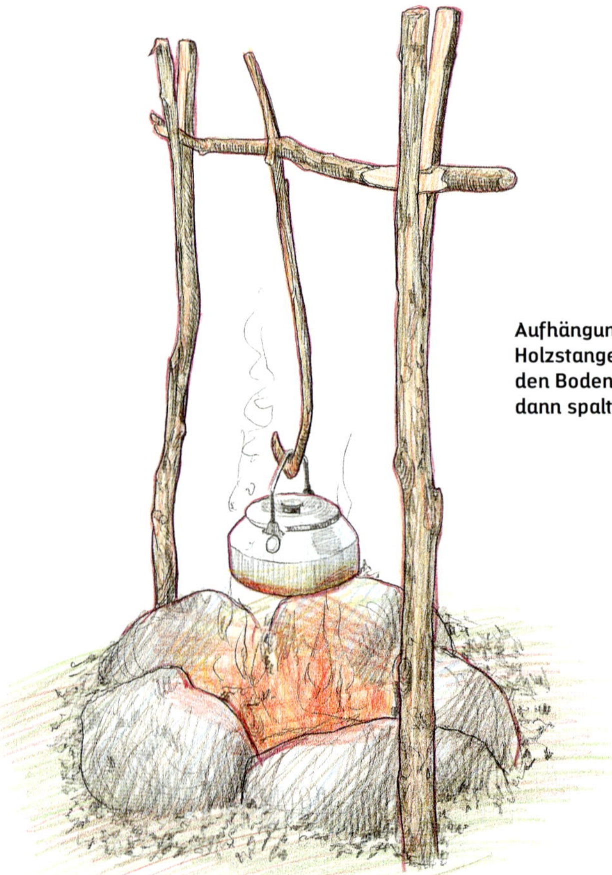

Aufhängung: Die Holzstangen zuerst in den Boden schlagen und dann spalten

DAS OUTDOOR-HANDBUCH

Handwerk aus Birke

Birken sind sehr vielseitig nutzbar und finden sich in Mischwäldern überall – vom Tiefland bis oben in den Bergen. Alle Teile von den Wurzeln bis zu den Blättern sind verwendbar.

Schon durch das Fällen einer einzigen Birke erhält man reichlich Material für Werkarbeiten. Selbst Krankheiten, Verletzungen und altersbedingte Schwächen der Birke lassen sich für unterschiedliche Objekte nutzen.

So wurde früher der Stamm der Birke längs eingeritzt. Das Holz, das der Baum an dieser Stelle entwickelte, um die Wunde zu schließen, war ein hervorragendes Ausgangsmaterial zur Herstellung von Axtstielen. Ein anderes Beispiel sind die Maserknollen, die aus dem Birkenstamm herauswachsen können. Diese liefern ein schönes Holz für Messergriffe, eignen sich aber auch ausgezeichnet zur Herstellung von Trinkschalen, da der Faserverlauf der Form der Trinkschale folgt.

Handwerk aus Birke

Die Birken, die ich bisher verwendet habe, waren entweder Moorbirken oder Hängebirken. Beide findet man häufig zusammen, die Moorbirke bevorzugt jedoch etwas feuchtere Standorte wie Flachmoore und Riedgebiete, während die Hängebirke an trockeneren hellen Standorten wie Waldrändern und in lichten Wäldern vorkommt.

Durch ihr häufiges Vorkommen und die vielseitige Nutzbarkeit lassen sich mit der Birke komplette Werkprojekte durchführen. Nutzt man alle Teile eines gefällten Baumes, erhält man unzählige Möglichkeiten. Auf den nachfolgenden Seiten werden einige geeignete Projekte vorgestellt. Außerdem kann Birkenholz für fast alle in diesem Buch beschriebenen Schnitzarbeiten verwendet werden.

Moorbirke

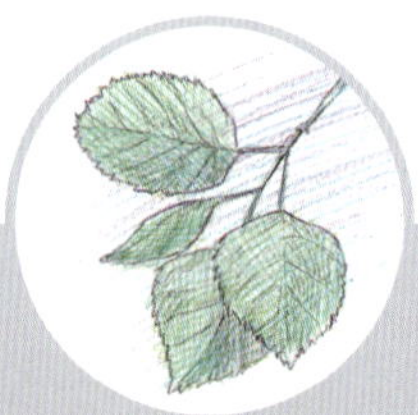

Hängebirke

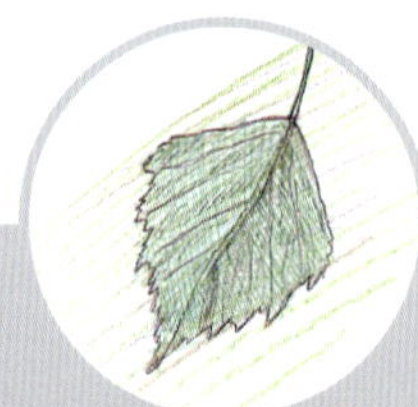

MOORBIRKE *Betula pubescens* und HÄNGEBIRKE *Betula pendula*

Die frischen Triebe der Moorbirke sind behaart, ihnen fehlen auch die kleinen Korkporen, welche die Triebe der Hängebirke aufweisen. Die Rinde der Hängebirke ist bis weit oben am Stamm stark aufgerissen, während die Glasbirke eine derartige Rinde nur ganz unten am Stamm aufweist. Ein weiterer Unterschied besteht zwischen den Zweigen, die bei der Hängebirke nach unten hängen, bei der Moorbirke hingegen eher nach außen abstehen.

NUTZBARKEIT DER BIRKE

- Blätter sind als Tee und Salat verwendbar. Sie enthalten außerdem Saponine, sodass man mit ihrer Hilfe waschen kann.
- Äste mit unregelmäßiger Form eignen sich für Kellen und Löffel.
- Zweige sind für Quirls und Besen verwendbar.
- Knollen und Ausbuchtungen am Stamm können entweder Knospen sein, die ein schönes Holz für schmale kleine Griffe liefern, oder Maserknollen, die sich für Trinkschalen eignen. Schwarze Ausbuchtungen am Stamm können auch Fruchtkörper des Schiefen Schillerporlings sein.
- Pilze unterschiedlicher Art wachsen ebenfalls auf der Birke. Der Birkenporling kann wie Abziehleder und als Schneidenschutz verwendet werden, Zunderschwamm und Schiefer Schillerporling als Zunder.
- Die Birke lebt außerdem in Symbiose mit verschiedenen Pilzen, u. a. der essbaren Birkenrotkappe.
- Baumsaft lässt sich im Frühjahr als Getränk abzapfen.
- Birkenrinde ist äußerst vielseitig verwendbar, für unterschiedliche Werkarbeiten, aber auch zur Gewinnung von Imprägniermittel (Juchtenöl).
- Birkenholz eignet sich für Werkarbeiten und gibt auch ein gutes Brennholz sowie hervorragende Holzkohle. Sogar die Asche ist verwendbar.
- Birkenwurzeln sind reißfest und hervorragend als Schnur sowie für feine Flechtarbeiten geeignet.

Die Birke ist ein äußerst vielseitiger Baum. Fast alle Teile der Pflanze können für verschiedene Werkarbeiten genutzt werden.

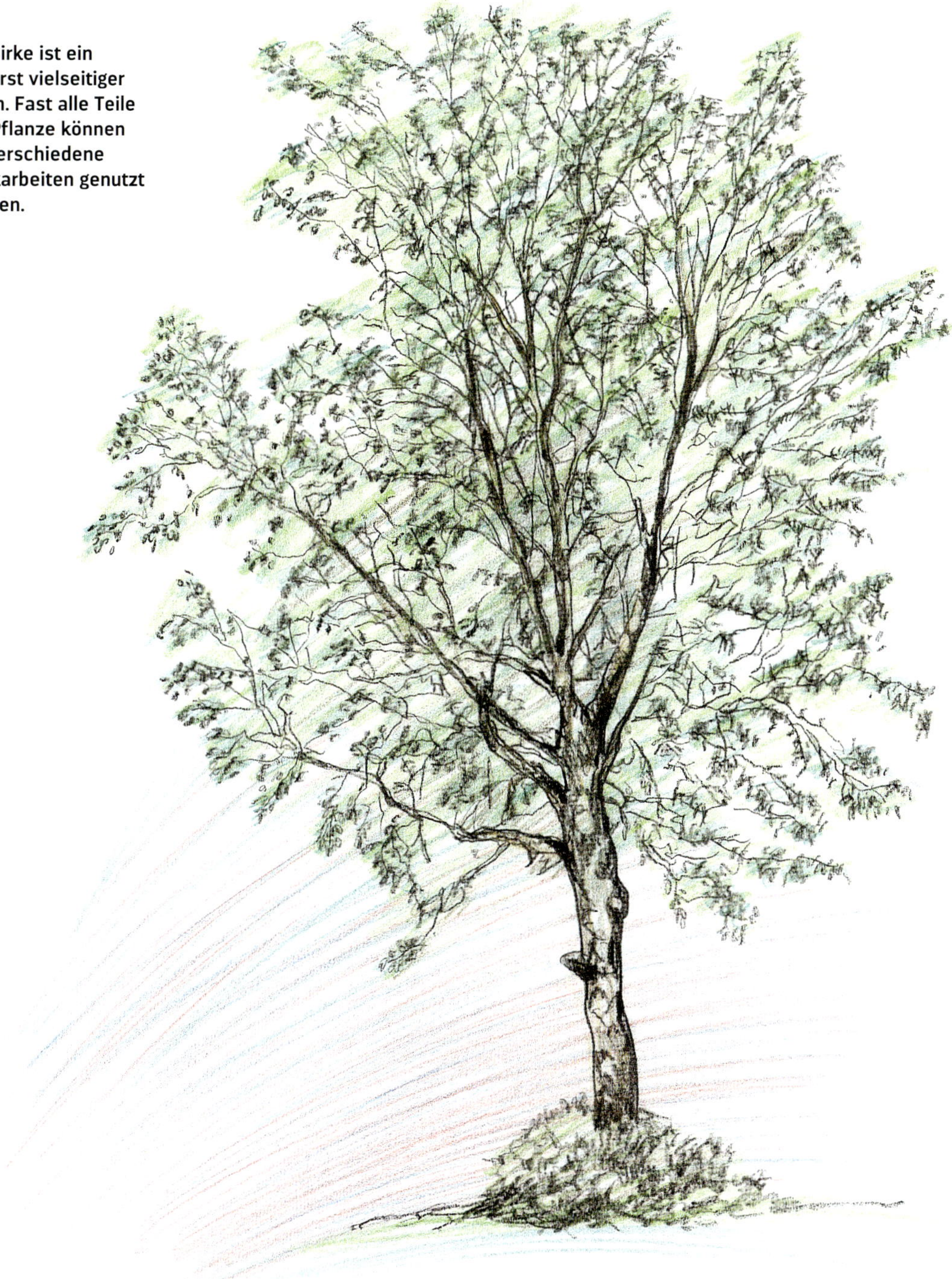

BIRKENRINDE

Birkenrinde ist ein vielseitig einsetzbares Material für Werkarbeiten. Da die Birke so häufig vorkommt, hatte sie früher eine große Bedeutung als Rohstofflieferant.

Die beste Birkenrinde liefert der glatte Stamm der Moor-Birke. Am leichtesten lässt sich die Rinde im Frühjahr gewinnen, wenn die Birke voll im Saft steht. Die Rinde lässt sich dann relativ gut lösen.

Der Stamm stirbt zwar nicht zwangsläufig, wenn man die Rinde ablöst, vorausgesetzt, dass die untere Rindenschicht nicht verletzt wird, aber der Baum wächst langsamer und es bilden sich hässliche Narben. Man kann aber sehr gut die Rinde von frisch gefällten Bäumen verwenden, wenn diese noch nicht getrocknet sind.

Lösen der Rinde

Die Rinde wird in Streifen oder Platten abgelöst. Um die Rinde in Platten abzulösen, schneidet man in die Rinde zunächst vorsichtig eine vertikale Linie bis zur Unterrinde ein, dann oben und unten je eine waagerechte Linie, sodass drei Seiten eines Rechtecks umrissen werden. Dann fängt man an einer Ecke des Rechtecks an, die Rinde abzulösen, führt die Hand unter das Rechteck und zieht das Rindenrechteck vorsichtig ab.

Zum Ablösen von Streifen schneidet man eine Spirale rund um den Stamm. Hier kann das Messer auch dazu dienen, den Streifen so zu führen, wie man ihn haben will.

Lagerung

Die Rinde muss richtig gelagert werden. Trocknet sie unkontrolliert, rollt sie sich mit der Innenseite nach außen auf und lässt sich nur noch schwer verarbeiten. Wurde die Birkenrinde in Platten abgelöst, müssen diese so schnell wie möglich gepresst werden. Dafür die Platten abwechselnd mit der Innenseite nach oben oder unten aufeinanderlegen. Zuletzt ein Holzbrett drauflegen und mit Steinen beschweren. Rindenstreifen können mit der Innenseite nach innen wie ein Knäuel aufgewickelt werden. Die Rinde anschließend kühl lagern. Wirkt die Rinde nach dem Lagern spröde, kann sie einige Zeit in lauwarmem Wasser eingeweicht werden.

Vor dem Verwenden säubern

Bevor die Rinde zur Herstellung von Gegenständen verwendet wird, muss sie gesäubert werden. Ist sie ausreichend dünn, reicht es, wenn Sie Unebenheiten und Flechten mit dem Messer abschaben. Dickere Rinde wird in Schichten aufgespalten indem Sie außen am Rand beginnen und mit dem Daumen oder Messer die äußerste weiße Schicht ablösen.

Birkenrinde bei der Bereitung von Mahlzeiten

Birkenrinde kann zum Einschlagen von Essen verwendet werden, das in einer Kochgrube gegart werden soll. Die Nahrungsmittel dürfen nicht mit Erde in Berührung kommen, da diese Bakterien enthält und Birkenrinde eignet sich in diesem Fall gut zum Abdecken.

Eine ca. 50 cm tiefe und ebenso breite Grube ausheben. Den Boden der Grube mit heißen Steinen auslegen, die etwa 1 Stunde in starkem Feuer erhitzt wurden. Die Zutaten in nasse Birkenrinde wickeln. Birkenreisig in die Grube legen und darauf das Moos- oder Rindenpaket ablegen. Alles mit Erde zudecken.

Garzeit: Fisch 30 Minuten/kg,
Fleisch 60 Minuten/kg

SCHNEIDENSCHUTZ

Aus zwei Streifen Birkenrinde lässt sich ein guter Schneidenschutz für ein Messer herstellen. Die beiden Streifen müssen auf der Oberfläche gesäubert werden und einen gleichmäßigen Rand aufweisen.

Das erste Stück muss mindestens viermal so lang wie die Klinge des Messers und außerdem breiter als diese sein. Wie in den Abbildungen dargestellt zusammenfalten.

Ein solcher Schneidenschutz ist praktisch, da er elastisch ist und auf der Klinge stecken bleibt.

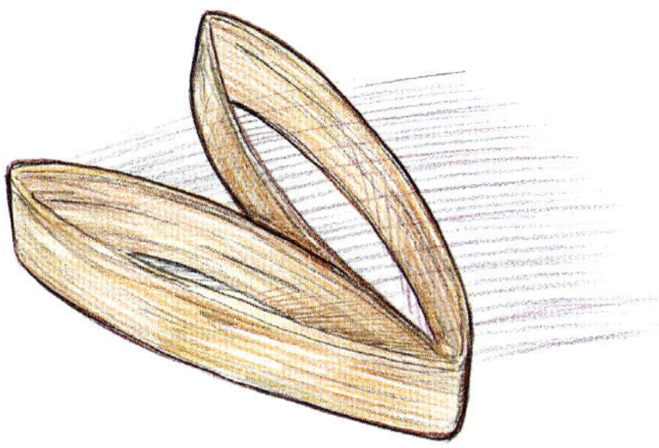

1. Ersten Streifen wie folgt falten

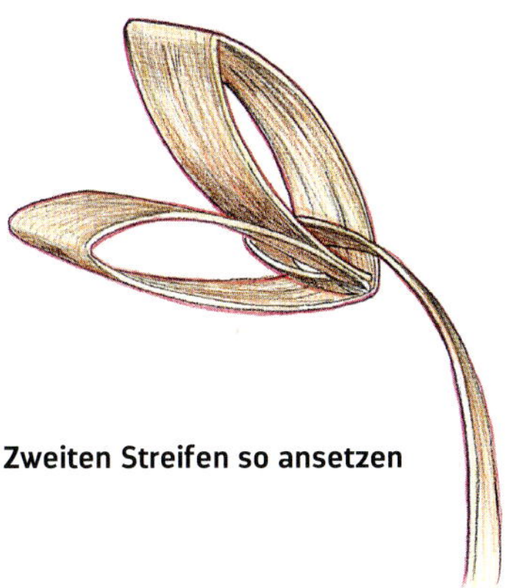

2. Zweiten Streifen so ansetzen

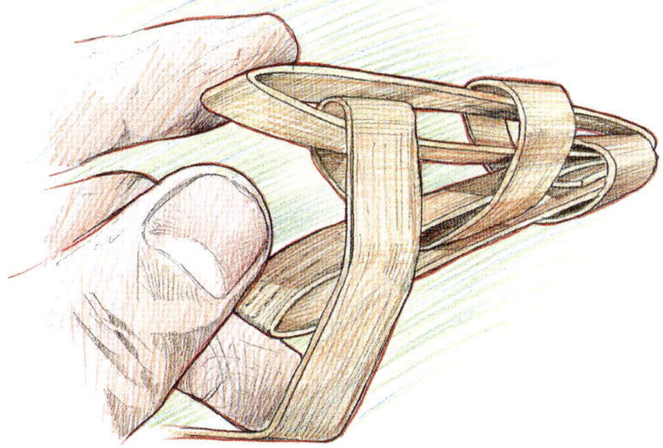

3. Den Streifen über die gesamte Länge des Schutzes abwechselnd zwischen die ersten Streifen schieben und bei einer Runde außen herumwickeln

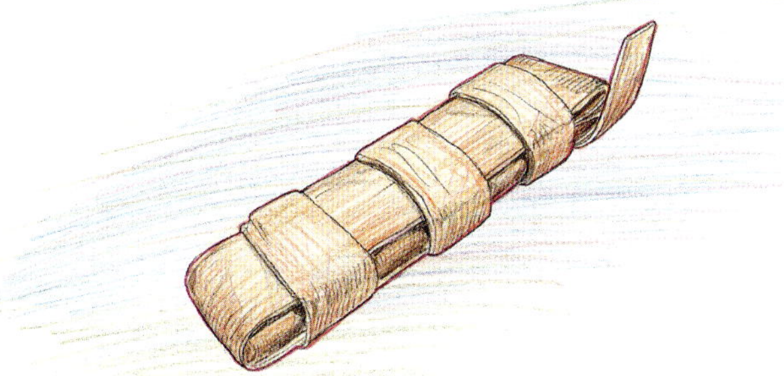

4. Am Ende wird der zweite Streifen unter dem ersten festgesteckt

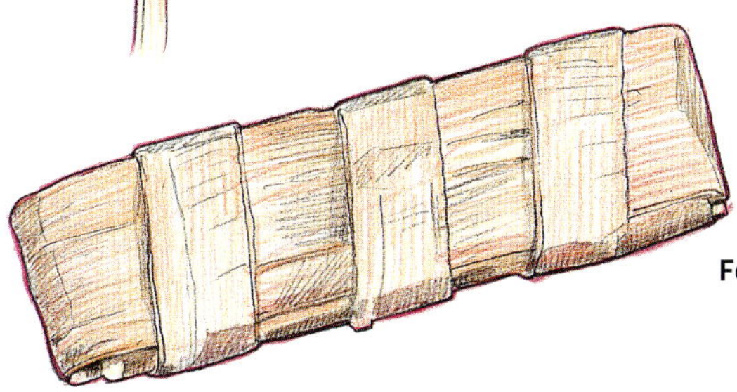

Fertiger Schneidenschutz

SCHNELLER KORB

1
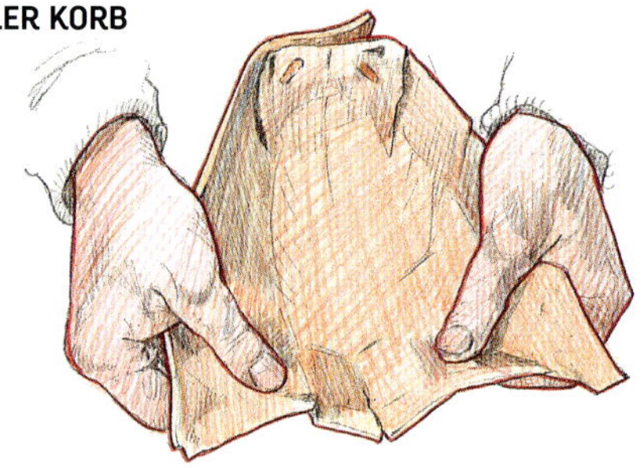

2
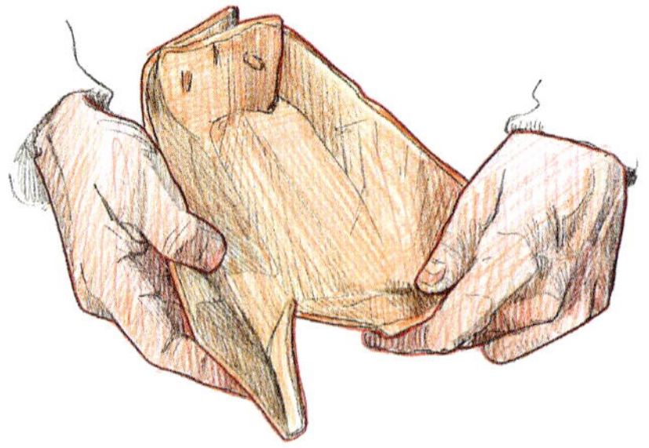

3
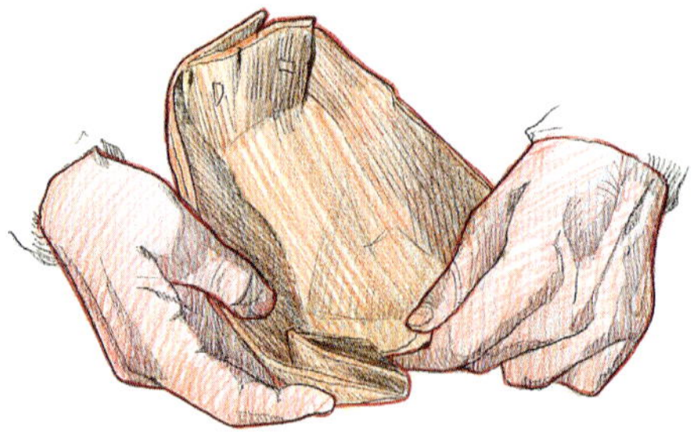

An einer rechteckigen Rindenplatte nacheinander die Ecken einschlagen, ungefähr wie wenn man ein Paket faltet

4
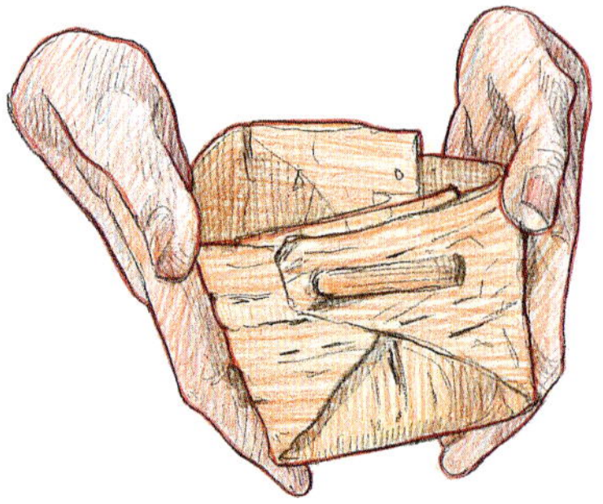

Die Ecken dieses Korbs übereinanderlegen. Dann an zwei Stellen durch alle Schichten ein Loch bohren. Durch die Löcher führt man einen frischen Zweig. Das Ergebnis sieht schöner aus, wenn man den Zweig zuerst der Länge nach halbiert.

SCHNELLE KÖRBE

Zahlreiche Gegenstände lassen sich aus Platten von Birkenrinde herstellen, unter anderem Tragbehälter verschiedener Art. Selbst ein Regenschutz lässt sich aus einer Birkenrindenplatte herstellen, indem man eine Aussparung für den Kopf vornimmt und sich die Platte auf die Schultern legt.

Körbe lassen sich gut aus einem Stück Birkenrinde herstellen. Die einfachsten sind sehr schnell gemacht und außerdem wasserdicht. Man kann sie sogar in heiße Asche stellen und zum Kochen verwenden! Ich habe in einem solchen Korb schon Hafergriesbrei gekocht.

Auf die volle Glut darf der Korb nicht gestellt werden, da er dann durchbrennt und undicht wird – als Isolationsschicht hilft Asche auf der Glut. Man kann auch heiße Steine in den Korb legen, um Wasser zu erhitzen.

Der hier beschriebene Korb wird an den zweifach gefalteten Schmalseiten mit kurzen Holzzweigen gesichert. Die Ecken können auch einzeln gefaltet und jeweils für sich mit einem Holzzweig gesichert werden.

EINFACHER RINDENKORB

Wir haben gesehen, wie sich einfache Behälter aus ganzen Rindenplatten herstellen lassen. Der Korb kann auch durch Zusammennähen mehrerer Platten hergestellt werden. Wird um den Rand des Korbs noch ein Zweig befestigt, wird der Korb richtig hübsch. Die schnellen, aus einer ganzen Platte gefalteten Körbe sind an den Schmalseiten durch die dreifach liegende Rinde oft recht plump. Entfernt man an dieser Stelle einen Teil der Rinde, werden die Schmalseiten ansehnlicher.

1

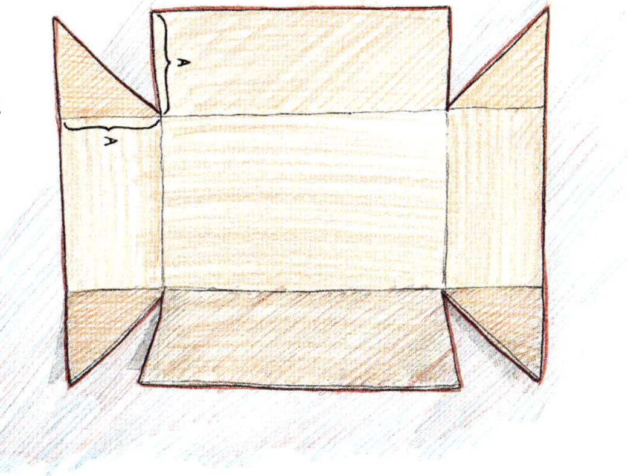

EINFACHER RINDENKORB

1. Rindenplatten beliebiger Größe zuschneiden. Damit der Rand gleichmäßig hoch wird, müssen die Maße A in der Abbildung übereinstimmen.

2. Platten mit der Innenseite nach außen aufeinanderlegen. Der Korb sollte innen und außen gleich aussehen.

3. Seitenteil hochklappen, Ecke der Schmalseite jeweils vor das Längsseitenteil legen.

4. Hier werden die Ecken von einfachen, aufgeschlitzten Holzstäben zusammengehalten. Zum Abschluss habe ich um den oberen Rand einen Zweig gelegt und mit einer Wurzel festgenäht.

2

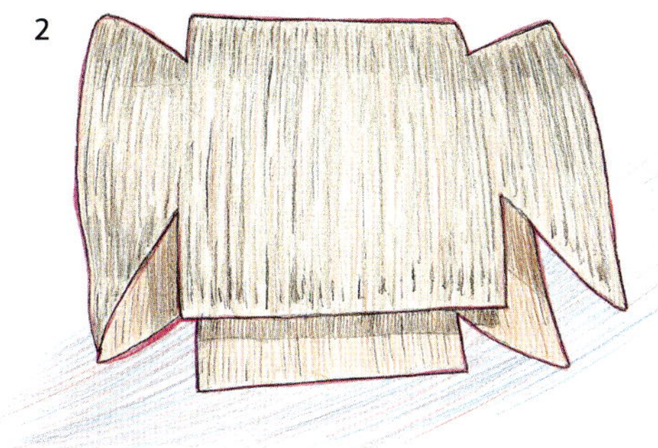

4

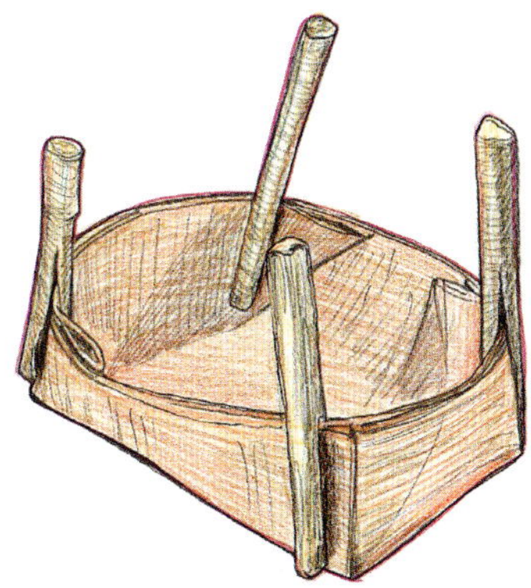

3

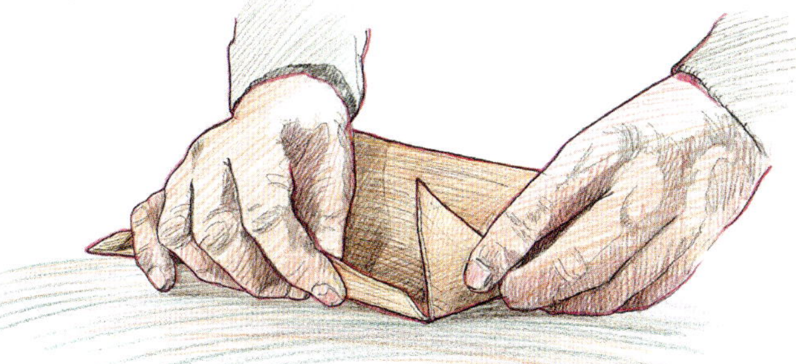

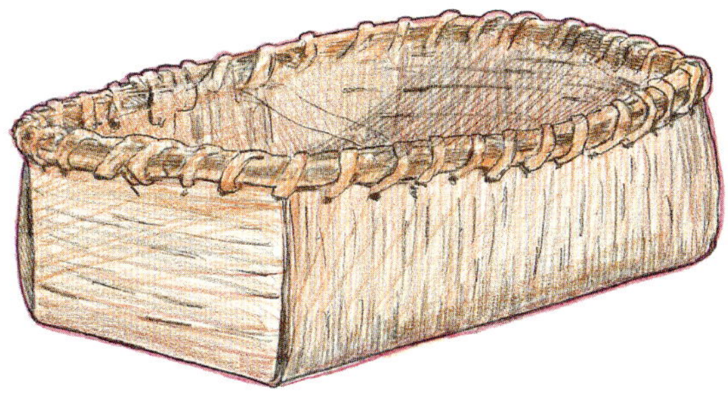

BIRKENWURZEL UND -HOLZ

Birkenwurzeln eignen sich hervorragend für Flechtarbeiten. Beispielsweise lassen sich aus einer Stützfaser und einer Bindefaser verschiedene Gegenstände herstellen.

TEESIEB

Ein Teesieb aus Birkenwurzel sieht sehr hübsch aus. Die Wurzel für die Stützfaser kann ca. 5 mm dick sein, die Wurzel für die Bindefaser etwa 4 mm. Die Bindefaser wird geteilt (siehe Seite 51).

Unterseite: Man beginnt mit der Unterseite des Teesiebs und verbindet zunächst Stützfaser und Bindefaser.

In der dritten Lage wird die Bindefaser zwei- bis dreimal um die Stützfaser geführt, dann einmal um die Lage darunter. Dazu sticht man zuerst mit einer Ahle oder einer scharfen Spitze ein Loch, durch das man die Bindefaser dann hindurchführt. Auf diese Weise entsteht nach und nach eine kleine Schale.

Neue Bindefaser: Muss eine neue Bindefaser eingeflochten werden, weil die alte zu Ende ist, spitzt man zunächst den Anfang der neuen Faser zu und steckt die neue Binderfaser unter die alte. Dann wickelt man die alte Bindefaser mehrmals um die neue Bindefaser. Danach arbeitet man mit der neuen Bindefaser weiter und befestigt dabei auch die alte Bindefaser.

Zum Ansetzen einer neuen Stützfaser dünnt man die alte und neue Stützfaser am Ende aus, legt sie nebeneinander und wickelt die Bindefaser um beide Stützfasern.

Griff: Zur Herstellung des Griffs legt man die Stützfaser in die gewünschte Form und wickelt auf der einen Seite die Bindefaser um die Stützfaser.

UNTERSEITE

1. Stützfaser durch ein Loch stecken, sodass ein Ring entsteht. In diesem Loch wird auch die Bindefaser befestigt.

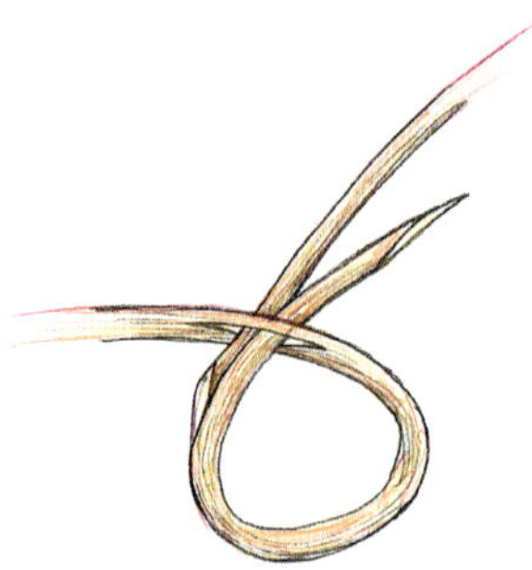

2. Bindefaser dann gegen den Uhrzeigersinn um den entstandenen Ring wickeln. Runde um Runde um die Stützfaser legen und gut anziehen.

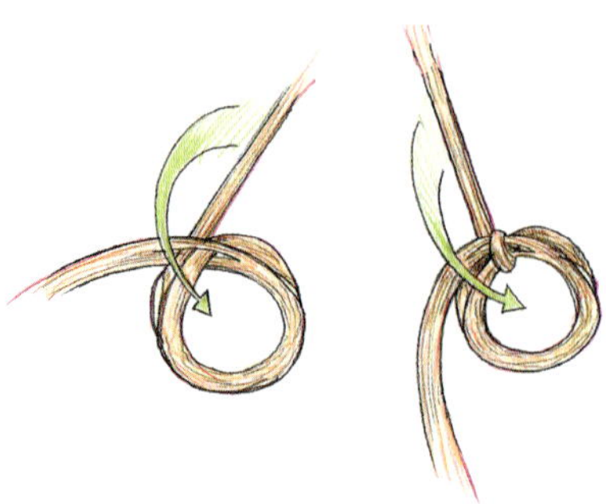

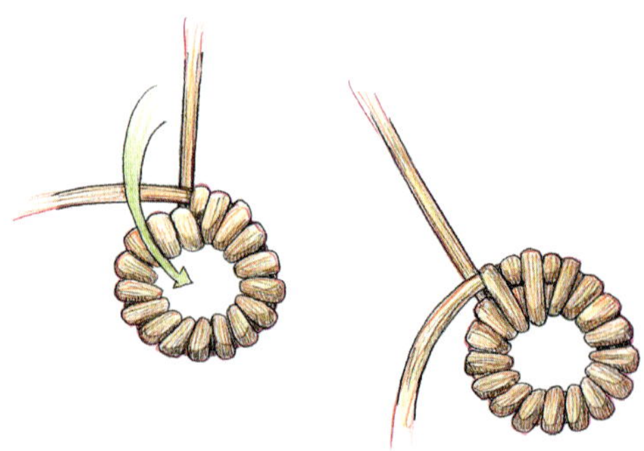

3. Ring vollständig umwickeln. Dann abwechselnd das lose Ende der Stützfaser einmal umwickeln und einmal am Ring festbinden.

Auf der anderen Seite wickelt man die Bindefaser mehrmals um die Stützfaser, dann einmal um beide Teile, die zusammen den Griff bilden.

Zur Fertigstellung des Teesiebs wird die Stützfaser in der letzten Lage ausgedünnt, sodass sich ein flacher Abschluss ergibt.

ANSETZEN EINER NEUEN STÜTZFASER

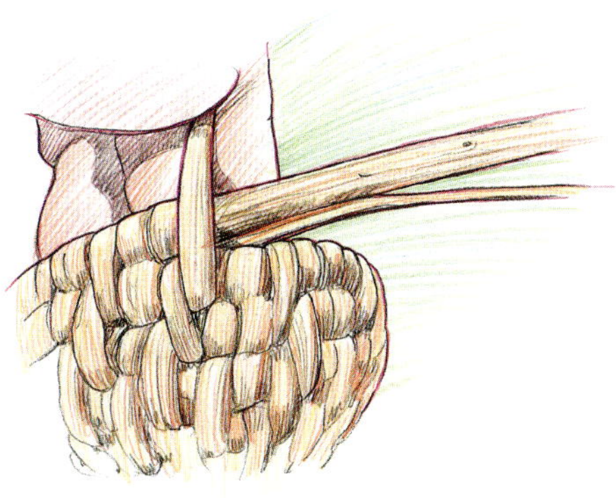

1. Enden der Stützfasern ausdünnen und nebeneinander legen

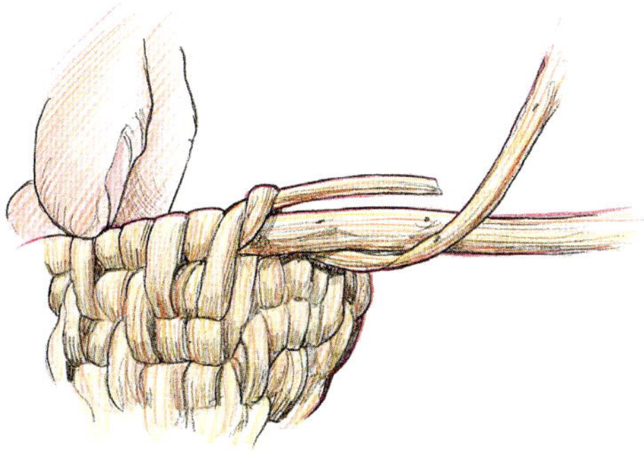

2. Bindefaser um beide Stützfasern wickeln

HERSTELLUNG DES GRIFFS

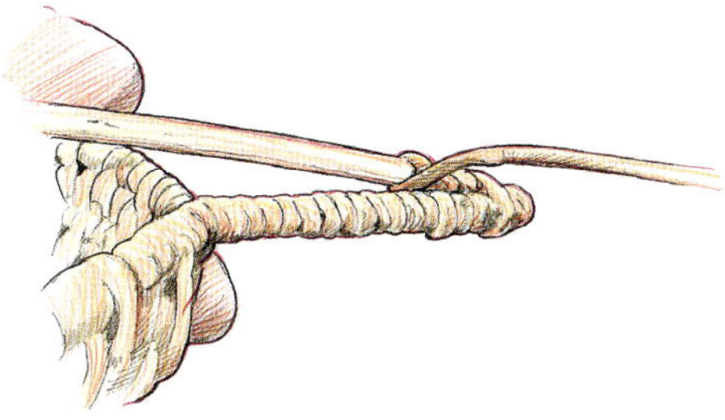

So wird der Griff hergestellt. Die Siebstütze entsteht auf die gleiche Weise.

DAS FERTIGE TEESIEB

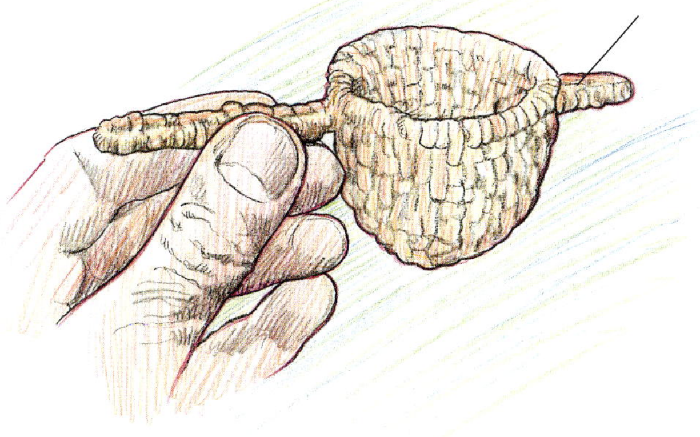

WURZELBROSCHE

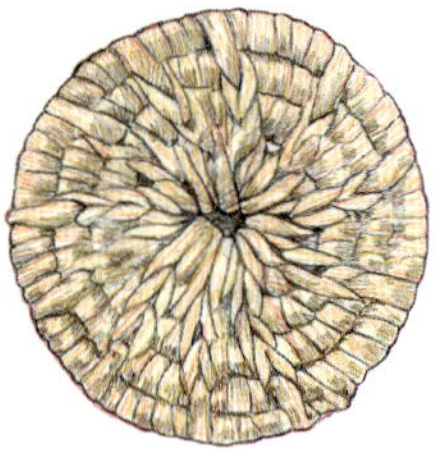

Aus einer kleinen flachen Flechtarbeit mit dekorativem Muster kann eine Brosche oder ein Halsband werden.

Als Bindefaser wird eine geteilte Wurzel verwendet, als Stützfaser eine ungeteilte. Die Stützfaser sollte etwas dicker sein, ca. 4 mm, die Bindefaser kann ca. 3 mm dick sein.

Trockene Wurzeln sollten einige Zeit in lauwarmem Wasser eingeweicht werden.

Zuerst ein Ende der Stützfaser zuspitzen. Dann ein Stück der Bindefaser um die Spitze wickeln. Die umwickelte Spitze der Stützfaser nun zu einem kleinen Ring drehen. Die Bindefaser eine Runde um die doppelte Stützfaser wickeln, um den Ring zu fixieren.

In der dritten Runde die Bindefaser durch ein vorbereitetes Loch unter der vorherigen Bindefaser stecken. Einige Male nur um die Stützfaser wickeln. Wieder ein Loch zwischen der Bindefaser der vorherigen Runde vorbereiten und die Bindefaser durch das Loch stecken. Wenn die Flechtarbeit größer wird, entwickelt sich auf diese Weise daraus ein regelmäßiges Muster.

Neue Binde- oder Stützfasern auf dieselbe Weise ansetzen wie beim Teesieb auf Seite 87. Das letzte Stück Stützfaser vor dem Umwickeln flach zuschnitzen.

1. Anfang der Bindefaser um das zugespitzte Ende der Stützfaser wickeln

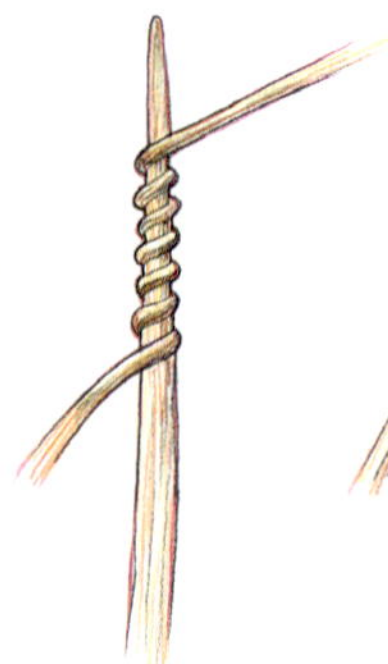

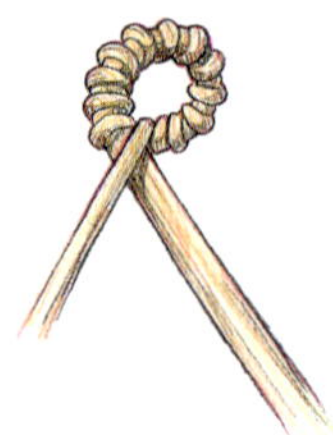

2. Bindefaser nun zur Fixierung um die doppelte Stützfaser wickeln

3. In der dritten Runde die Stützfaser zwischen der Bindefaser der vorherigen Runde hindurch stecken

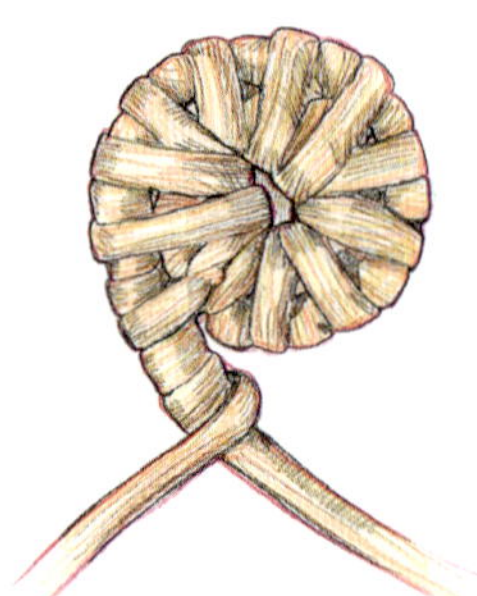

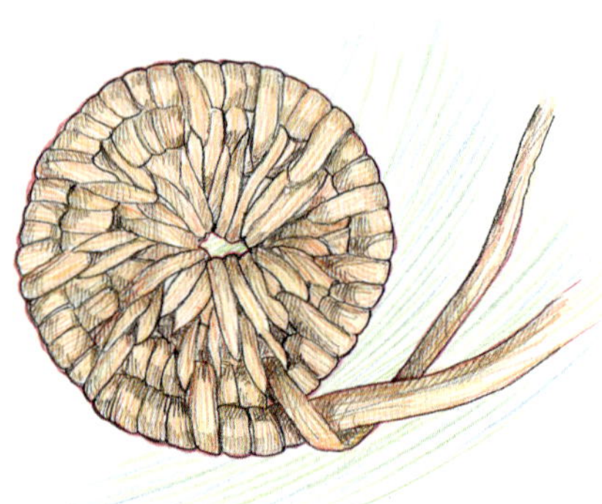

4. Langsam entsteht ein Muster

PRÜFSTAB

Ein kleiner, entrindeter Birkenzweig ergibt einen vollwertigen Prüfstab, mit dem Sie Ihre gegarten Kartoffeln prüfen können. Lässt man einen seitlichen Nebenzweig stehen, hat man außerdem einen Aufhänger. Einfacher geht es fast nicht!

Ein Zweig, der sich in zwei Nebenzweige aufteilt, kann einen Prüfstab mit Öse bilden, der sich gut greifen und aufhängen lässt.

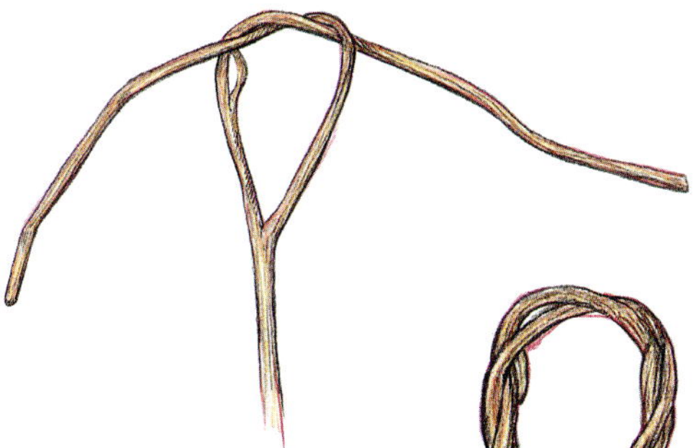

1. Die beiden Zweige ineinanderflechten

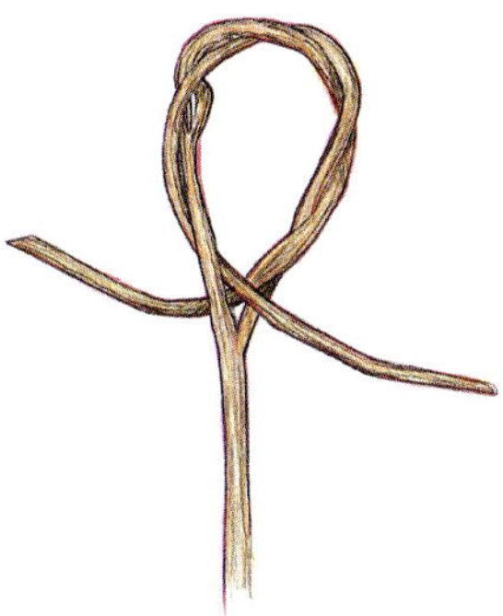

2. So können die beiden Enden fixiert werden

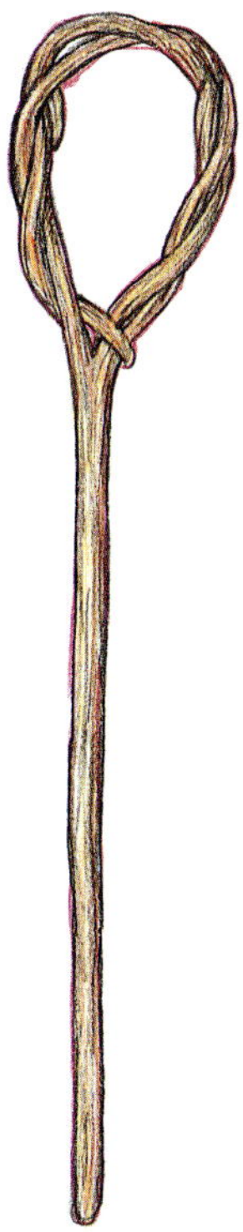

3. Der fertige Stab

SCHNEEBÜRSTE

Birkenreisig eignet sich gut zur Herstellung von Bürsten. Für gröbere Besen braucht man das Reisig nur mit *Weidenruten*, Wurzeln oder Bast zusammenzubinden.

Hier wird die Herstellung einer kleineren Bürste beschrieben, mit der sich beispielsweise im Winter die Ausrüstung von Schnee befreien lässt. Die Borsten bestehen aus entrindetem Reisig, das mit *Ulmenbast* zusammengebunden wurde. Nicht zu wenig Reisig verwenden!

Zum Zusammenbinden zunächst in den getrockneten und dann eingeweichten Bast einen Knoten machen. Den Knoten nach innen zwischen die Zweige ziehen, dann die Bastschnur so eng wie möglich um die Borsten wickeln und mit mehreren halben Schlägen fixieren. Zum Abschluss die Zweige ein wenig auseinanderschieben und das Bastende hindurchführen.

SCHNEEBÜRSTE

Die zusätzliche Schnur etwas weiter unten hält die Borsten zusammen. Haben sich die Borsten abgenutzt, schneidet man unten ein Stück ab.

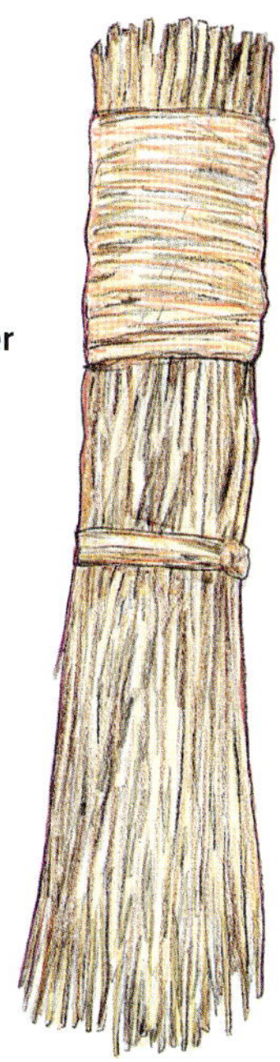

SCHEMEL

Birke ist ein gutes Holz für Werkarbeiten. Ich habe einen kleinen, dreibeinigen Schemel mit einer Sitzfläche aus frischem und Beinen aus trockenem Holz hergestellt. Dadurch konnte die Sitzfläche auf den Beinen „festschrumpfen". Das Material des gesamten Schemels stammte aus demselben, frisch geschlagenen Stamm. Das Holz für die Beine wurde in der Mikrowelle getrocknet.

Sitzfläche: Die Sitzfläche des Schemels wird aus einem der Länge nach halbierten Stück Stamm geeigneter Länge hergestellt. Mit dem Beil möglichst viel Material entfernen. Die Sitzfläche darf nicht zu dick sein, da sie sonst leicht Risse bekommt. Nach dem groben Zurichten mit dem Beil mit dem Messer weiterarbeiten, wenigstens an den Stellen, die man sieht und mit denen man in Berührung kommt.

Damit die Sitzfläche nicht zu schnell trocknet, kann sie in einer Plastiktüte gelagert werden, jedoch nicht zu lange, da sie sonst schimmeln kann. Sie kann auch in Späne gelegt werden. Sie muss lediglich kühl und trocken liegen. Ein wenig Leim auf die Stirnseiten gestrichen verhindert, dass das Holz zu schnell trocknet.

Beine: Die Werkstücke für die Beine werden ebenfalls durch Spalten eines Stücks des Stamms gewonnen. Den Holzklotz ungefähr wie für Brennholz spalten. Ein solches Holzscheit eignet sich ausgezeichnet für ein Stuhlbein. Außerdem enthält es kein Mark, sodass die Beine nicht so leicht Risse bekommen. Die Beine mit dem Beil grob zurichten und mit dem Messer nacharbeiten.

Das eine Ende der Beine jeweils zu einem Zapfen arbeiten, der etwas dicker ist als das Loch im Sitz werden soll. Der Zapfen muss etwas dicker sein, da er während des Trocknens schrumpft. Die Beine trocknen lassen.

Löcher für Beine bohren: Nun in den Sitz Löcher bohren, beispielsweise mit einem Spiralbohrer. Eine gute Kraftübertragung erhält man, wenn man den Bohrer in eine Bohrwinde einsetzt. Schweißt man den Bohrer an ein kurzes Stück Rohr an, erhält man einen T-Griff-Bohrer. Dieser ist leichter zu transportieren, da auf die Bohrwinde verzichtet werden kann. Stattdessen setzt man in das Rohrstück ein Querholz als Griff ein, sodass sich der Bohrer von Hand drehen lässt. Den Bohrer so ausrichten, dass das Loch schräg in den Sitz gebohrt wird; die Beine sind dann etwas nach außen gerichtet und der Schemel steht sicherer.

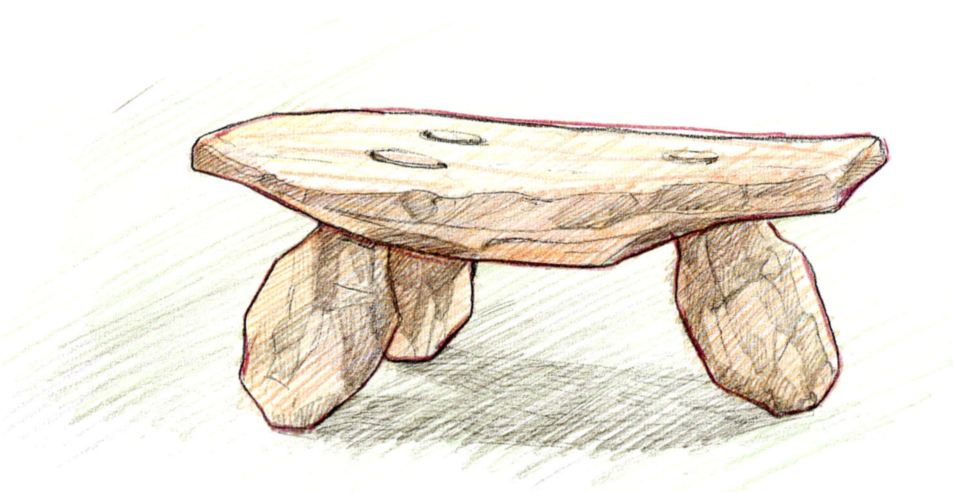

Beine einsetzen: Die Zapfen der Beine so anpassen, dass sie in das jeweilige Loch passen. Der Zapfen darf nicht konisch geformt werden, da er den Sitz sonst sprengen kann. Wenn der Zapfen direkt unter dem Loch dicker wird, kann das Bein nicht zu weit in das Loch hineingleiten. Den Zapfen von oben der Länge nach einsägen. Das Bein einschlagen. Einen trockenen Keil in die Sägenut einsetzen. Der Keil muss quer zur Faserrichtung der Sitzfläche ausgerichtet sein. Die Kanten des Keils sollten abgeschrägt werden, damit man ihn beim Einschlagen in das Bein nicht zerstört.

Den oben aus der Sitzfläche herausragenden Teil des Beins absägen, mit Beil und Messer nacharbeiten. Den Schemel lange Zeit trocknen lassen, erst kühl und trocken, dann allmählich etwas wärmer.

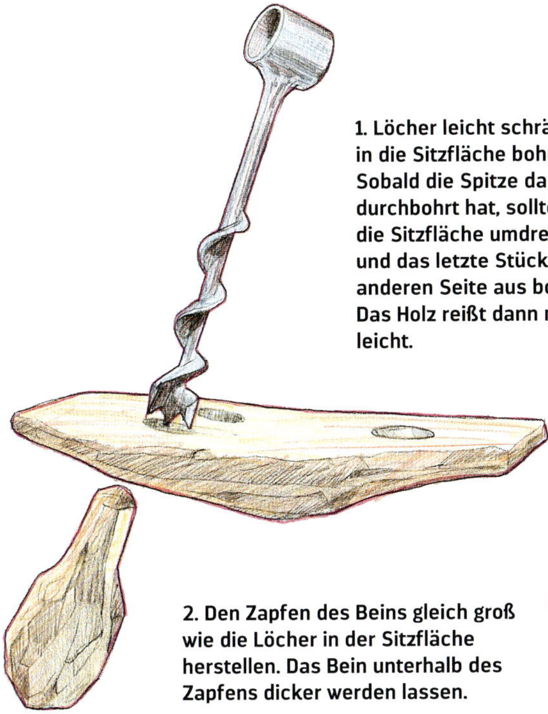

1. Löcher leicht schräg in die Sitzfläche bohren. Sobald die Spitze das Holz durchbohrt hat, sollte man die Sitzfläche umdrehen und das letzte Stück von der anderen Seite aus bohren. Das Holz reißt dann nicht so leicht.

2. Den Zapfen des Beins gleich groß wie die Löcher in der Sitzfläche herstellen. Das Bein unterhalb des Zapfens dicker werden lassen.

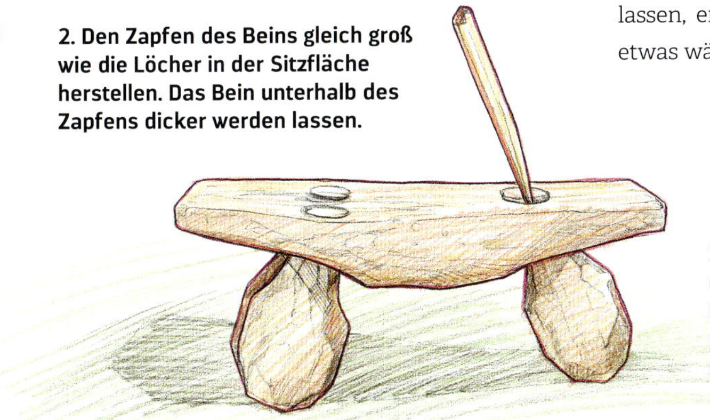

3. Keil quer zur Faserrichtung der Sitzfläche einschlagen. Der Keil sollte vollkommen trocken sein, sodass er sich im Loch noch ausdehnt.

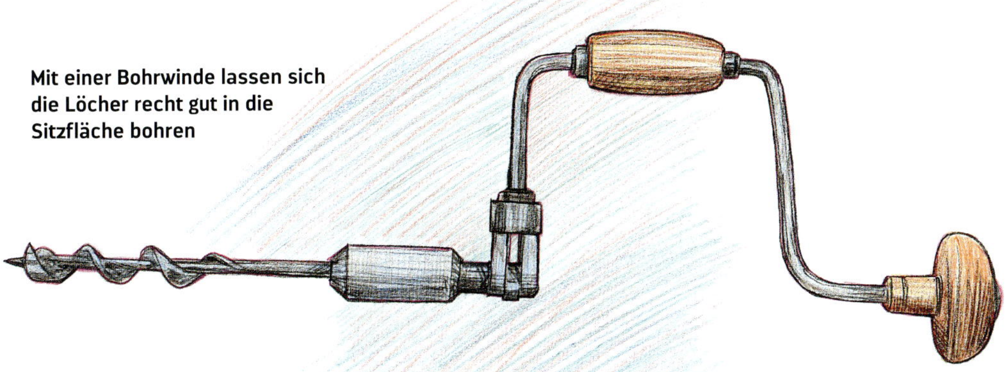

Mit einer Bohrwinde lassen sich die Löcher recht gut in die Sitzfläche bohren

DAS OUTDOOR-HANDBUCH

Pfeil & Bogen

Bogenschießen ist eine spannende Angelegenheit. Aber achten Sie immer auf die Sicherheit, damit niemand verletzt wird!

Im Laufe der Jahre habe ich auch verschiedene Male versucht, einen brauchbaren Bogen herzustellen. Als ich ein Junge war, nahmen wir Wacholder für den Bogen und Faulbaum für die Pfeile. Als ich das Bogenbauen wieder aufnahm, wurden mir von den Fachleuten nicht Wacholder, sondern Ulme und Esche empfohlen. Eberesche und Fichte gingen auch. Die berühmten englischen Langbogen, die Waffe der mittelalterlichen Artillerie, bestanden aus Eibenholz.

Unterschiedliche Holzarten haben unterschiedliche Eigenschaften und eignen sich daher für verschiedene Zwecke. Für einteilige Bogen benötigt man eine Holzart mit guten Wurfeigenschaften, d. h. der Bogen soll nach dem Loslassen der Sehne und dem Abschießen des Pfeils schnell in die Ausgangslage zurückkehren. Ulme beispielsweise bietet diese Eigenschaften und eignet sich daher für den Bau eines Bogens aus einem einzigen Stück Holz.

Auch andere Sportgeräte lassen sich aus Holz herstellen: Aus Holunder kann man durch Aushöhlen des Stamms mit einem langen Stab ein brauchbares Blasrohr anfertigen. Schleifen Sie die Innenseite mit einem kleinen Lappen mit Sand glatt. Auch Speere können recht gut aus langen, geraden Stöcken gefertigt werden. Die Spitze lässt sich im Feuer härten.

BOGEN AUS ULMENHOLZ

Als ich einen Ulmenbogen baute, wählte ich eine Ulme, die am Boden einen Durchmesser von ungefähr einer Spanne hatte. Sie wuchs im Schatten, also relativ langsam mit schmalen Jahresringen. Außerdem hatte sie relativ wenige und nur dünne Seitentriebe.

Nach dem Fällen hatte ich eine Stange von ca. 2 m Länge. Nach dem Ablängen spaltete ich die Stange mit Hilfe von Holzkeilen in zwei Hälften. Dann wählte ich die besser aussehende Hälfte aus, also die geradere Hälfte mit weniger Zweigen – einige kleinere Zweige sind aber akzeptabel.

Nach dem Ablängen und Spalten des Werkstücks entfernte ich vorsichtig die Rinde und den Bast. Die Holzfasern unter dem Bast dürfen nicht beschädigt werden, da der Bogen eine starke Außenseite braucht. Den Bast kann man aufheben, er eignet sich hervorragend als Schnur.

Dann markierte ich auf der Außenseite die Mittellinie. Dazu kann man zwischen zwei Stiften an den beiden Enden des Werkstücks eine mit Kohle schwarz gefärbte Schnur spannen. Dann zieht man die Schnur aus und lässt sie auf die Holzfläche zurückschnellen, wo sie eine schwarze Linie erzeugt.

Ausgehend von der Mittellinie erzeugte ich auf die gleiche Weise links und rechts von der Mittellinie zwei weitere Linien, ungefähr 50 mm voneinander entfernt. Das Holz außerhalb dieser Linien wurde entfernt. Dazu sägte ich das Holz einige Mal bis zur jeweiligen Linie ein, den Rest erledigte das Beil.

Nun muss das Ulmenholz trocknen. Ich spannte das Holz auf einem dicken, geraden Brett fest und ließ es sogar mehrere Jahre in einer Kammer stehen. Danach war es richtig trocken und bereit für die Weiterverarbeitung.

Nach dem Trocknen wird der Bogen fertig geformt. Es wird ausschließlich die Bauchseite des Bogens bearbeitet, sodass die Rückenseite aus intakten Holzfasern bestehen bleibt. Zuerst wird die Mitte des Bogens in Längsrichtung markiert, damit immer klar ist, wo der Griff sein soll. Dann die Seiten gerade und zu den Wurfarmenden, den Tips, hin etwas schmaler zuschneiden. Allmählich auch die Bauchseite bearbeiten und den Bogen zu den Tips hin etwas dünner werden lassen. Ist viel Material zu entfernen, kann zunächst mit dem Beil gearbeitet werden. Zur Feinbearbeitung eignet sich ein Schweifhobel. Der Schweifhobel arbeitet am besten, wenn die Holzfasern gerade verlaufen. Verlaufen die Fasern etwas schräg, kann es passieren, dass man das Holz mit dem Schweifhobel aufspaltet, obwohl man von beiden Seiten aus arbeitet. In diesem Fall sollte eher eine Raspel verwendet werden.

Immer wieder die Elastizität des Bogens überprüfen. Wenn der Bogen sich nicht mehr hart und steif anfühlt, wird es Zeit für die Einkerbungen für die Sehne. Die Einkerbungen mit dem Messer schneiden. Auf der Bauchseite die Einschnittkanten mit Sandpapier abrunden.

1. Ulmenstamm mit Holzkeilen in zwei Teile spalten
2. Mit geschwärzter Schnur eine Mittellinie und zwei Linien links und rechts davon markieren
3. Werkstück grob zurichten und trocknen lassen
4. Werkstück nach dem Entfernen des seitlichen, überflüssigen Holzes

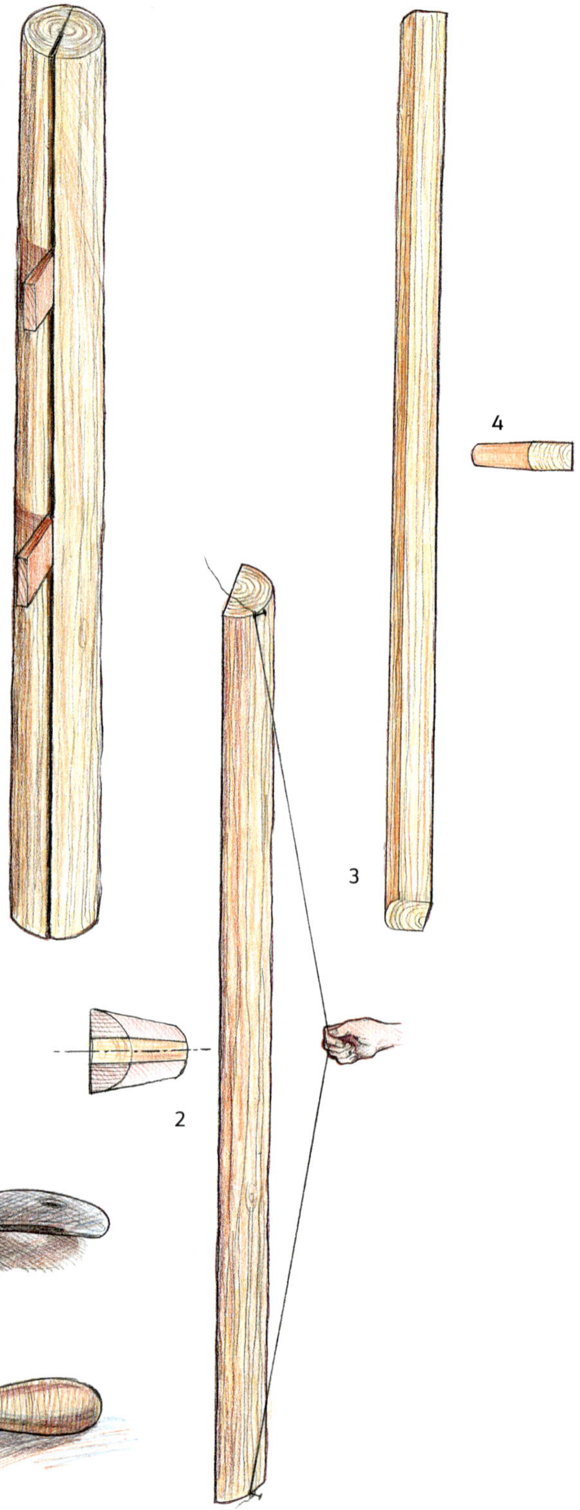

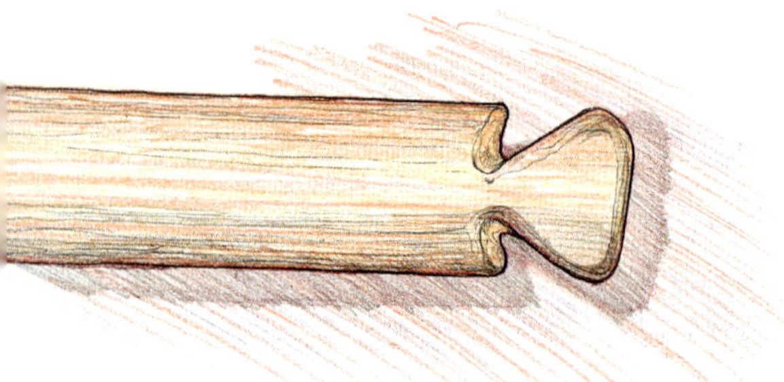

Tip des Bogens mit Einkerbung für Sehne

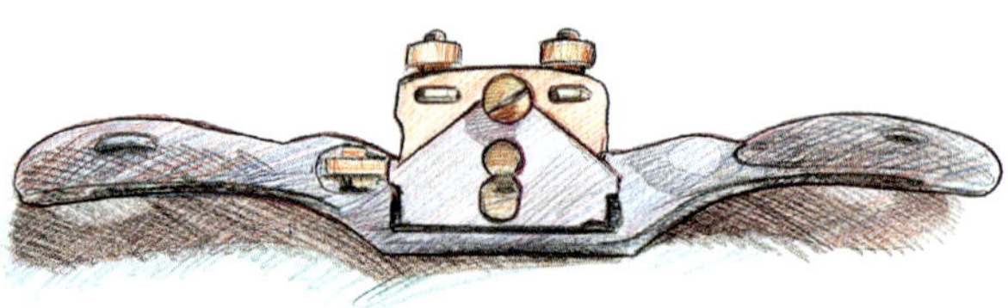

Schweifhobel

Raspel

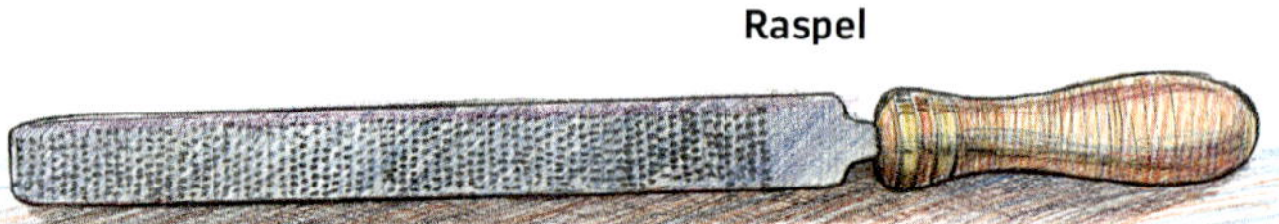

TEILE DES BOGENS

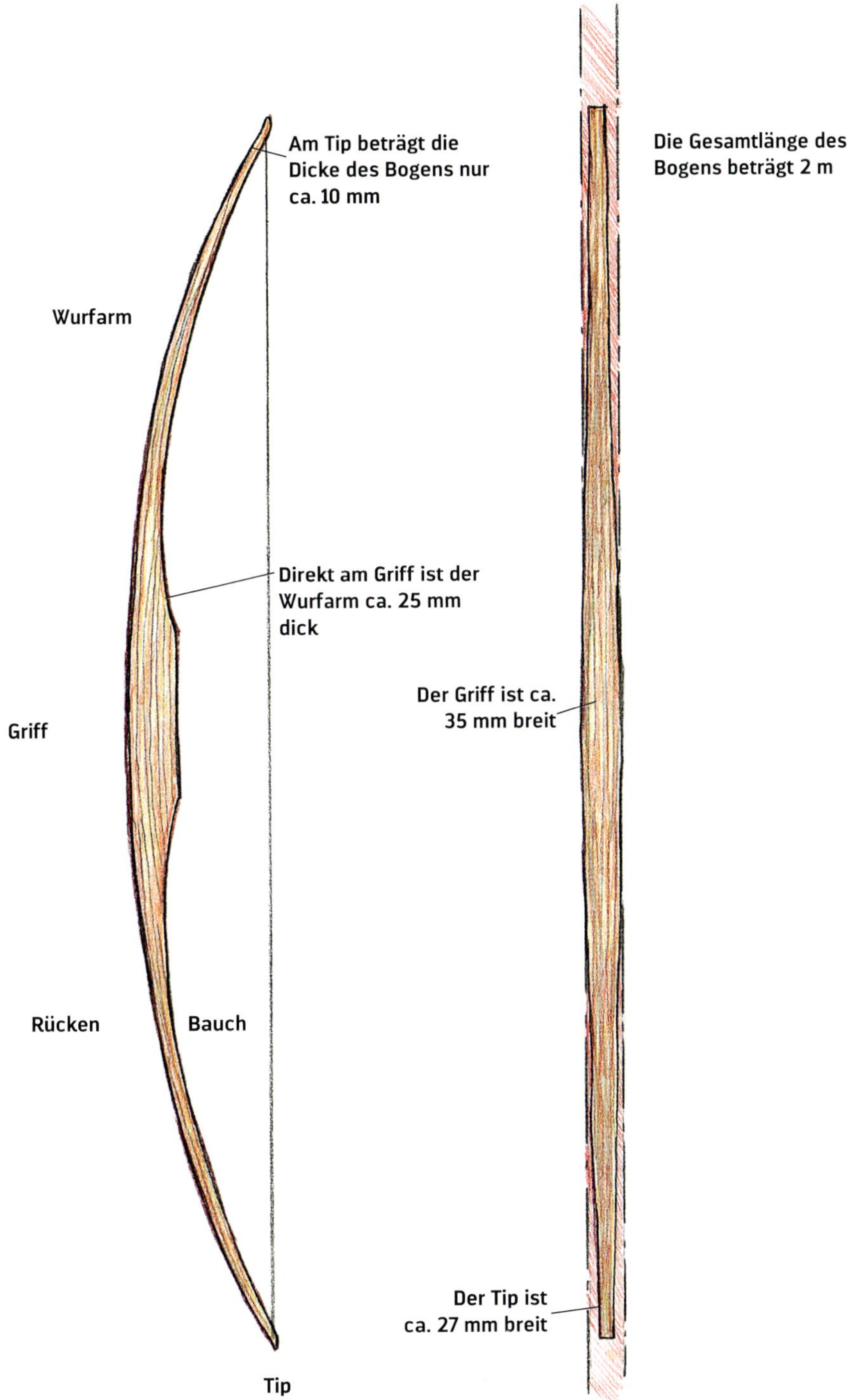

PALSTEK

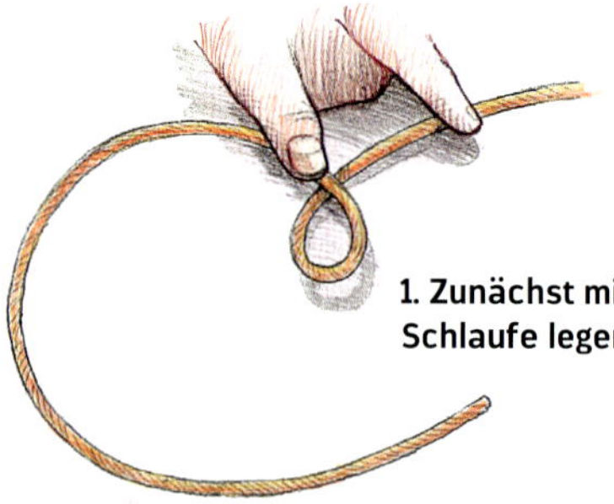

1. Zunächst mit der Sehne eine Schlaufe legen

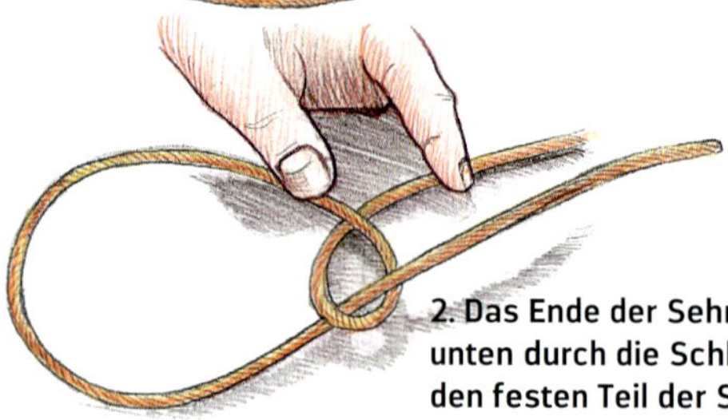

2. Das Ende der Sehne von unten durch die Schlaufe, um den festen Teil der Sehne und zurück durch die Schlaufe nach unten führen

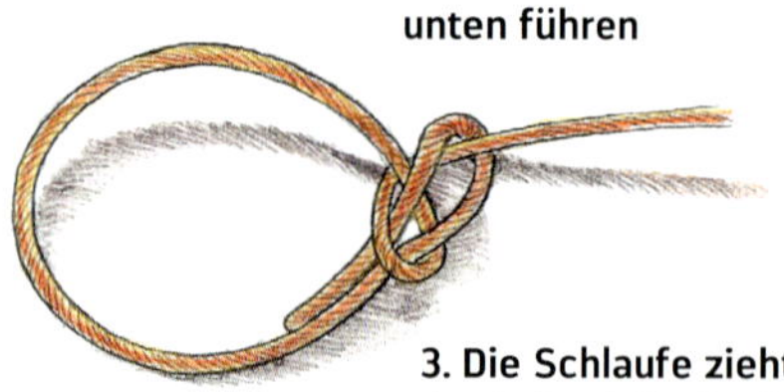

3. Die Schlaufe zieht sich fest, der Palstek ist fertig

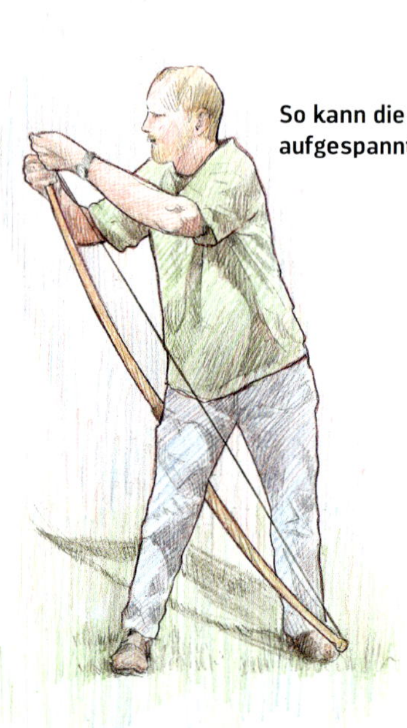

So kann die Sehne aufgespannt werden

Nun wird es Zeit, erstmals eine Sehne auf den Bogen zu spannen. Die Sehne stellte ich aus verzwirntem Leinengarn her, das ich am Ende mit Wachs behandelte, um die Sehne möglichst stark zu machen.

In das eine Ende der Sehne eine feste Schlaufe knoten, beispielsweise mittels eines Palsteks.

Das andere Ende der Sehne muss verstellbar sein, hierzu eignet sich der Zimmermannsschlag (siehe Seite 48 unter „Knoten und Verbindungen"). Den Zimmermannsschlag fixieren und prüfen, ob die Sehnenlänge stimmt. Setzt man die Faust an der Bauchseite des Bogens mit ausgestrecktem Daumen auf den Griff, muss der Daumen die Sehne gerade berühren, dann hat die Sehne eine gute Höhe.

Beim Aufspannen der Sehne auf den Bogen vorsichtig vorgehen und den Bogen nicht übermäßig spannen. Drückt man die Tips auf den Boden, können diese beschädigt werden. Besser auf die Oberseite des Fußes stellen und den Bogen durch Abstützen gegen die Hinterseite des Oberschenkels des anderen Beins biegen (siehe Abbildung).

Den Bogen mit Sehne versuchsweise spannen und prüfen, wie stark der Bogen ist. Versuchen Sie auch herauszufinden, ob die beiden Wurfarme ein unterschiedliches Biegeverhalten aufweisen.

Beim Probieren und Korrigieren immer daran denken, die Sehne nie ohne Pfeil loszulassen. Die Kräfte können sonst für Sehne und Bogen zu groß werden und Schaden anrichten.

Wie stark soll der Bogen werden? Im Grunde kommt es darauf an, wer den Bogen verwenden soll. Ein Bogen für Kinder muss sich leichter spannen lassen als ein Bogen für Erwachsene. Meinen eigenen Bogen baute ich so, dass er sich relativ leicht spannen ließ, sich aber trotzdem kraftvoll anfühlte. Mit einer kleinen Fischwaage gemessen, betrug die Kraft für das Spannen des

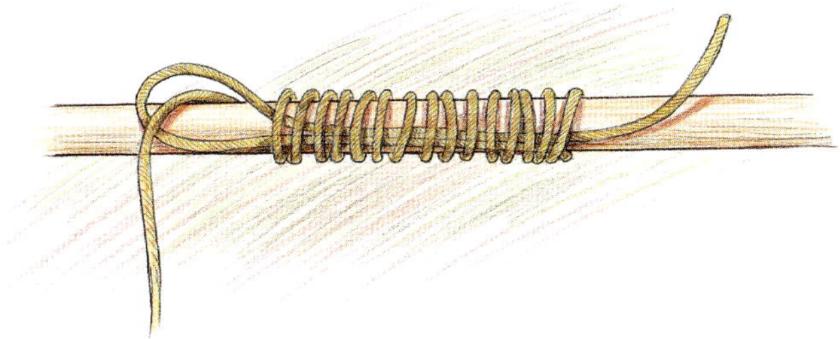

Griff: Bast oder Garn um eine lange Schlaufe wickeln, mit deren Hilfe das Ende des Basts dann unter die Wicklung gezogen wird

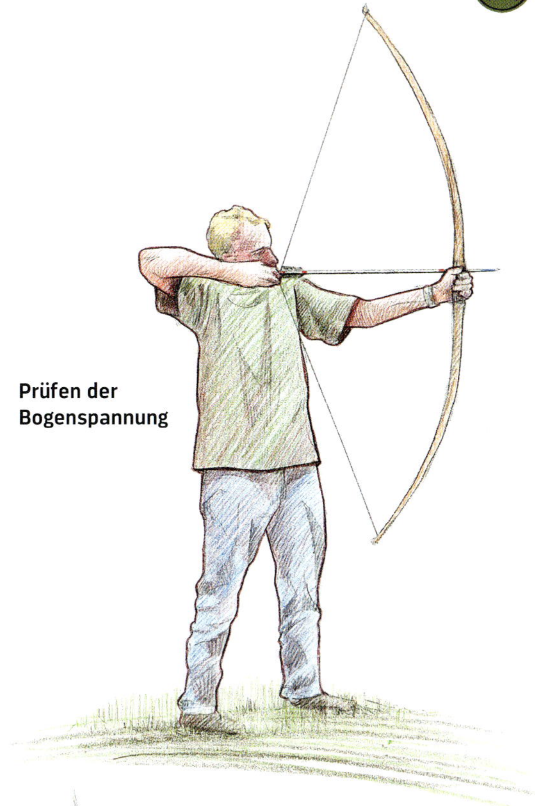

Prüfen der Bogenspannung

Bogens auf volle Pfeillänge ca. 18 kg. Bei einem kleinen Kinderbogen aus *Eberesche* entsprach diese Kraft lediglich 7 kg.

Den Griff des Ulmenbogens umwickelte ich mit Ulmenbast. Dazu schabte ich die Rinde so lange ab, bis nur noch die Bastschicht übrig blieb. Diese wurde dann zunächst lange Zeit getrocknet. Als der Griff an die Reihe kam, legte ich den Bast in Wasser ein, wickelte ihn um den Griff des Bogens und ließ den Bast trocknen. Zur Vermeidung loser Bastenden ist eine bestimmte Wickeltechnik zu beachten (siehe Abbildung).

Nachdem die Form des Bogens fertig war, folgten die Nachbearbeitung mit Sandpapier und das Einreiben mit rohem Leinöl. Den Bast am Griff rieb ich mit Bienenwachs ein, das ich danach mit der Heißluftpistole erwärmte. Das Wachs kann natürlich auch an einem Feuer erhitzt werden.

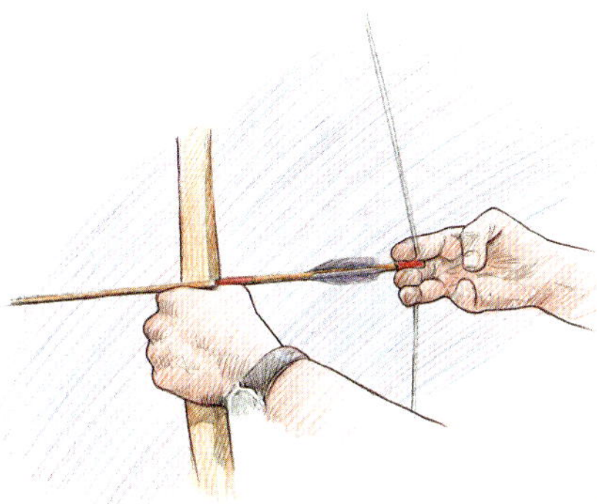

Greifen der Sehne

PFEILE

Pfeile benötigt man natürlich auch. Am einfachsten verwendet man dafür Zweige. Ich selbst habe aus *Hasel, Faulbaum* und *Gemeinem Schneeball* Pfeile hergestellt. Die abgeschnittenen Schösslinge wurden entrindet und getrocknet. Während des Trocknens die Schösslinge durch Biegen in Gegenrichtung gerade ausrichten. Wenn man das Holz erwärmt, lässt es sich besser bearbeiten, denn Wärme in Verbindung mit Feuchtigkeit macht Holz weicher und damit biegsamer.

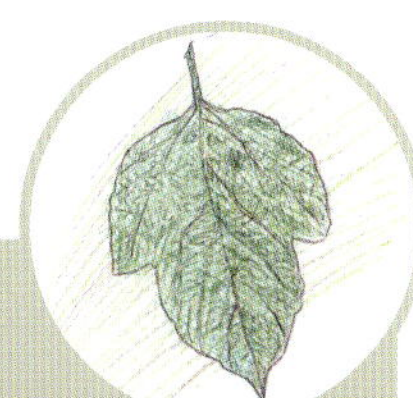

GEMEINER SCHNEEBALL ***Viburnum opulus***

Recht häufiger Strauch mit charakteristischen flachen Trugdolden mit sterilen Randblüten und roten Früchten. Die Triebe sind häufig gerade gewachsen mit kräftigem Markkanal, sodass die Zweige relativ leicht durchbohrt werden können. Die in den Alpen gefundene Gletschermumie „Ötzi" hatte Pfeile aus Schneeball bei sich.

Die Länge der Pfeile bestimmte ich auf folgende Weise: Bei voll gespanntem Bogen sollte der Pfeil, der auf der Hand am Griff auflag, bis zur Wange reichen.

In das hintere Ende des Pfeils eine Kerbe für die Sehne schneiden. Ich nutzte hierzu einen scharfen Modellbohrer (siehe Seite 21 unter „Sonstiges Werkzeug"), mit dem ich die Kerbe aushob.

Den Pfeil mit drei Federn versehen. Diese müssen steif und stabil genug sein. Ich habe Federn von Schwan und Graugans verwendet. Die Federn müssen so am Pfeil sitzen, dass er beim Abschießen auf der Fläche zwischen zwei Federn am Bogen entlang gleitet.

Die Federn mit dem Messer in Form schneiden – es kann auch eine Schere genutzt werden. Den harten inneren Teil der Feder säubern.

Die Federn werden am Schaft festgeklebt und mit einem Knoten gesichert. Außer dem im Handel erhältlichen Leim habe ich versuchsweise auch Harz als Klebstoff verwendet. Das Harz erwärmen und jeweils dünn auf die Klebeflächen auftragen. Die Spiralwicklung wird aus einem dünnen Draht hergestellt, der mit halben Schlägen befestigt wird.

Ursprünglich hatten die Pfeile eine Spitze aus Flintstein, Knochen oder Horn und wurden angeleimt und festgebunden. Da ich mit meinen Pfeilen nur Schießübungen machen wollte, umwickelte ich die Spitze mit Stahldraht. Für ein gutes Flugverhalten müssen die Pfeile an der Spitze etwas schwerer sein.

1

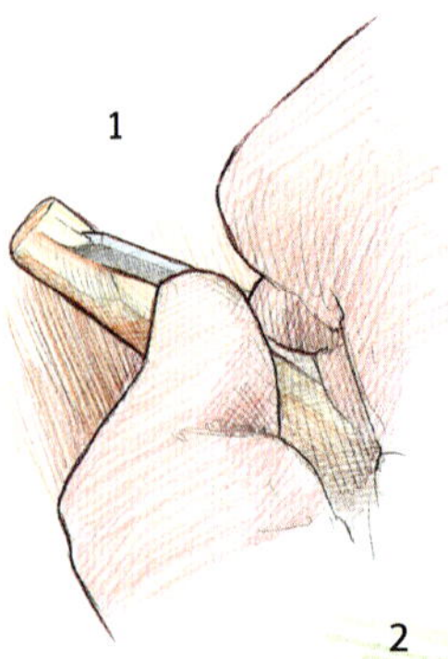

1. **Eine Kerbe für die Sehne herstellen**
2. **Die fertige Kerbe**
3. **Einfache Kerbe, mit dem Messer zugeschnitten**

2

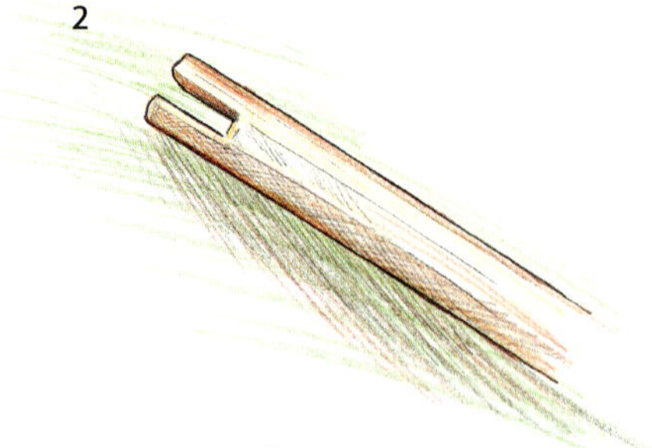

3

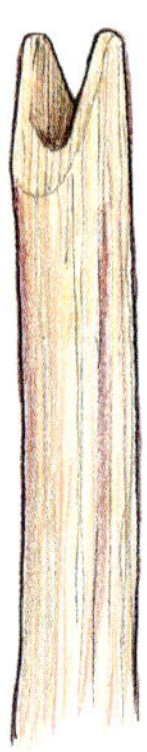

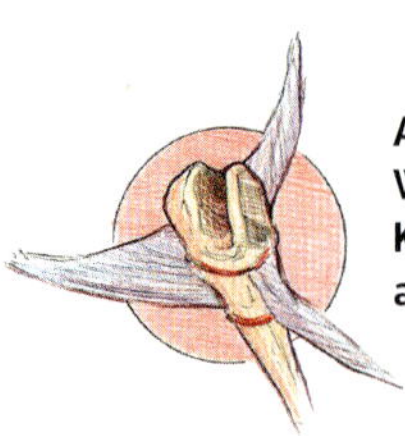

Auf den richtigen Winkel zwischen Kerbe und Federn achten

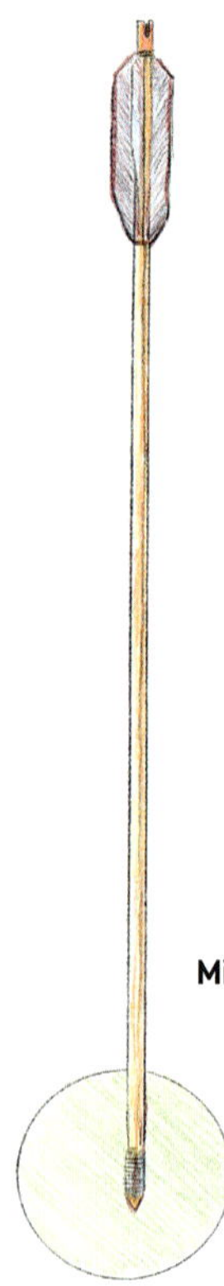

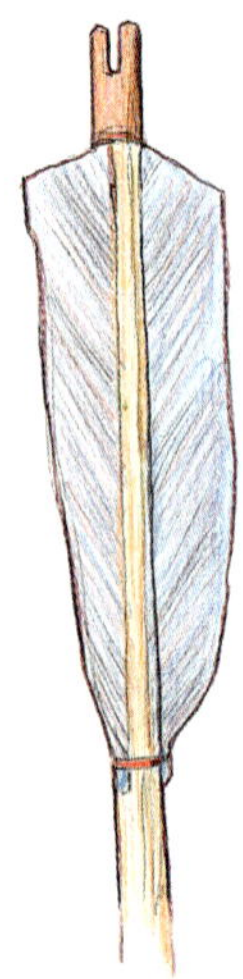

Die Federn werden angeleimt und festgebunden

Mit Stahldraht umwickelte Pfeilspitze

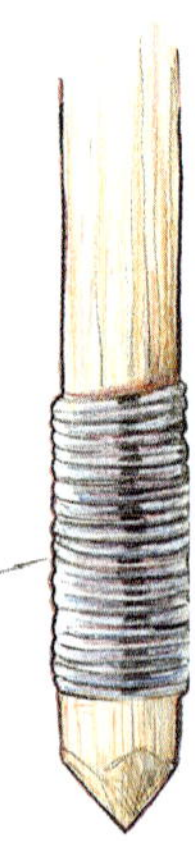

WEITERE BOGENTYPEN

Bogen lassen sich aus unterschiedlichem Holz fertigen. Die Herstellung kann auch durch Verwendung dünnerer Äste, beispielsweise der *Fichte*, vereinfacht werden.

Die Dicke des Astes sollte dann schon von Natur aus eher der Dicke des Bogens entsprechen. Aber auch hier gilt, dass man nur an der Bauchseite des Bogens schnitzen sollte, um die endgültige Dicke zu erreichen, sowie seitlich an den breitesten Stellen des Astes, um die Breite zu korrigieren.

Das Werkstück unbedingt trocknen lassen, bevor der Bogen in seine endgültige Form gebracht wird.

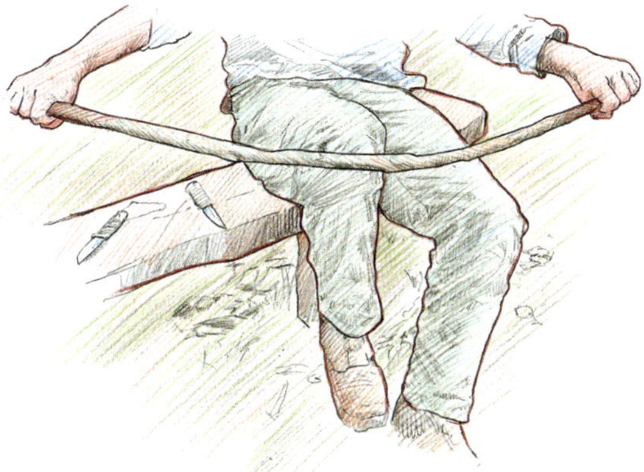

Die Elastizität des Bogens ständig prüfen

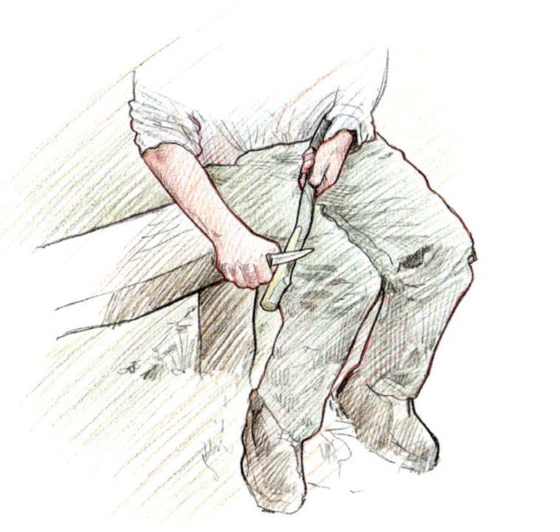

Die Form an der Bauchseite des Asts herausarbeiten

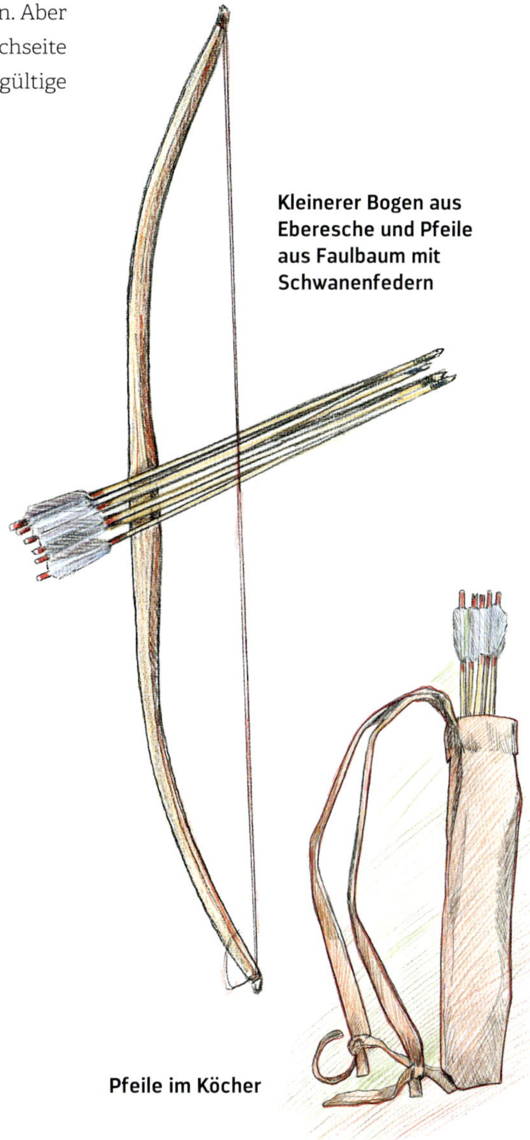

Kleinerer Bogen aus Eberesche und Pfeile aus Faulbaum mit Schwanenfedern

Pfeile im Köcher

DAS OUTDOOR-HANDBUCH

Flechten

Flechten ist eine Technik, mit der sich zahlreiche, recht unterschiedliche Gegenstände herstellen lassen. Früher wurde diese Technik häufig eingesetzt, da sie leichte Konstruktionen hervorbrachte.

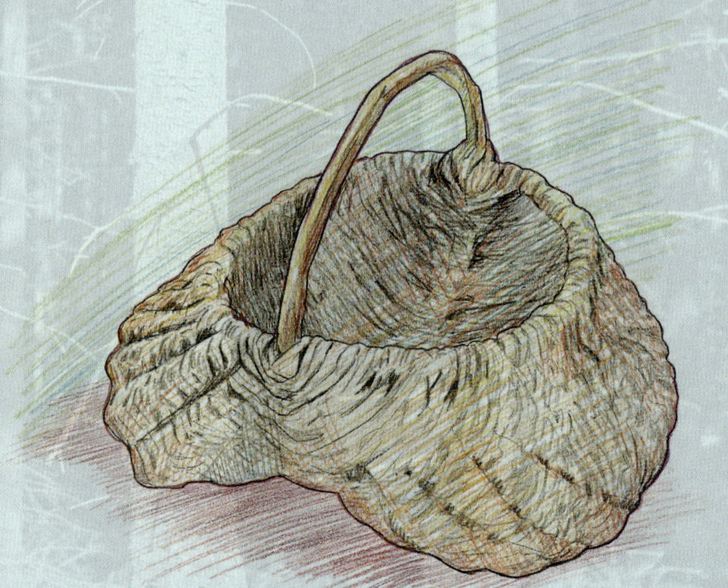

Flechten

Flechten ist eine Technik, mit der sich zahlreiche, recht unterschiedliche Gegenstände herstellen lassen. Früher wurde diese Technik häufig für leichte Konstruktionen angewandt.

Bevor man begann, Rohmaterialien und Fertigprodukte zu importieren, war man auf das angewiesen, was die Umgebung bot. Daher gibt es je nach Landschaft unterschiedliche Traditionen bezüglich der Wahl des Ausgangsmaterials. Es werden das Holz und die Wurzeln von Nadelbäumen, *Weide, Hasel, Birke, Zitterpappel* (Espe) und *Eberesche* verwendet. Auch verschiedene Grassorten finden Verwendung.

Ich selbst habe mit *Fichtenwurzel, Sal-Weidenwurzel, Birke, Weide, Hartriegel, Waldgeißblatt* und *Hasel* gearbeitet.

Geflochten wird mit nassem Material. *Weidengeflech*t beispielsweise wird dichter, wenn man getrocknetes Material verwendet, das vor dem Flechten eingeweicht wurde. In kaltem Wasser dauert das Einweichen viele Tage, mit lauwarmem Wasser geht es etwas schneller. Soll das geflochtene Objekt im Freien verwendet werden, kann auch mit frischen *Weidenruten* geflochten werden.

FICHTENWURZELKORB

Beim Flechten mit *Fichtenwurzel* wird das Material unmittelbar der Natur entnommen und sofort in einen verwendbaren Gegenstand verwandelt. Das Erfolgserlebnis ist groß, wenn man beobachten kann, wie der Korb allmählich entsteht, insbesondere wenn man bedenkt, dass nichts als Zweige und Wurzeln verwendet werden.

Das Gerüst des Korbs besteht aus zwei Ringen, die aus möglichst gleichmäßig dicken Zweigen hergestellt werden sollten. Hierzu zunächst Rinde und Seitenzweige entfernen. Danach die Zweige nicht sofort zu einem Ring biegen, sondern Stück für Stück über den Daumen umbiegen und auf diese Weise aufweichen. Die Enden der Zweige ausdünnen und zusammenbinden. Wir verwendeten zum Zusammenbinden Stahldraht, aber es geht auch gut mit Wurzel als Bindematerial. Der eine Ring muss etwas kleiner sein als der andere, sodass die Ringe ineinanderpassen. Die Ringe, die ich nutzte, waren 7–8 mm dick.

Zunächst teilt man die Wurzeln in der Mitte, indem man sie mit dem Messer einschneidet und dann mit den Fingern auseinanderzieht.

Wichtig ist, dass man nicht mit zu trockenen Zweigen oder Wurzeln arbeitet. Wenn Zweige und Wurzeln zu trocken werden sollte man sie in Wasser einweichen.

Die Ringe gemäß Abbildung verbinden, dann drei Runden vor und zurück um den Rand des Rings weiter flechten.

Nach drei Runden mit der Wurzel wird es Zeit, die ersten Spanten einzusetzen. Die Spanten stammen von sogenannten unterdrückten *Fichten*, die im Schatten anderer Bäume wachsen. Sie sind aus einem besonders elastischen, dichten Holz. Der erste Spant erhielt eine Länge, die dem doppelten Ringdurchmesser entsprach.

Die Spanten beim Einsetzen nicht zu tief in das Geflecht hineinschieben, sondern nur so weit, dass sie festgehalten werden.

Das Flechten dauert recht lang, da so viele Wurzeln benötigt werden, aber Sie werden sehen, dass es die Arbeit wert ist. Nicht zuletzt der Geruch des neuen Korbs ist unübertrefflich!

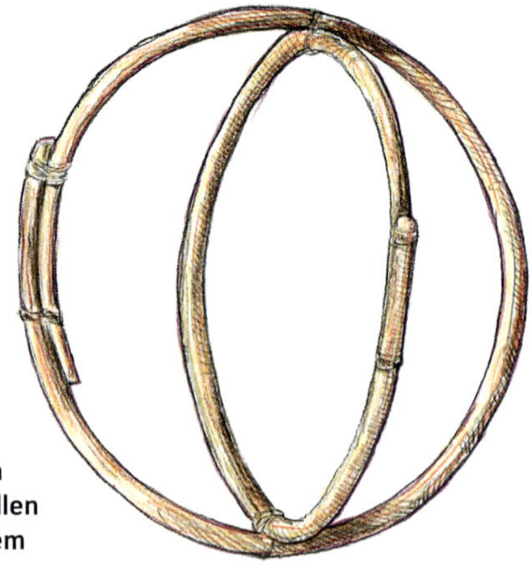

1. Zweige an den Verbindungsstellen der Ringe mit dem Messer abflachen

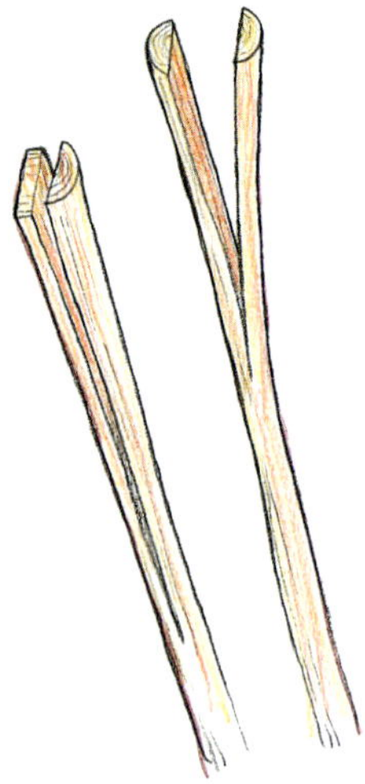

2. Dicke Wurzeln können nach dem Halbieren noch einmal geteilt werden

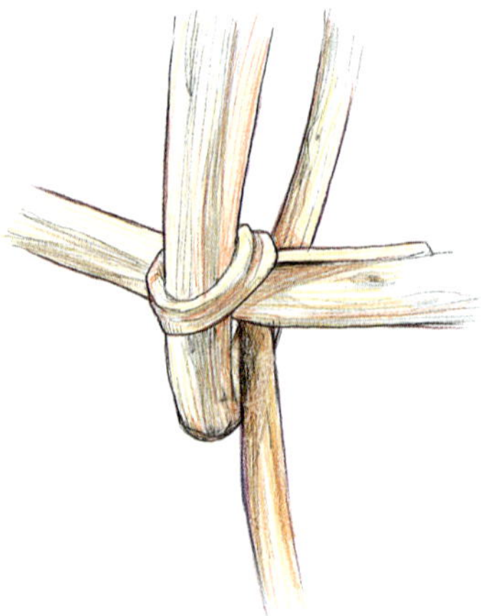

3. Am Kreuzungspunkt die Ringe mit der Wurzel verbinden. Am Anfang das Ende der Wurzel auf der Innenseite festhalten.

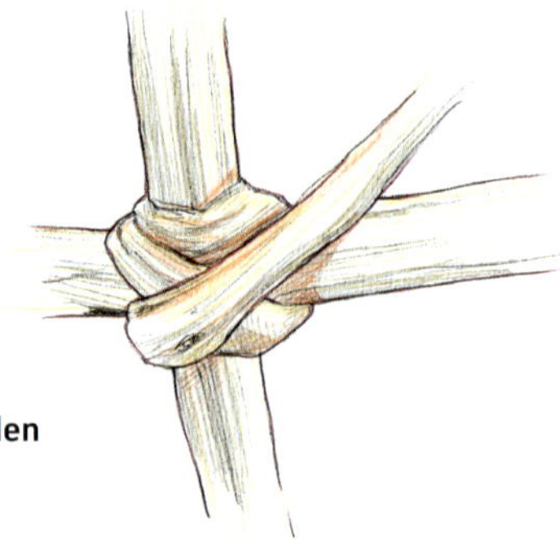

4. Drei Runden flechten

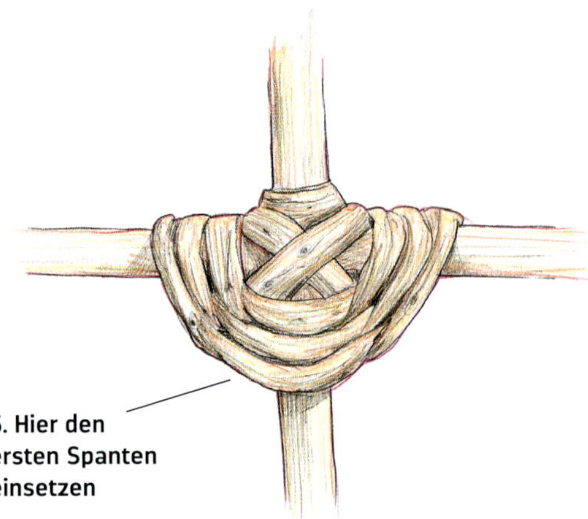

5. Hier den ersten Spanten einsetzen

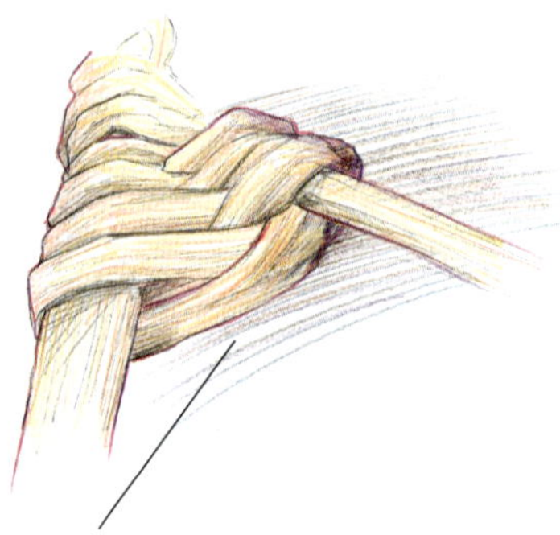

6. Das Ende der Wurzel im Geflecht feststecken. Ebenso den Anfang der neuen Wurzel durch Feststecken im Geflecht fixieren.

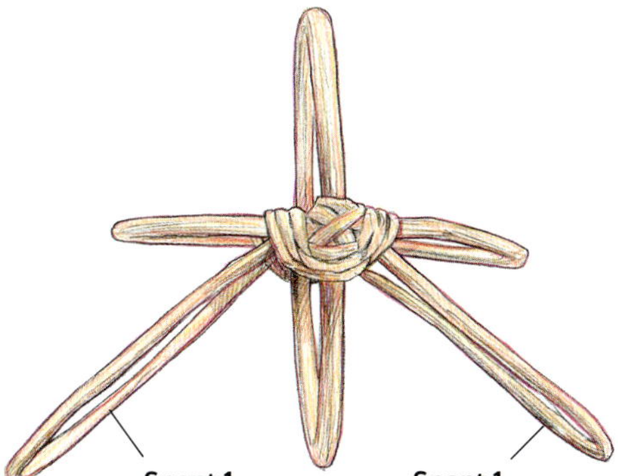

7. Erster Spant (Mittelspant) eingesetzt

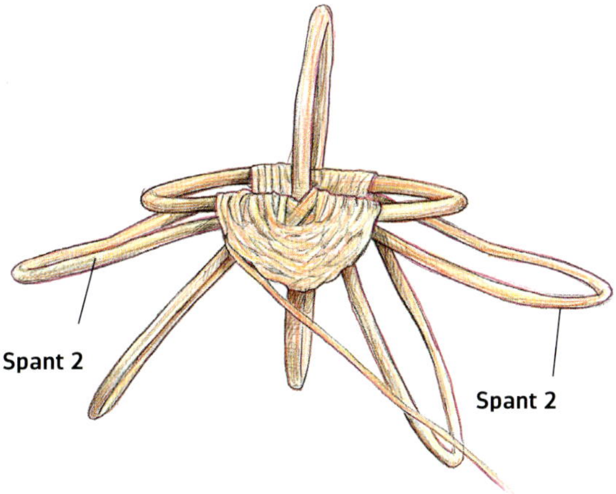

8. Nach drei Runden wieder je einen neuen Spanten einsetzen. Sie sind etwas kürzer als die ersten Spanten.

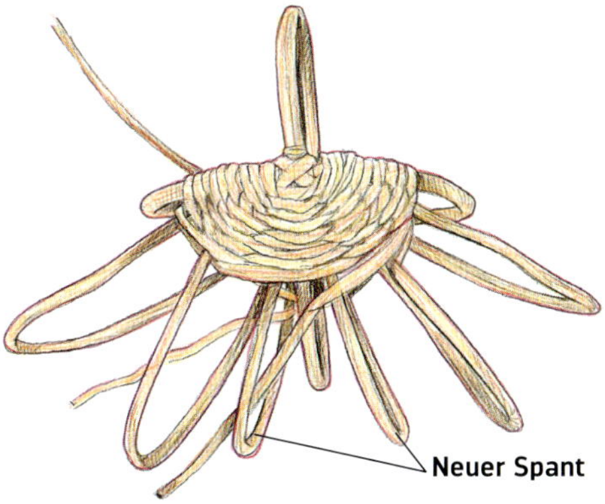

9. Hier kommt der neue Spant an der Unterseite

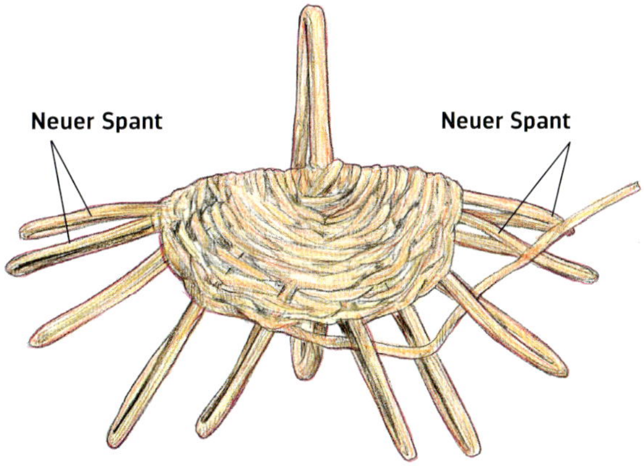

10. Nach einiger Zeit kommt am oberen Rand ein neuer Spant hinzu. Insgesamt setzte ich auf jeder Seite des Korbs vier Spanten oberhalb des Mittelspants ein, die jeweils immer kürzer wurden. Nach je drei Flechtrunden um den Ring wird der nächste Spant eingesetzt.

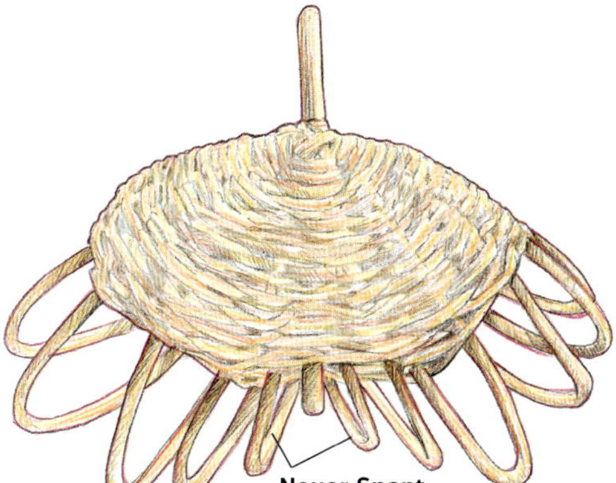

11. Der letzte Spant wird ganz unten eingesetzt. Insgesamt setzte ich je 2 Spanten auf jeder Seite unterhalb des Mittelspants ein.

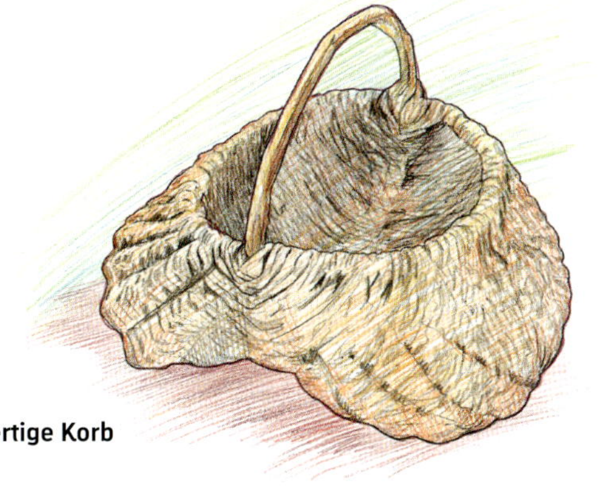

12. Der fertige Korb

GRILLROSTE

Grillroste lassen sich aus frischem Holz recht gut flechten. Ein Grillrost aus frischem Holz brennt außerdem nicht so leicht an wie einer aus getrocknetem Holz. Beide hier vorgestellten Modelle erfüllen ihren Zweck.

Variante I

Bei dieser Variante werden die beiden Nebenzweige zu einem Ring verflochten [1]. Zum Fixieren in beide Nebenzweige einen Schlitz schneiden und den anderen Zweig hindurch stecken [2]. Innerhalb des Rings dann ein Gitter flechten.

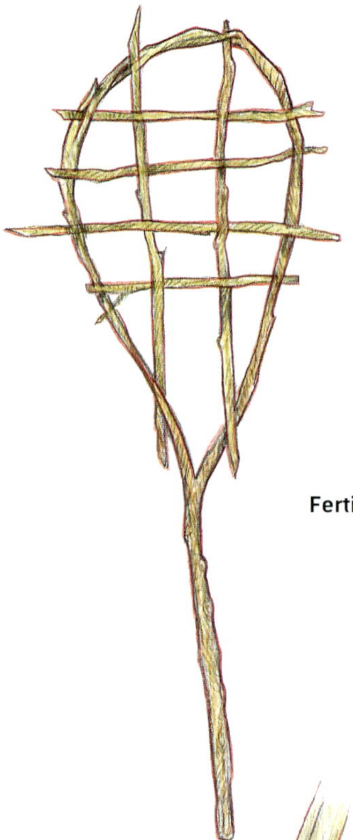

Variante II

Hier wird ein Zweig zu einer Gabel aufgespalten. In die Mitte wird ein dritter Zweig gesetzt, die Querstäbe werden eingeflochten.

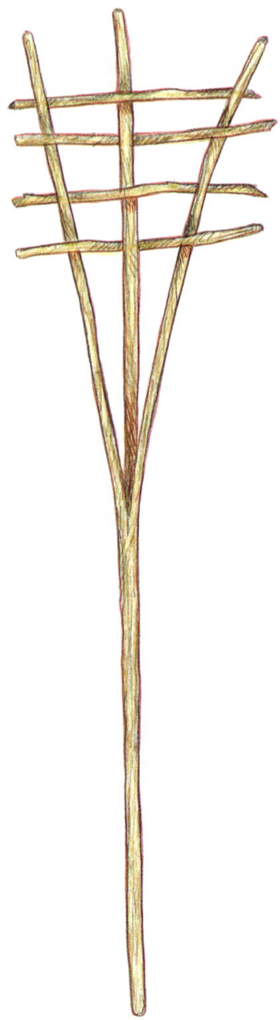

Fertige Grillroste

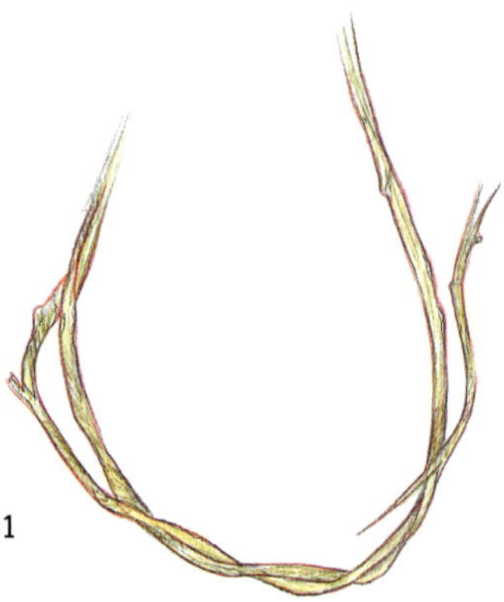

1

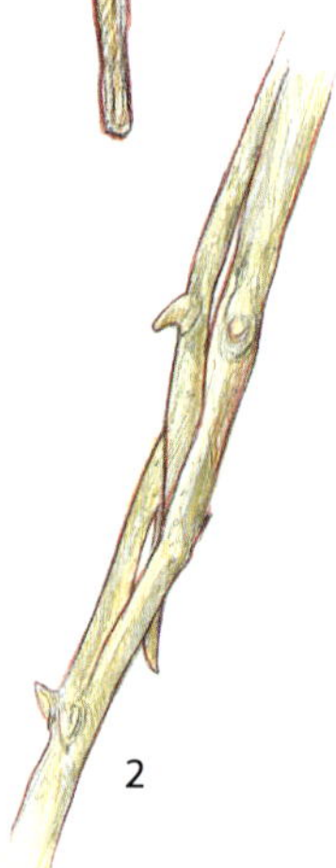

2

FISCHKORB

Der Korb wird mittels einer einfachen Technik hergestellt. Hier wird zudem noch die Mitte ein Stück nach unten gebogen, sodass sich eine Wölbung, also ein Korb, ergibt. Die Enden sind beide wie eine Schwanzflosse ausgeführt, man kann aber auch an einer Seite die Flosse weglassen, sodass eine Fischform entsteht. Dazu an dieser Stelle den ersten Zweig einfach umbiegen.

Zunächst bei zwei gleichmäßigen, dickeren Zweigen auf einer Seite ein Stück vom Ende entfernt ein Loch bohren und jeweils das andere Ende des anderen Zweigs hindurchführen. Vor dem Durchstecken sollten die Zweige vorgebogen werden, damit sie beim Flechten die Form besser halten. Mit einer Querstrebe in der Mitte kann man ebenfalls verhindern, dass sich die beiden Zweige wieder gerade ausrichten. Nun in die Schwanzflossen dünne Zweige einflechten. Auch an der den Schwanzflossen gegenüberliegenden Seite dünne Zweige einflechten, bis es möglich ist, zwei Stützstäbe einzuspannen. Die beiden Stützstäbe bilden zusammen mit den Seitenstäben das Skelett der Schale. Um sie herum wird nun der Korb geflochten.

Weiter dünne Zweige einflechten, bis der Korb fertig ist.

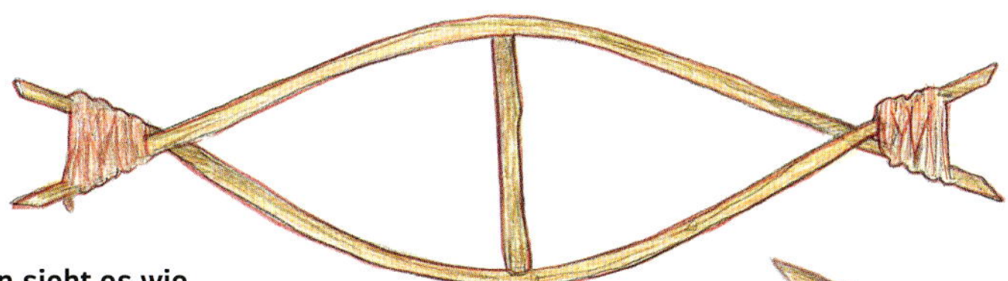

Nun sieht es wie ein Fisch mit zwei Schwanzflossen aus

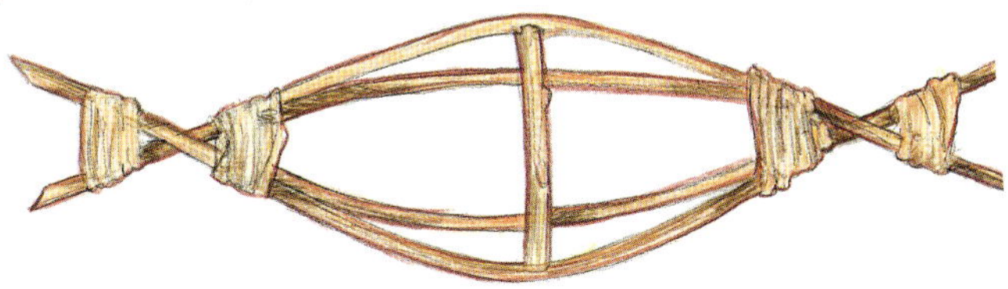

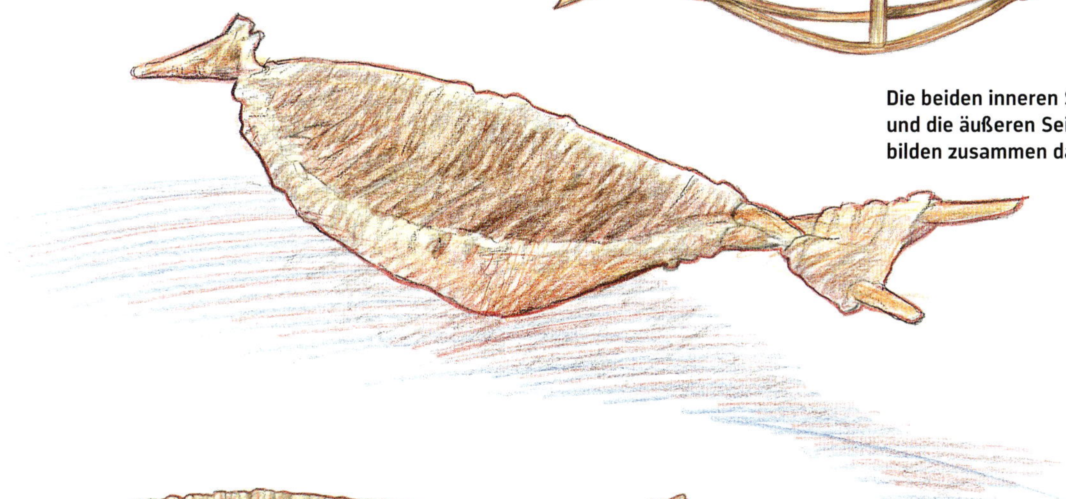

Die beiden inneren Stützstäbe und die äußeren Seitenstäbe bilden zusammen das Skelett

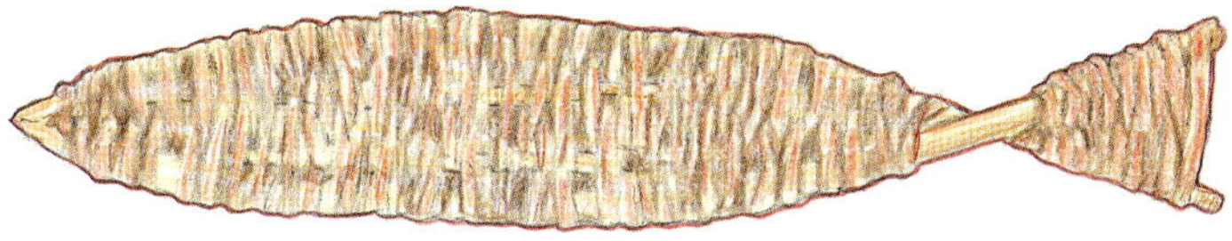

Fisch: Beim Korb sind die beiden Stützstäbe gebogen. Mit geraden Stäben erhält man einen Fisch.

TROCKENKORB

Für diese Art von Körben kann man die Spitze einer jungen *Kiefer* nehmen, die ein natürliches Skelett für einen Korb mit einem Aufhängestab in der Mitte bildet.

Zunächst wird von innen einige Runden lang geflochten. Dann beginnt man zusätzliche Spanten einzusetzen, und zwar je zwei zwischen zwei *Kiefernzweige*. Dies ergibt ein gutes Skelett für unseren Zweck.

Zum Flechten verwendete ich *Waldgeißblatt*, mit dessen langen Ausläufern sich gut arbeiten lässt. Das *Waldgeißblatt* vor dem Flechten von der Rinde befreien. Für den Abschluss nahm ich *Sal-Weidenwurzeln*, deren rötlicher Farbton einen dekorativen Effekt bildet.

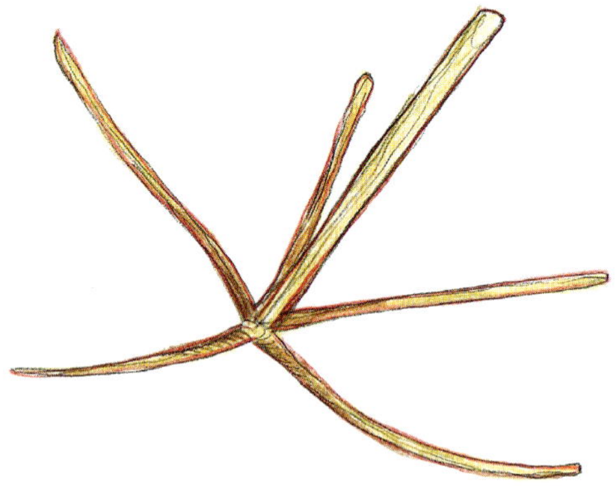

Kiefernspitze mit ihren natürlichen Spanten

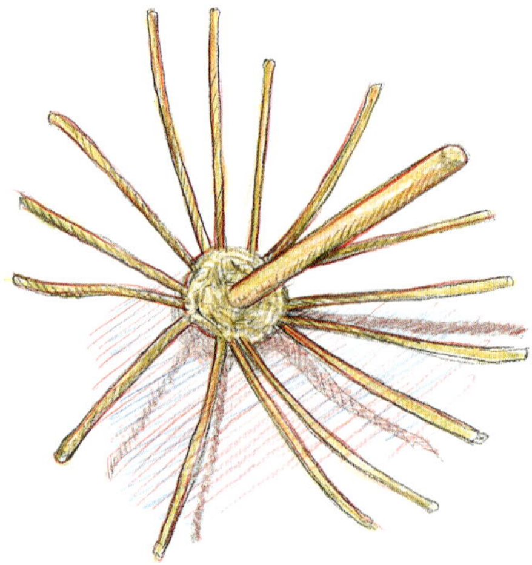

Nach dem Einsetzen der losen Spanten

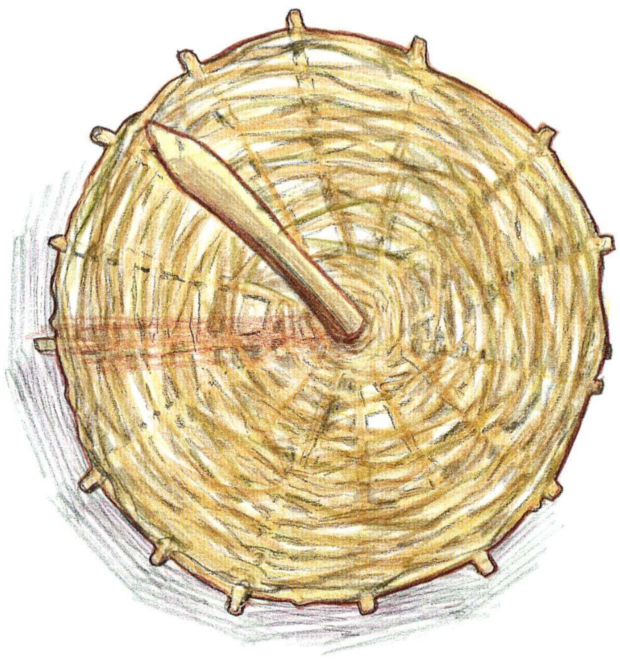

Der fertige Korb

Der Korb kann an dem in der Mitte übrig gelassenen Rest des Stamms aufgehängt werden

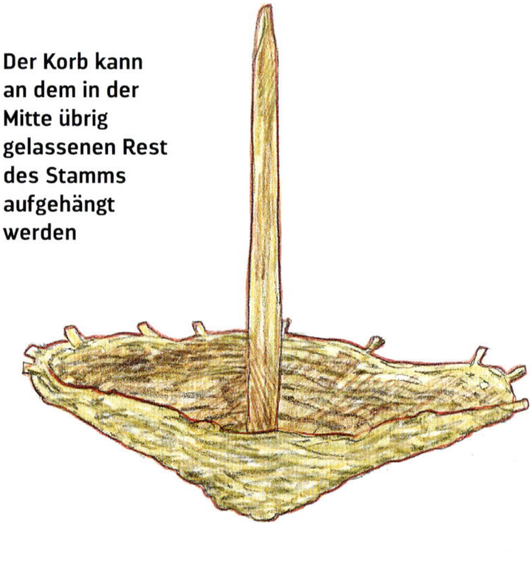

DAS OUTDOOR-HANDBUCH

Spielzeug und Schmuck

Spielzeug, Schmuck und Instrumente lassen sich sehr gut aus Naturmaterial herstellen. Man braucht nur ein wenig Kreativität und Fantasie. Auch im Einfachen liegt die Schönheit.

Ein Stück eines Astes, aufgezogen auf eine Schnur aus verzwirnter Brennnessel, ist ein hübsches Schmuckstück.

Unter der Rinde haben zahlreiche Bäume eine schimmernde, glänzende Oberfläche aus schöner Farbe. Auch die Rindenschicht kann mit unterschiedlich gefärbten Schichten hübsche Kontraste bilden. Die Formen der Natur können verwendet und hervorgelockt werden. Durch verschiedene einfache Verbindungen kann man Spielzeug und Instrumente herstellen.

Der strengste Richter ist oft der Hersteller selbst. Akzeptieren Sie, dass die Ergebnisse unterschiedlich ausfallen. Es liegt ein eigener Reiz darin, dass die Dinge, die wir herstellen, nicht alle gleich aussehen!

Spielzeug und Schmuck

FIGUREN AUS ÄSTEN

Tiere, Trolle, Monster, Puppen, Puppenmöbel usw. können aus Ästen hergestellt werden. Wird der Körper aus frischem Holz gemacht, ist es günstig, wenn die Beine und Arme aus trockenem Holz bestehen. Mit Bohrer, Säge, Messer und geeigneten Ästen sind Ihrer Fantasie keine Grenzen gesetzt.

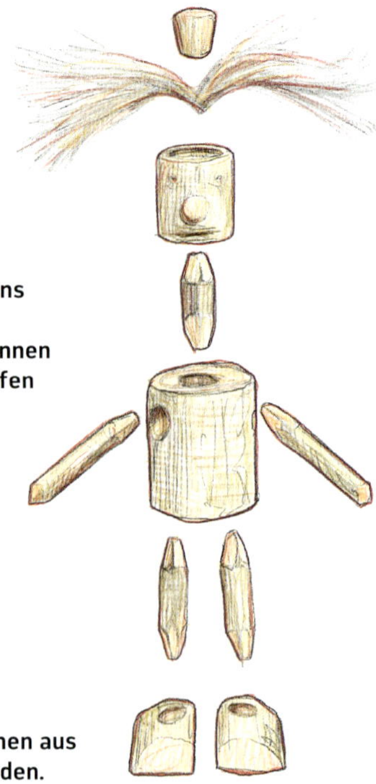

Für die Haare des Männchens kann man beispielsweise Leinengarn nehmen. Sie können mit einem kleinen Holzstopfen festgeklemmt werden.

Körper, Füße und Kopf können aus frischem Holz gefertigt werden. Wenn es trocknet, werden Arme, Hals und Beine fest sitzen.

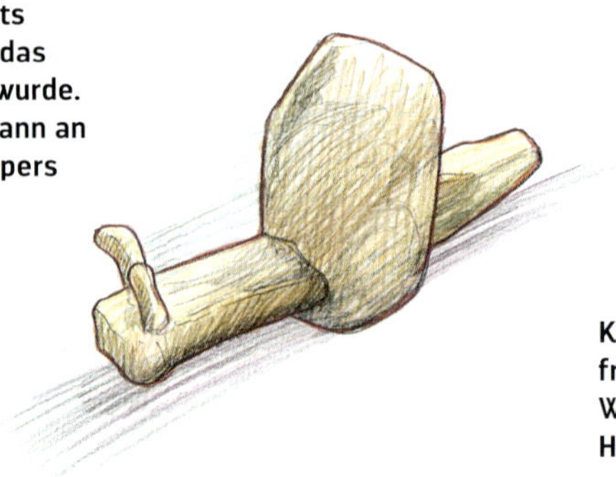

Das Schneckenhaus wurde aus einem Stück eines dickeren Asts geschnitzt, durch das ein Loch gebohrt wurde. Das Loch wurde dann an die Größe des Körpers angepasst.

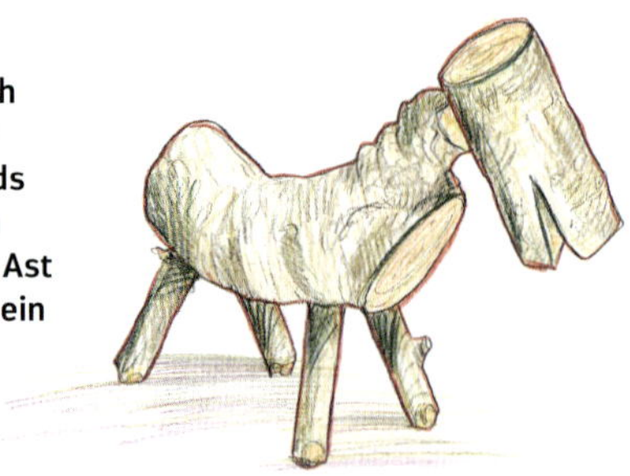

Die von der Natur vorgegebenen Formen lassen sich oft nutzen. Körper und Hals des Pferds werden von einem angesägten Stück Ast gebildet, von dem ein Zweig abgeht.

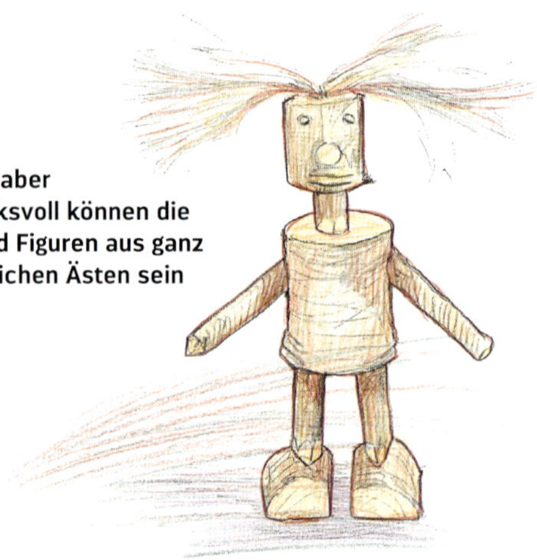

Einfach, aber ausdrucksvoll können die Tiere und Figuren aus ganz gewöhnlichen Ästen sein

RINDENBOOTE

Der absolute Klassiker sind Rindenboote, für die man ausschließlich Naturmaterial benötigt. Sogar für das Segel wird man geeignetes Material finden, beispielsweise ein Blatt oder eine Feder. Sie können dann versuchen, die Boote dazu zu bringen, richtig zu segeln, d. h. mit einer Vorwärtsbewegung bei Wind von der Seite oder sogar von schräg vorn. In diesem Fall braucht das Boot für einen geraden Kurs auch einen Kiel und ein Ruder. Falls Ihnen *Kiefernrinde* zur Verfügung steht, haben Sie ausgezeichnetes Bootsbaumaterial.

VOGELMODELLE AUS HOLZ

Vögel sind ein dankbarer Gegenstand für Holzarbeiten. Mit mehrfarbigem Holz lassen sich hier besonders schöne Effekte erzielen. Beispielsweise kann der Vogel so gearbeitet werden, dass der Schnabel aus dunklerem Kernholz besteht und sich gegenüber dem helleren Kopf abhebt. Schöne Farbkontraste lassen sich auch erzielen, wenn man einen Teil der Rinde stehen lässt.

Will man richtig lange, dünne Vogelbeine haben, sollte man diese durch Spalten größerer Stücke herausarbeiten. Zweige können sehr spröde werden. Die Vögel können aus einem Stück gearbeitet oder aus mehreren Teilen zusammengesetzt sein. Bei einem Vogel aus mehreren Teilen sollte für Hals und Beine trockenes Holz verwendet werden.

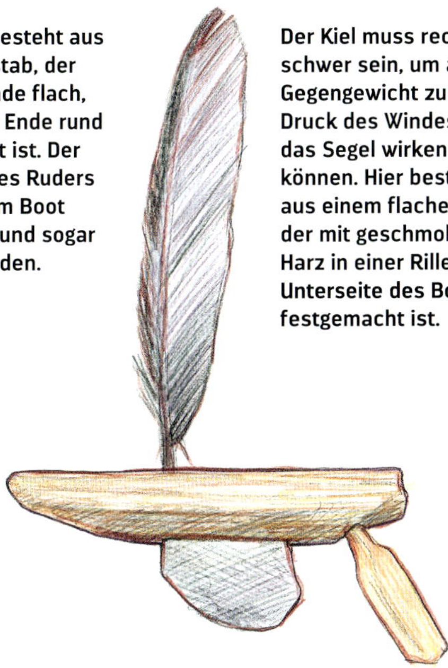

Das Ruder besteht aus einem Holzstab, der an einem Ende flach, am anderen Ende rund zugeschnitzt ist. Der runde Teil des Ruders kann dann im Boot festgesetzt und sogar gedreht werden.

Der Kiel muss rechts schwer sein, um als Gegengewicht zum Druck des Windes auf das Segel wirken zu können. Hier besteht er aus einem flachen Stein, der mit geschmolzenem Harz in einer Rille an der Unterseite des Bootes festgemacht ist.

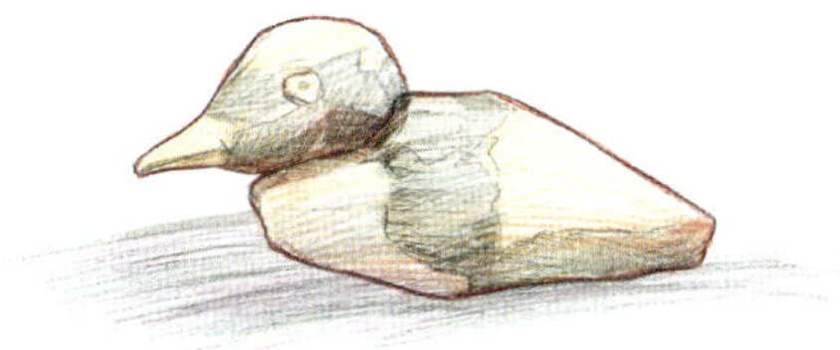

Ente aus zwei Holzteilen, die mit einem kleinen Holzdübel verbunden wurden

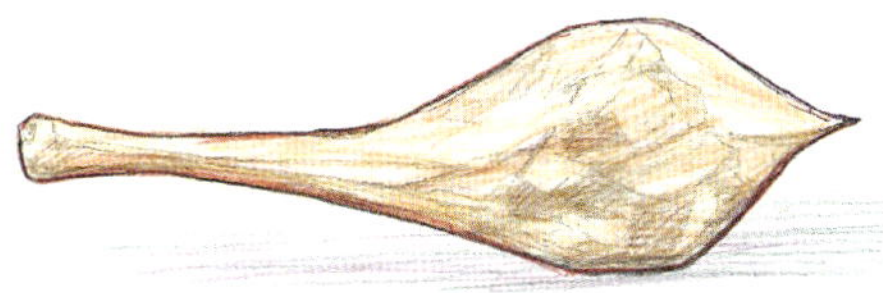

Vogelmodell aus einem einzigen Stück Holz

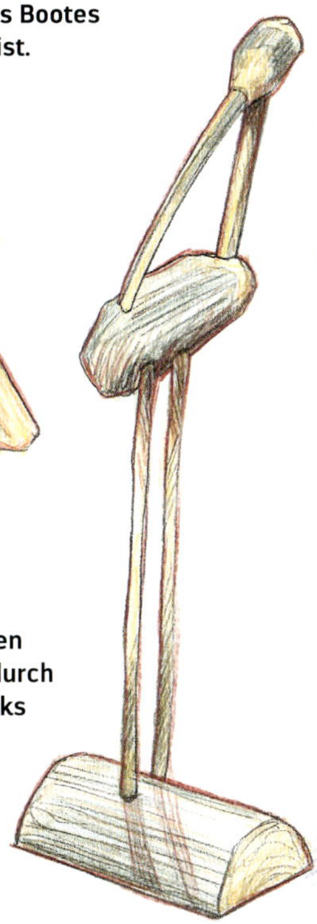

Reiher: Die Vogelbeine können aus Zweigen gemacht oder durch Spalten eines größeren Stücks Holz erzeugt werden. Durch Spalten erreicht man besonders gerade und dünne Beine.

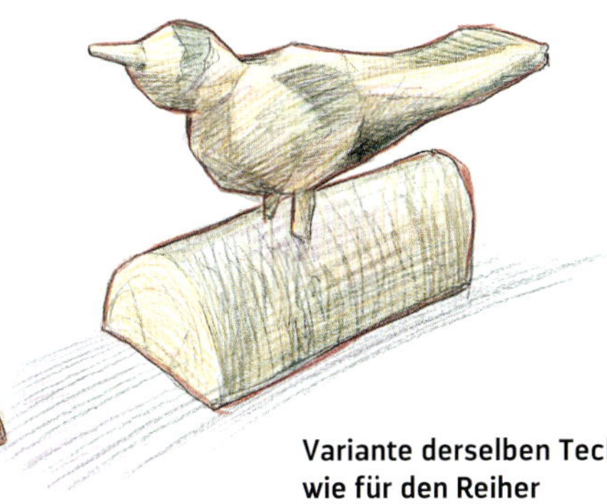

Variante derselben Technik wie für den Reiher

ENTEN AUS ROHRKOLBENBLÄTTERN

Rohrkolben ist ein starkes Gras und vielseitig verwendbar. Die Wurzelstöcke wurden früher sogar gegessen.

Bei meinen Versuchen mit Rohrkolben nahm ich die frischen Blätter im Frühjahr, breitete sie aus und ließ sie einige Tage trocknen. Dann machte ich kleine Figuren daraus. Wie viele Naturmaterialien, hat auch Rohrkolben eine schöne, unterschiedlich ausfallende Farbe. Man kann den Rohrkolben auch ernten sowie trocknen lassen und dann später bei Bedarf in Wasser einlegen, damit er zum Flechten wieder geschmeidig genug wird.

Das obere Ende des einzelnen Blattes ist spitz, das untere Ende weist eine Verdickung auf. Beide wird man vor dem Flechten abschneiden.

Enten macht man aus einem einzigen Blatt. Für Kopf und Schnabel das Blatt etwas spitz zuschneiden und einen einfachen Knoten machen. Nach Schnabel, Kopf und Hals das Blatt umknicken, sodass der Anfang des Körpers entsteht. Für den Körper das Gras wie abgebildet aufwickeln und zum Abschluss mit einem halben Schlag über den ganzen Körper das Ende des Grases fixieren.

FIGUREN AUS ROHRKOLBENBLÄTTERN

Kleine Püppchen lassen sich hervorragend aus Rohrkolben herstellen. Hier werden ein Junge mit Lendenschurz und ein Mädchen mit Kleid gezeigt.

Bei dem Jungen beginnen Sie mit Armen und Beinen, die aus den dünneren Strängen der Rohrkolbenblätter gedreht sind. Danach aus breiteren Blättern den Körper falten. Ganz oben mit einem dünneren Stück des Grases den Kopf abbinden. Den Körper mit Armen und Beinen zusammensetzen. Am Ende macht man den Lendenschurz.

Körper, Kopf und Rock des Mädchens bestehen aus einem Bündel schmalerer Blätter. Ganz oben den Kopf abbinden. Die Arme flechten und direkt unter dem Kopf durch den Körper stecken. Durch Abbinden die Taille markieren und zum Abschluss einen breiten Schal über die Schultern legen und in der Taille mit einem Gürtel befestigen.

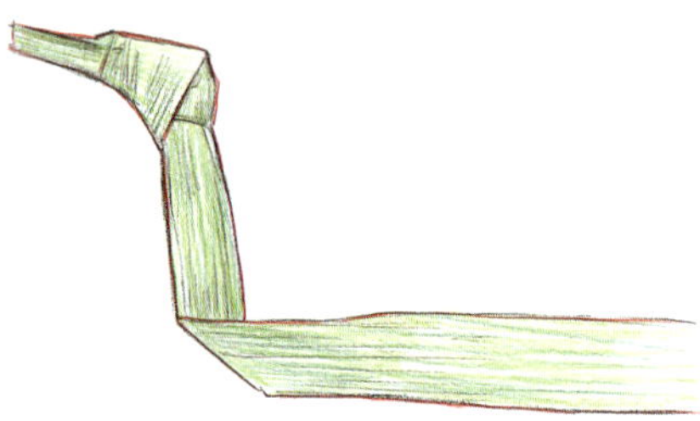

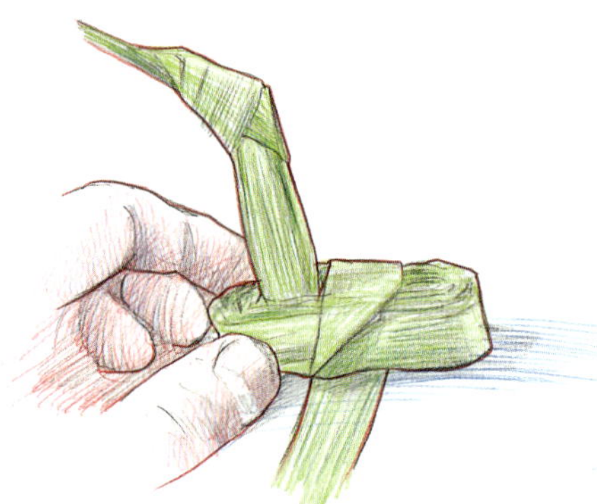

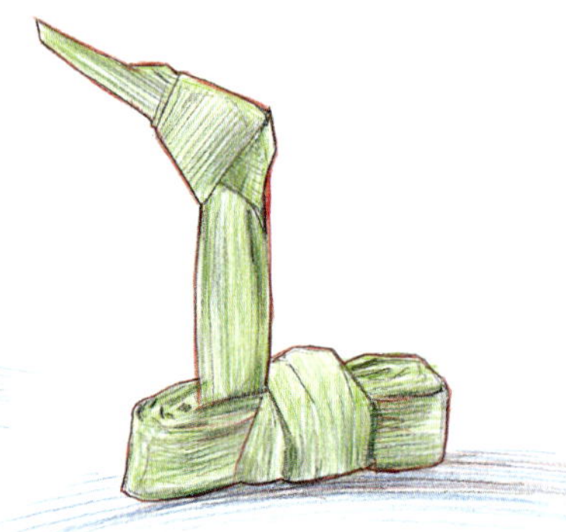

ENTE

1. Schnabel, Kopf, Hals und der Anfang des Körpers

2. Den Entenkörper mit einem oder mehreren halben Schlägen quer über den Körper fixieren

3. Der fertige Vogel

JUNGE

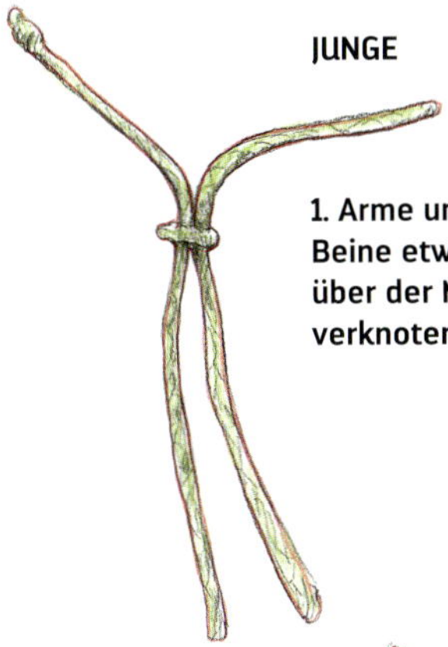

1. Arme und Beine etwas über der Mitte verknoten

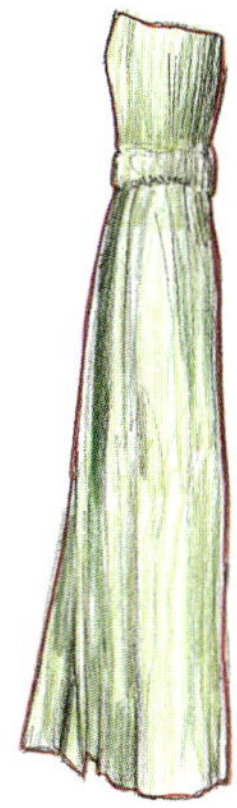

2. Kopf und Rumpf

3. Alles zusammensetzen und einen Lendenschurz festbinden

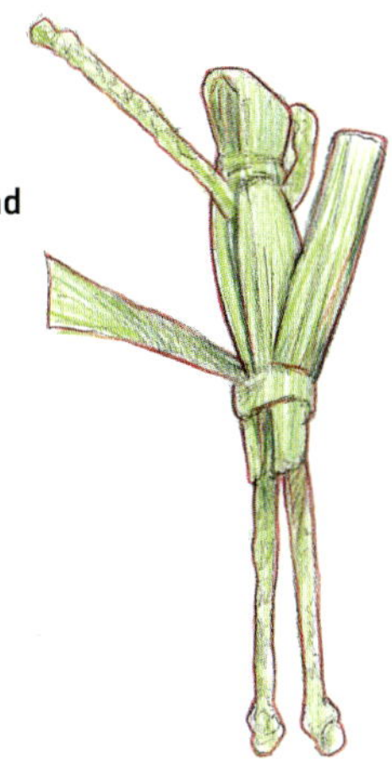

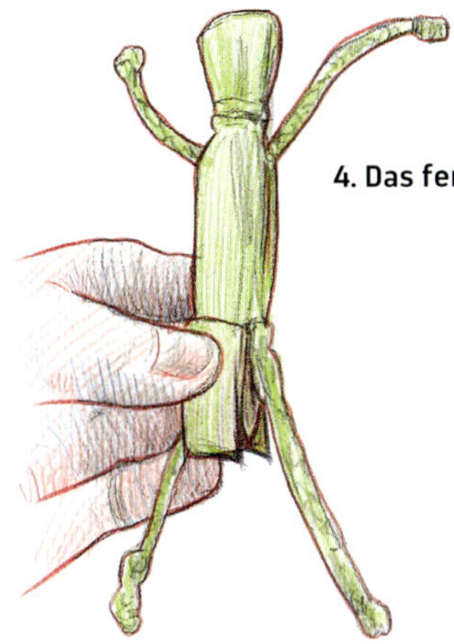

4. Das fertige Püppchen

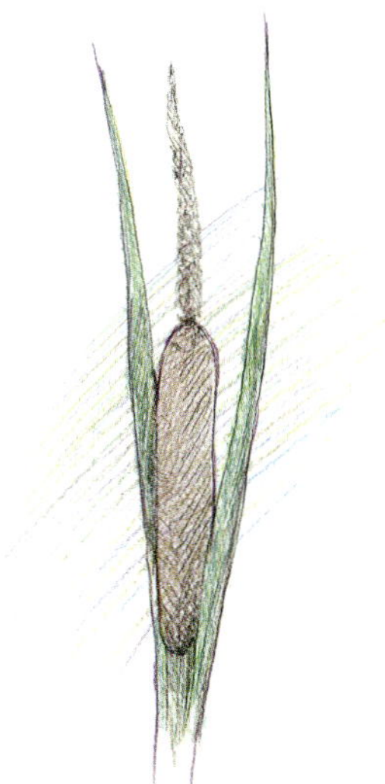

BREITBLÄTTRIGER ROHRKOLBEN ***Typha latifolia***

Findet sich häufig in flachem, nährstoffreichem Wasser. Die Blätter sind 1–2 cm breit und blaugrün. Verwendung für verschiedene Flechtarbeiten und zur Ernährung.

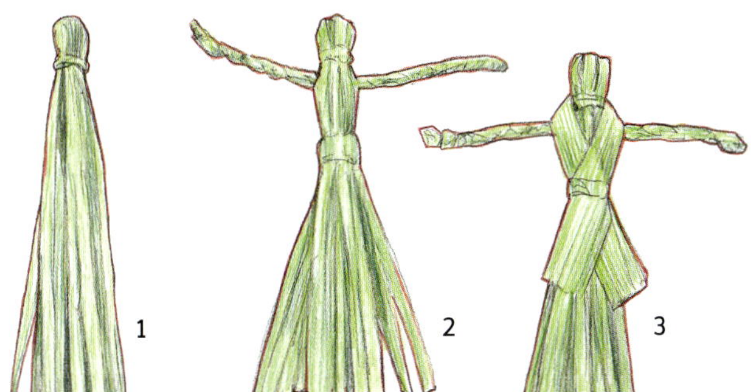

MÄDCHEN

1. Körper, Kopf und Rock
2. Arme durchstecken und Taille markieren
3. Mit Schal und Gürtel ist das Püppchen fertig

TÖNE UND LÄRM

Mit dem draußen zur Verfügung stehenden Material lassen sich viele verschiedene Instrumente herstellen. Hier werden einige beschrieben, die angenehmere oder unangenehmere Töne hervorbringen.

Ebereschenpfeife: Das Frühjahr ist eine gute Zeit für die Herstellung von Pfeifen aus Ästen. Die Rinde sitzt relativ locker, da in einer bestimmten Schicht der Saft in den Stamm steigt. Gutes Material für Pfeifen liefert außer der Eberesche auch die *Sal-Weide*. Man kann es aber auch mit anderen Baumarten probieren.

Rohrpfeife: Hält man ein Rohr unter den Mund und formt man die Lippen so, dass man nach unten in das Rohr bläst, kann man laute Töne erzeugen. Solche Rohre lassen sich aus einem Stück *Holunderast* herstellen, dessen Mark man mit einem stumpfen Zweig nach unteren drückt. Auch eine Pflanze mit gegliedertem Stamm ist gut verwendbar, beispielsweise der *Japan-Knöterich*.

ROHRPFEIFE

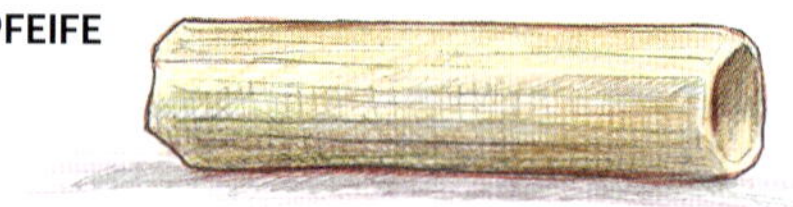

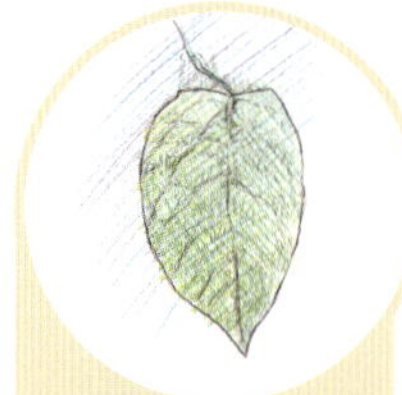

JAPAN-KNÖTERICH
Fallopia japonica

Die Pflanze stammt ursprünglich aus Ostasien und wächst auf Kulturboden in Bebauungsnähe. Die Blätter sind 5–12 cm lang, ledrig und spitz mit quer stehender Basis

ESCHENPFEIFE

An dieser Stelle durch die Rinde bis ins Holz hinein eine breite Kerbe schneiden

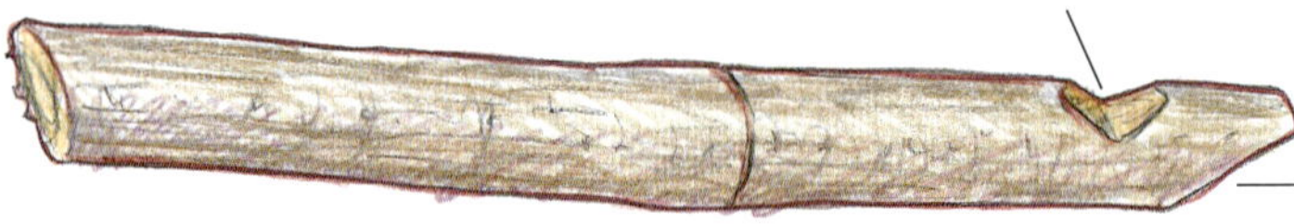

Das Ende schräg abschneiden

Nach dem Schnitzen sollte man drei Teile haben

Um den Zweig herum durch die Rinde hindurch ein Stück ins Holz hineinschneiden

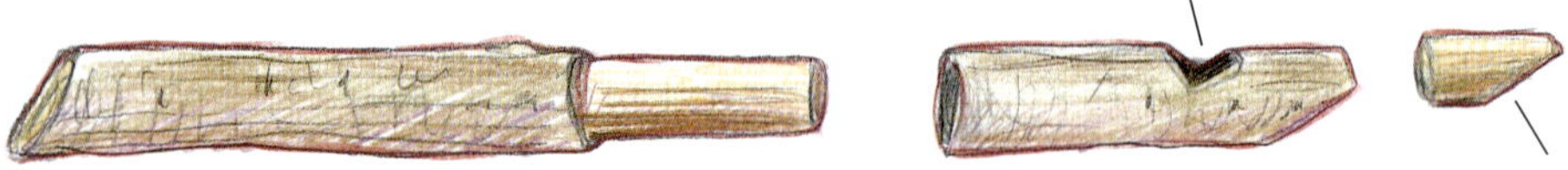

Dieses schräge Stück wird abgeschnitten und für das Mundstück verwendet

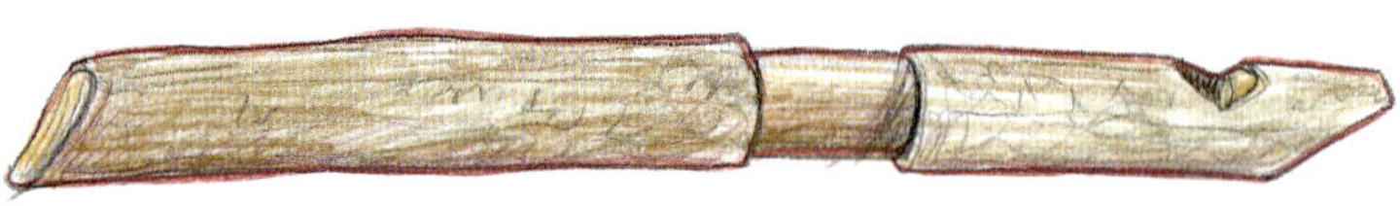

Die fertige Pfeife

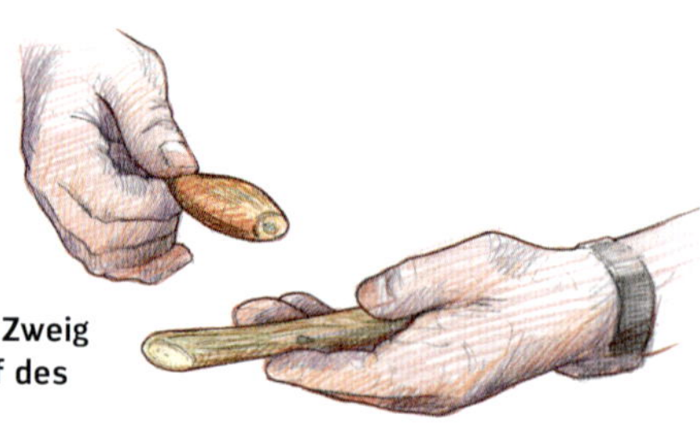

Die Rinde lässt sich leichter lösen, wenn man den Zweig zuerst im Mund anfeuchtet und dann mit dem Griff des Messers rundum leicht auf die Rinde klopft

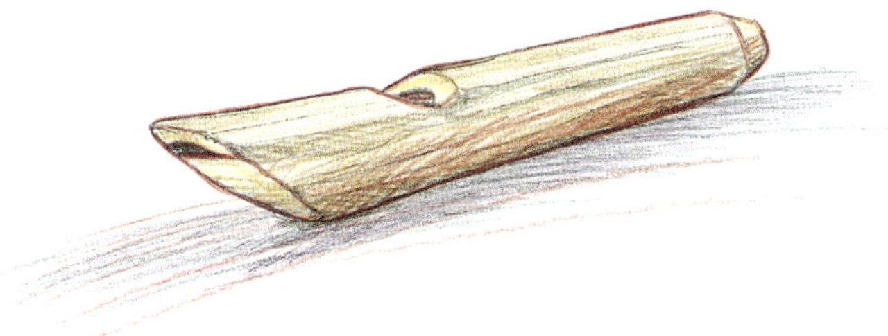

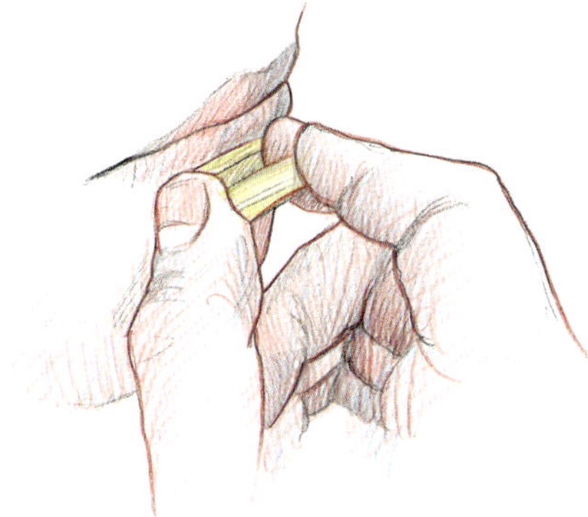

HOLUNDERPFEIFE: Anders als beispielsweise eine Pfeife aus Eberesche trocknet die Holunderpfeife nicht ein und kann daher mehrmals verwendet werden

Holunderpfeife: Pfeifen dieser Art lassen sich gut aus einem Stück *Holunder* herstellen. Das Mark drückt man mit einem Zweig heraus, dann säubert man das Rohr von den verbleibenden Markresten. Das Prinzip ist dasselbe wie bei einer Ebereschenpfeife mit Stopfen am unteren Ende: ein Mundstück und ein Loch für den Luftaustritt.

Aus einem Stück Holunder lässt sich auch ein Rohr mit einer Queröffnung herstellen. Hier muss das restliche Mark innen im Rohr besonders gut entfernt werden, da sonst die Luft nicht richtig schwingen kann.

Noch eine Holunderpfeife: Eine einfache kleine Röhre mit Queröffnung. Beim Blasen die Enden der Röhre zuhalten.

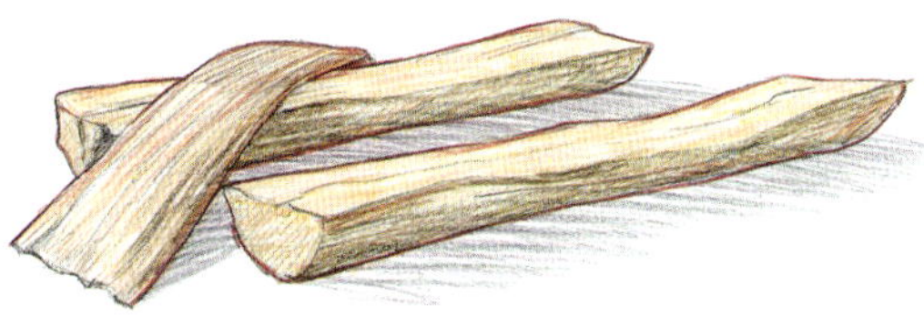

Möwenpfeife aus drei Teilen

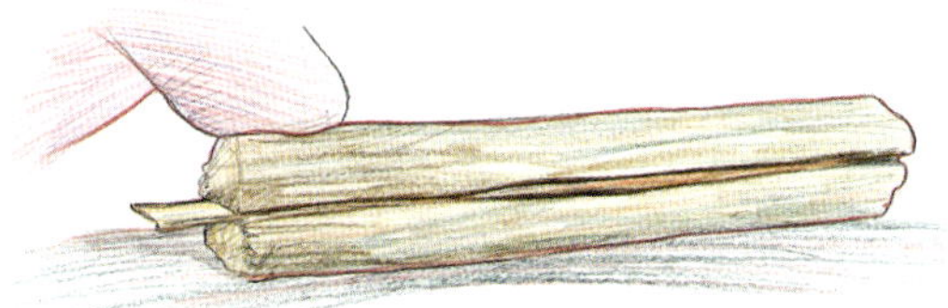

Fertige Möwenpfeife. Man kann die Teile auch zusammenbinden, damit sie fixiert sind.

Möwenpfeife: Die Möwenpfeife erzeugt ziemlich unangenehmen Lärm. Einen Zweig wählen, der ungefähr Handgelenkbreite und Fingerdicke hat. Den Zweig spalten und die Innenseite glätten und dann so schnitzen, dass beim Zusammenlegen der beiden Hälften ein kleiner Zwischenraum entsteht. Der Spalt soll auf der Einblasseite ca. 1 mm breit sein, auf der anderen ca. 2 mm.

Nun eine dünne Membran aus Birkenrinde zwischen die Hälften legen. Die Membran soll etwas länger als der Zweig sein. Die Membran an der einen Seite festklemmen und an der anderen Seite ziehen, sodass sie glatt und gerade liegt. Zum Schluss die gesamte Möwenpfeife zusammendrücken. Pfeift man in den Spalt zwischen den Zweighälften, vibriert die Rindenmembran mit einem lauten Geräusch.

WASSERRAD

Die Herstellung von Wasserrädern macht Spaß und lässt sich auch mit Naturmaterial ganz einfach bewerkstelligen. Hier werden zwei Beispiele beschrieben.

Im einen Fall dient als Nabe eine Kartoffel, in die man zunächst quer eine Welle, dann rundum Speichen steckt. Die Speichen müssen außen mit einem flachen Stück Rinde versehen sein. An diesen Rindenstücken treibt das Wasser das Rad an. Das Wasserrad hängt man zu beiden Seiten des Bachs in einer Gabel auf. Die Gabel lässt sich auch einfach aus einem gespaltenen Stock herstellen, in den man einen kurzen Stab legt, der die Gabel auseinanderhält.

Die andere Herstellungsmethode besteht darin, einen Stock in der Mitte aufzuschlitzen und die Antriebsspeichen in diesen Schlitz hineinzustecken. In der Abbildung zu dieser Methode wurden Löcher in die Rindenstücke gebohrt.

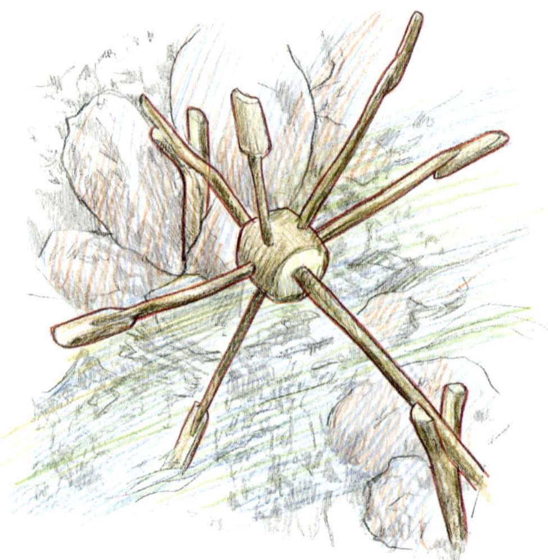

Wasserrad mit Kartoffel als Nabe

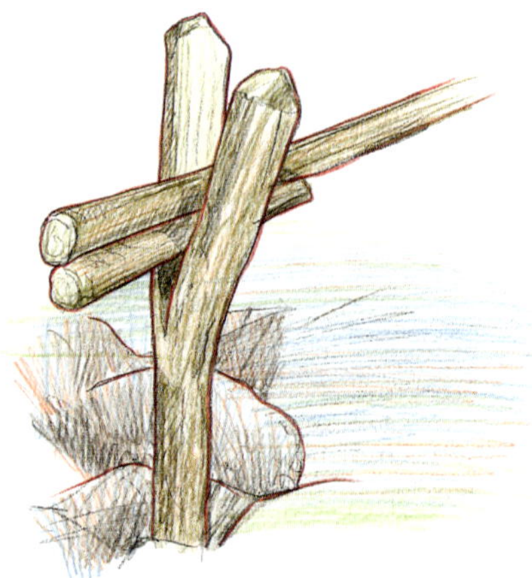

Auch so kann man eine Gabel herstellen

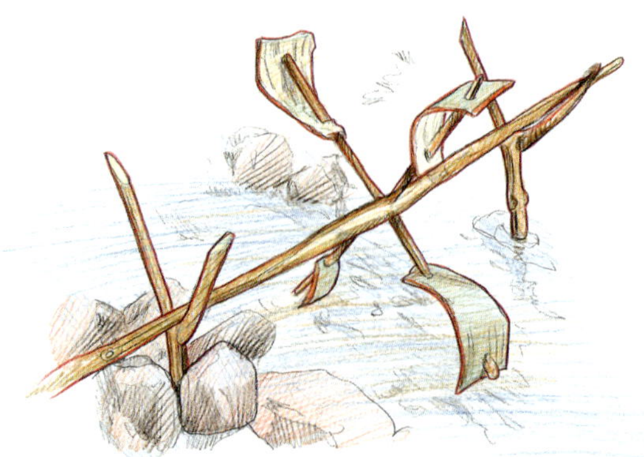

Die Speichen werden hier quer durch die Welle hindurchgesteckt

HALSKETTEN UND ARMBÄNDER

Aus kurzen Stücken von Ästen oder Zweigen lassen sich kleine „Perlen" fertigen. Ein Loch durch den Markkanal bohren und die Perlen auf eine Schnur auffädeln. So können Sie Halsketten oder Armbänder herstellen.

Die Zweige kann man mit einer Gartenschere in Stücke schneiden. Sind sie dünn, geht es auch mit dem Messer. Dazu legt man den Zweig auf eine Unterlage und drückt das Messer durch den Zweig. Hat der Zweig einen großen Markkanal, lässt sich das Mark mit einem dicken Stahldraht ausbohren.

ROTER HARTRIEGEL ***Cornus Sanguinea***

Recht häufiger Strauch. Durch die rote Farbe der Rinde lassen sich an Halsketten hübsche Effekte erzielen. Die Rinde neigt beim Trocknen dazu, sich abzulösen. Dem kann man entgegenwirken, indem man die Perlen nach dem Trocknen in Leinöl taucht. Das Holz ist sehr hart. Das Mark ist manchmal so kräftig, dass es mit einem dicken Stahldraht herausgestochert werden kann. .

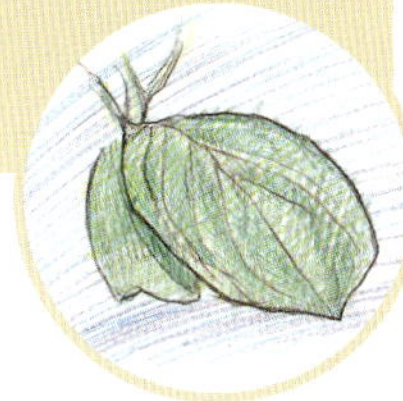

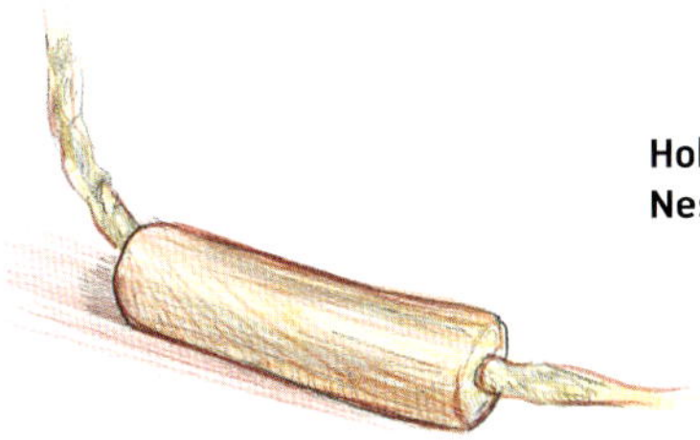

Holunderperle auf einer Nesselschnur

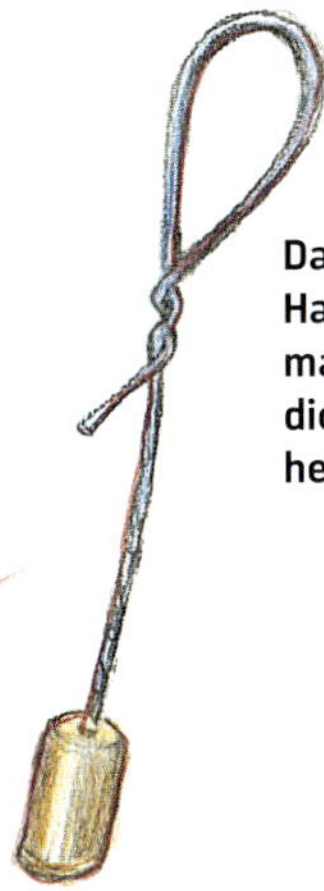

Das Mark des Roten Hartriegels lässt sich manchmal mit einem dicken Stahldraht herausstochern

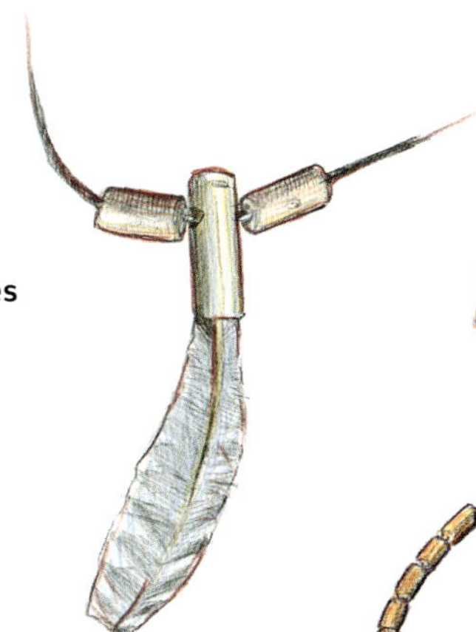

Eine Feder im Markkanal eines Stücks Holunderholz ergibt einen besonderen Schmuck

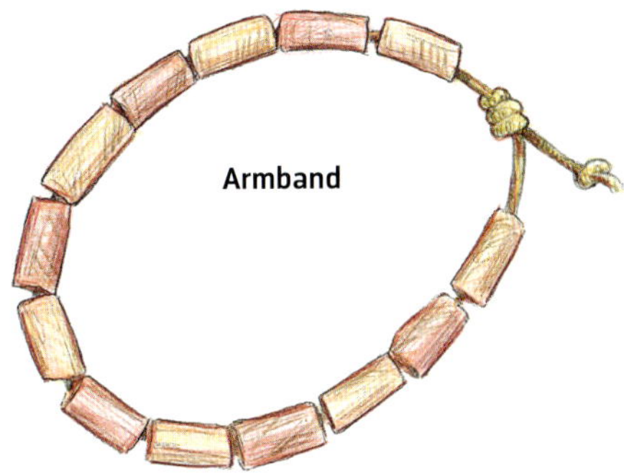

Armband

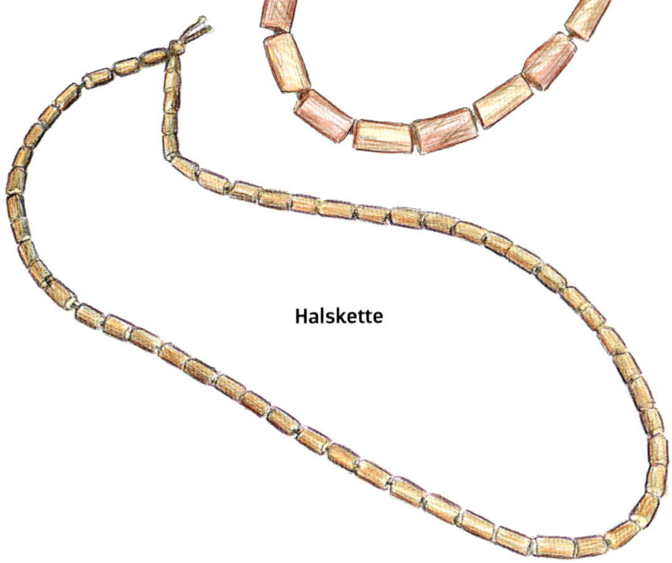

Halskette

Schleift man die Angel des Bohrers rechteckig, kann man den Bohrer in einem frischen Stück Holz mit einem etwas zu engen Loch festsetzen. Ein solcher Bohrer lässt sich gut mit in den Wald nehmen.

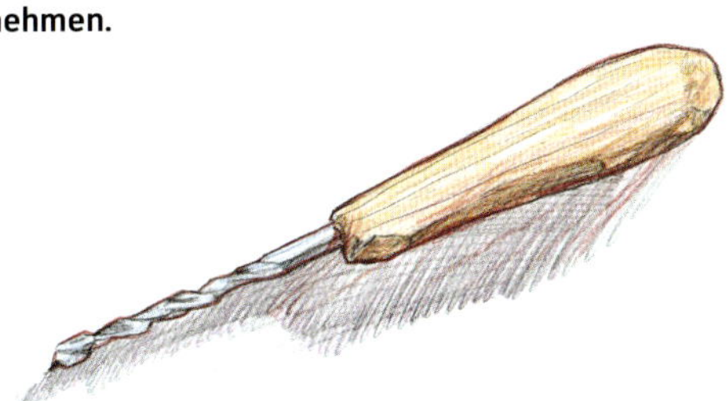

DOPPELTER FISCHERKNOTEN

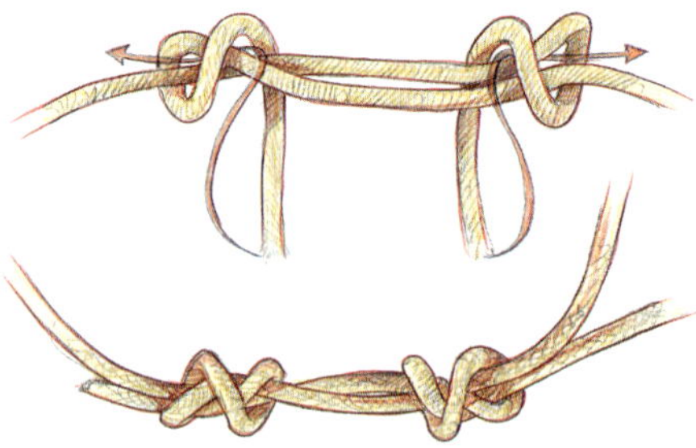

Soll die Länge der Halskette verstellbar sein, verwendet man einen Fischerknoten

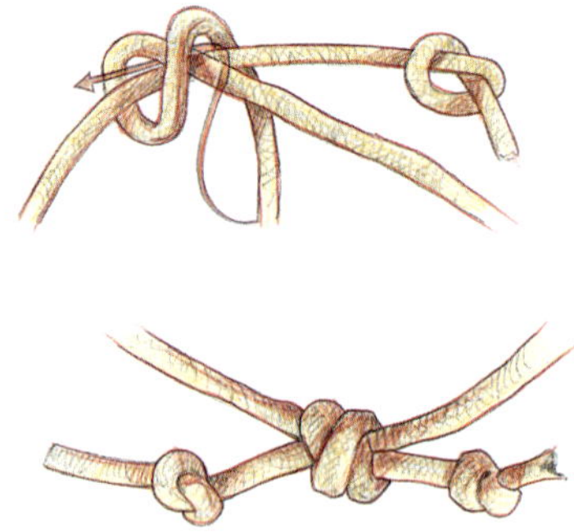

Variante des Fischerknotens, besonders für Armbänder geeignet. Nur eine Hälfte des Knotens legen, dann an beiden Enden einen Anschlagknoten herstellen.

RING

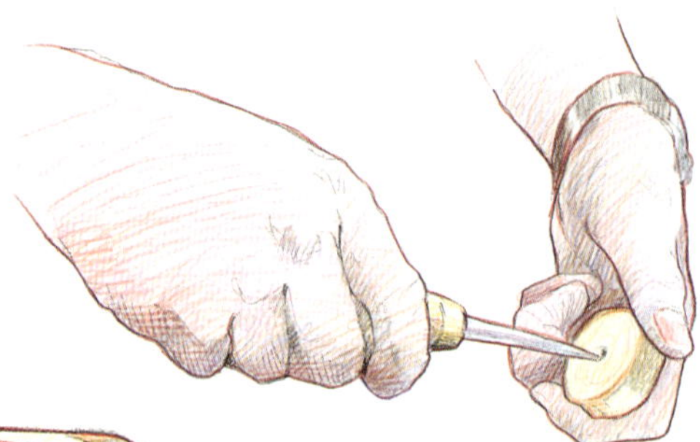

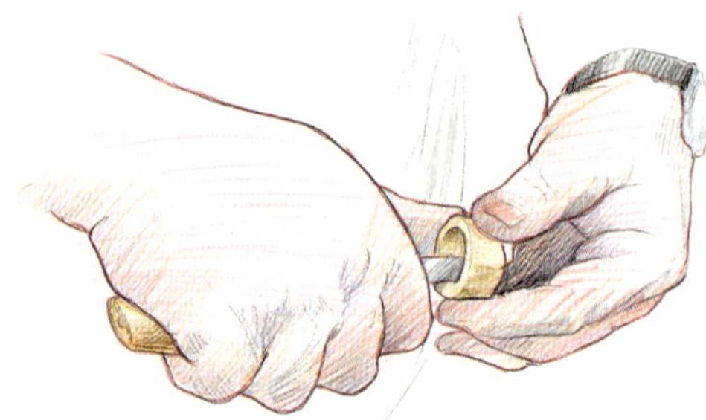

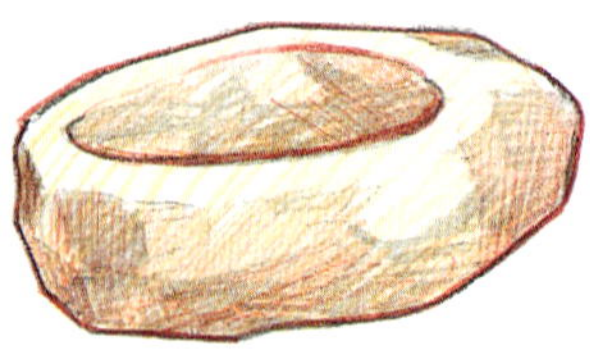

Hat man einen Bohrer, kann man mit der Messerspitze ein Loch in die Holzscheibe bohren

Dann arbeitet man mit dem Messer weiter. Ist das Loch groß genug, schnitzt man die Außenseite. Dabei den Ring auf eine Unterlage legen.

Die andere Möglichkeit ist, einen Bohrer in ein Stück Holz zu setzen und das Mark mit dem Bohrer herauszuholen.

RINGE AUS HOLZ

Mit der für die Schrumpfdosen verwendeten Technik kann man auch Ringe herstellen. Ganze Zweige zu trocken, ohne dass sie Risse bekommen, ist nicht einfach. Bohrt man den Zweig jedoch in frischem Zustand aus, sind die Spannungen viel geringer. Zuerst das Werkstück grob zuschneiden und trocknen lassen. Soll der Ring auf einen Finger passen, muss nach dem Trocknen die endgültige Passform ausgearbeitet werden.

Die spröden getrockneten Ringe mit eingeschnittenen Mustern zu verzieren, ist nicht einfach. Einfacher ist es, die Muster einzubrennen.

EINE MASKE SCHNITZEN

Die hier beschriebene Maske ist nur ein Beispiel. Ob die Maske fröhlich, böse oder traurig aussieht, bestimmt der Schnitzer, genau wie die Größe und Form der Lippen, der Nase usw.

Wird die Maske aus frischem Holz geschnitzt, sollte die Rückseite ausgehöhlt werden, damit die Maske nicht so leicht reißt – Öffnungen für Augen und Mund kann man dann auch leichter schnitzen. Die beschriebene Maske hat einen „Hahnenkamm" erhalten. Bohrt man in diesen ein Loch, kann man die Maske aufhängen. Ist sie klein genug, wird sie wie ein Schmuckstück wirken.

Das verwendete Holzstück sollte zumindest auf einer Seite etwas größer als die fertige Maske sein, sonst lässt es sich beim Bearbeiten nur schwer festhalten. Am besten wählt man einen Ast oder einen Stamm, dessen Durchmesser ungefähr der vorgesehenen Breite der Maske entspricht.

Das Holzstück mit Hilfe eines Keils spalten und die Rinde komplett entfernen. Mit einem Stift Beginn und Ende sowie Form der Nase anzeichnen. Soll die Maske einen „Hahnenkamm" erhalten, muss dieser ebenfalls angezeichnet werden. Danach den „Hahnenkamm" aussägen, außerdem je eine Rille am unteren Ende der Nase und am unteren Ende des Kinns einsägen. Auch die Seitenlinien sollten mit schrägen Sägerillen markiert werden.

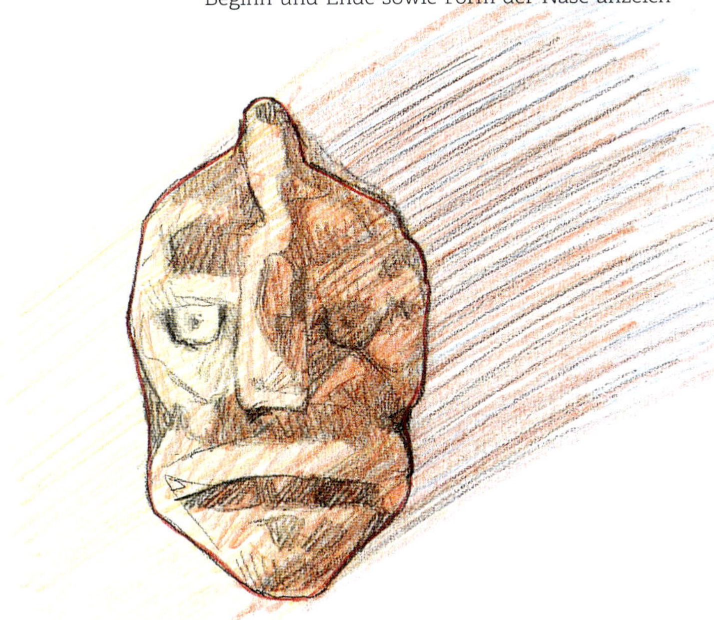

Nun beginnt das Schnitzen! Die Nase ragt am weitesten hervor, daher bleibt sie erst einmal unbearbeitet. Das Material um die Nase herum kann abgetragen werden, ebenso kann der Kopf schon eine etwas abgerundete Form erhalten.

Die Mundpartie soll ebenfalls etwas tiefer als die Nase liegen. Hier kann also auch Material abgetragen werden. Wenn die Nase markiert ist und der Mund allmählich die richtige Höhe hat, kann man mit dem Einschneiden der Augen beginnen. Diese liegen am Ende bei der fertigen Maske gegenüber Nase, Kinn, Stirn und Wange am tiefsten und sind mit deutlichen Augenhöhlen und Augenbrauen zu markieren. Die Rundung des Kopfs weiter herausarbeiten.

Der Mund wird als V-Nut geschnitten und darf gern recht deutlich sein. Die Augen können ebenfalls als V-Nut eingeschnitten werden. In diesem Fall verwendet man die scharfe Messerspitze. Stattdessen kann man für die Augen auch nur Höhlen ausschneiden.

Das überflüssige Haltestück unter der Maske absägen und das Kinn formen. Eventuell die Rückseite aushöhlen. Dies kann auf dieselbe Weise wie das Aushöhlen eines Löffels erfolgen. Eventuell kann auch der Mund durchgehend geschnitten werden. Schneidet man Mund und Augen von hinten aus, bis nur ein dünne Schicht Holz übrig ist, werden sie im Gegenlicht durchscheinend! Die Maske nacharbeiten und trocknen lassen. Eine ausgehöhlte Maske wird kaum einreißen.

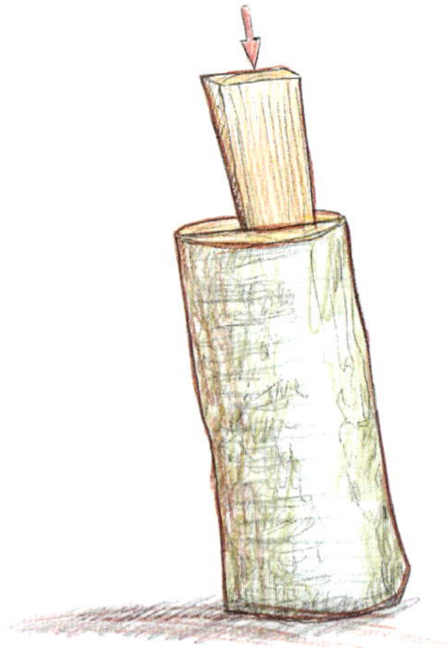

1. Holzstück geeigneter Länge zusägen und spalten

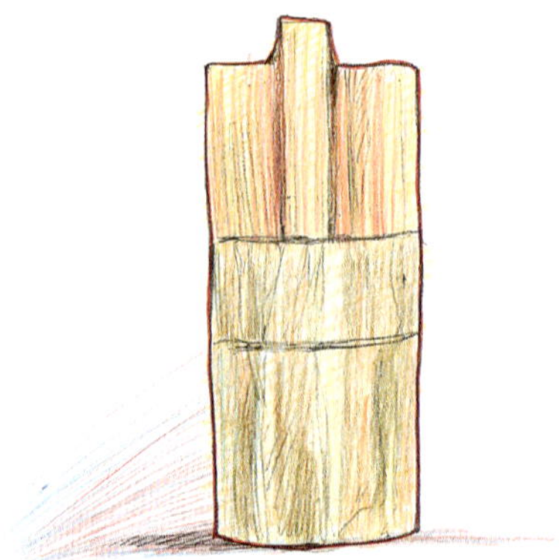

2. Mit der Säge Nase, Kinn und evtl. „Hahnenkamm“ markieren

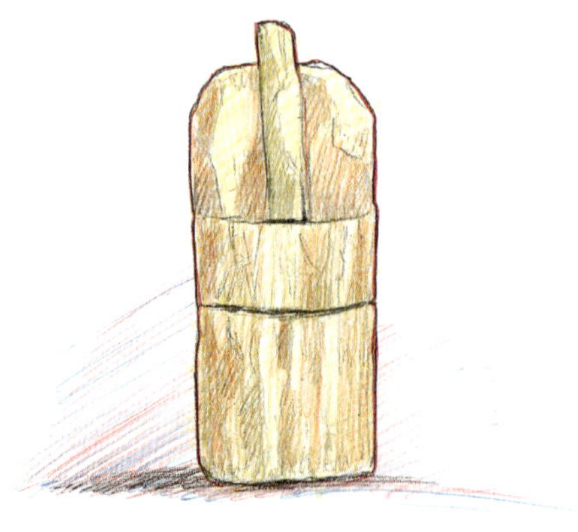

3. Material neben der Nase abtragen und Ausformung des Kopfes beginnen

4. Augenbrauen markieren und Höhe sowie Lage des Mundes einschneiden. Herausarbeiten der Gesichtsrundung fortsetzen.

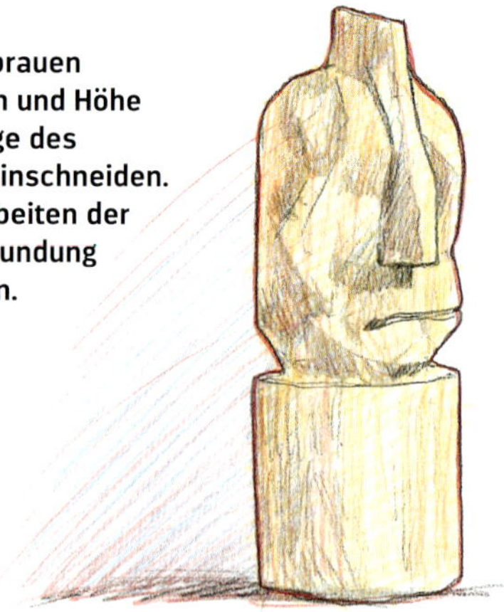

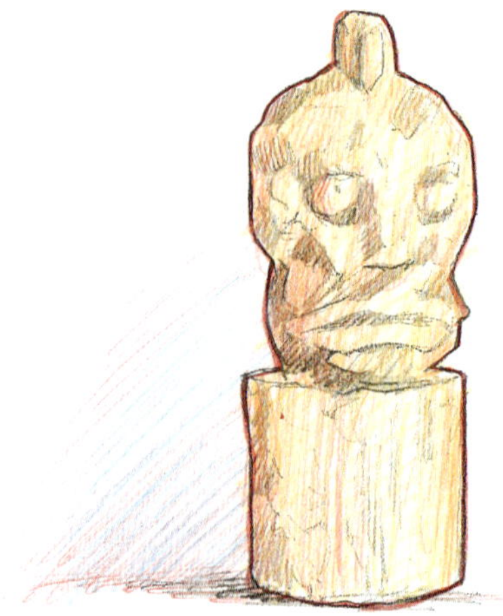

5. Mund und Augen einschneiden

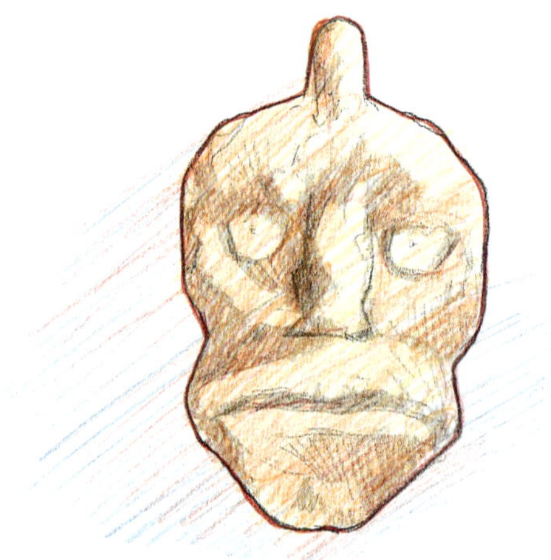

6. Kinn formen, eventuell Pupillen und Mund durchgehend schneiden, nacharbeiten

Bushcraft-Adressen

WERKZEUGE, SEILE UND MATERIALIEN:

BUNDESWEHR- UND FREIZEITSHOP
Zeppelinstr. 2
98617 Meiningen
www.bw-online-shop.com

BW-SHOP EIFEL
Neue Strasse 5
54552 Dreis-Brück
info@bw-shop-eifel.de

DICTUM GMBH
Gottlieb-Daimler-Str. 3
94447 Plattling
www.dictum.com

GRUBE KG FORSTGERÄTESTELLE
Hützeler Damm 38
29646 Bispingen
www.grube.de

WESTFALIA WERKZEUGCOMPANY GMBH & CO KG
Werkzeugstr. 1
58082 Hagen
www.westfalia.de

BÜCHER

Baer, Daniel; Gardón Diego: Essbare Wildpflanzen: Erkennen, Sammeln, Genießen, Heel Verlag, 2018

Beauvais, Michel: Bushcraft-Projekte für Garten und Wald, Heel Verlag, 2019

Chris Holland: I love my World, Wholeland, 2014

Jon Young, Evan McGown und Ellen Haas: Coyote's Guide to Connecting with Nature, Owlink Media, 2010

Lynch, Bryan: Schweizer Taschenmesser: Camping & Outdoor Survival Guide, Heel Verlag, 2019

Naomi Walmsley & Dan Westall: Wald – Dein größtes Abenteuer, Heel, 2019

Ray Mear: Ray Mears' Bushcraft, Coronet Books, 2004

Tristan Gooley: How to connect with Nature, Macmillan, 2014

WEBSEITEN

www.bushcraft-deutschland.de

www.bushcraft-freunde.de

www.bushcraft-germany.com

www.outdoorseiten.net

www.survivalforum.ch

www.survival-forum.com

www.team-survival.de